湛庐CHEERS

与最聪明的人共同进化

HERE COMES EVERYBODY

指引生命的神话

MYTHS TO LIVE BY

[美] 约瑟夫·坎贝尔 JOSEPH CAMPBELL 著

张洪友 李瑶 祖晓伟等 译

叶舒宪 黄悦 赵周宽等 审校

永续生存的力量

约瑟夫·坎贝尔

20世纪伟大的神话学大师

Joseph Campbell

- 让远古神话与现代人再度对话的思想大师
- 拯救人类心灵的哲学家与心理学家
- 西方流行文化的一代宗师

约瑟夫·坎贝尔传奇的一生有如其著作中的探险英雄，在启程——启蒙——考验——归来这样一种仪式性的四阶段之后，完成一种向上的循环，画出了一个首尾相贯的圆。

01 启程（DEPARTURE）

神话的召唤

约瑟夫·坎贝尔 1904 年生于美国纽约一个生活严谨的天主教家庭，这个距神话时代最为遥远的现代化繁华大都市，却造就了美国当代最著名的神话学家。孩提时代，坎贝尔跟随父亲去参观自然历史博物馆，他在那里看到了林林总总的原始图腾，这使他开始对印第安人的生活与文化产生兴趣。7 岁时，父亲带坎贝尔和他的弟弟去看当时非常流行的“野牛比尔”西部秀，尽管牛仔是演出的主角，但坎贝尔后来在书中写道，他完全“被印第安人的形象迷住了”。10 岁时，坎贝尔读完了当地图书馆儿童区所有关于印第安人的书，并被特许进入成人区阅读。直觉告诉他，了解神话是通往人类心灵奥秘最直接的道路，而这也许是坎贝尔日后对民族学、人类学产生关注与研究的基础。

02 启蒙（INITIATION）

来自灵性大师的第一次启蒙

19 岁的坎贝尔跟家人一起游历欧洲时，途中经历了一次有趣的人生奇遇。他在甲板上看到三位深棕肤色的人，其中之一就是印度传奇哲学家克里希那穆提。在一位年轻女士的引荐下，坎贝尔认识了这位伟大的东方哲学家。这次经历让他醍醐灌顶，并成为他认识印度和亚洲世界的开始。

大文豪乔伊斯为他引路

在哥伦比亚大学获得文学硕士学位后，1927 年，坎贝尔来到巴黎继续深造。在这里他深受欧洲当代艺术的影响。一次偶然的机会，坎贝尔发现巴黎所有的书店里都有詹姆斯·乔伊斯的著作《尤利西斯》，而这本书在美国是禁书，无处可寻。坎贝尔对乔伊斯的作品非常着迷，甚至在他新婚期间，乔伊斯和妻子都占有同样的分量。坎贝尔经常一手挽着太太，一手拿着乔伊斯的作品《芬尼根的守灵夜》。乔伊斯的出现，引导坎贝尔走向了“大发现”的世界，而在这之前，他一直走在一条狭窄笔直的学术道路上。

与荣格等心理学大师共事

坎贝尔结束在巴黎的学习后，前往慕尼黑大学重拾对中世纪文学的研究。在这段时间里，他结识了众多现代主义大师，这些人都是当时在美国闻所未闻的大人物：心理学大师弗洛伊德、荣格，法国雕塑家安托万·布德尔，著名画家毕加索，以及德国大文豪、诺贝尔文学奖得主托马斯·曼。弗洛伊德和荣格让坎贝尔认识到神话与心理学的关联，并让他发现神话能够激发和活化人们的心灵。而与荣格的缘分，也一直延续到坎贝尔的花甲之年。

考验（TRIALS）

历经考验铸就《千面英雄》

1929年，坎贝尔从欧洲返回纽约后，立刻向他的导师和朋友们分享了神话的潜能和魅力，但没有人能够真正理解他，这让他放弃了博士项目。他曾尝试创作小说，取得了一定的成功，但最终也放弃了。

坎贝尔唯一没有舍弃的就是阅读，几年之内，他涉猎了大量美国现代文学、哲学和心理学作品，也搜集了各种文化下的神话传说。5年后，坎贝尔被萨拉·劳伦斯学院（Sarah Lawrence College）聘为教授，他的课程因为引入了自己的神话学研究而大受欢迎。

抱着教会人们如何阅读神话的目的，坎贝尔耗时5年，写下了奠定自己神话学权威地位的巨著《千面英雄》。这本书于1949年一经出版，便广受读者追捧，销量一路领先，很难相信，它曾经被两家出版社拒之门外。

坎贝尔在萨拉·劳伦斯学院执教了38年，当时，该学院还是一所只招收女性的高校。执教生涯里，坎贝尔一直在向学生们讲授神话学。同时，他也告诉学生，关于神话，他讲授的一切都是男性所说和经历的，女性应当从自己的角度告诉世界，女性未来的可能性是什么。坎贝尔十分有先见之明地预言：世界尚未真正认识到女性的力量，这种力量一定会呈现出来，我们只需拭目以待。

每个人都拥有自己的蕴藏强大能量的梦中万神殿。英雄必须一次又一次地通过艰难的障碍。

——坎贝尔

04 归来（RETURN）

乔治·卢卡斯终生追随的精神导师

好莱坞导演乔治·卢卡斯读到坎贝尔的《千面英雄》后大为震惊，他发现坎贝尔在书中表达出的很多想法都和自己不谋而合，卢卡斯也因此迷上了对神话历程的分析。后来，《千面英雄》成为《星球大战》的重要灵感来源，坎贝尔也成了卢卡斯终生追随的精神导师。卢卡斯称坎贝尔是“一位了不起的学者，一位了不起的人”，并将坎贝尔视为自己的精神导师。坎贝尔的作品亦是无数好莱坞大片成功的基础，被好莱坞众人列为必读书目。

影响奥巴马、乔布斯的当代神话学巨擘

20 世纪 60 年代，坎贝尔成为嬉皮士创作灵感的重要源泉，“苹果教父”史蒂夫·乔布斯也深受其浸染。除了乔布斯，美国总统奥巴马及其母亲都是坎贝尔的忠实粉丝，“哈利·波特系列”图书的作者 J.K. 罗琳也多次提到坎贝尔及其作品，坦陈自己的小说创作深受坎贝尔的影响。美国前总统肯尼迪的夫人杰奎琳更是担当坎贝尔《神话的力量》一书的编辑，并将其视为最引以为傲的成就。

结 语

20 世纪 80 年代，“坎贝尔热”席卷全美，“感恩而死”摇滚乐队不断从中发现音乐创作的灵感，更有无数的艺术家，甚至游戏编程人员对他顶礼膜拜。1985 年，坎贝尔被授予美国国家艺术协会文学创作荣誉金奖。在颁奖典礼上，知名心理学家、荣格学派代表人物詹姆斯·希尔曼说：“在这个世纪里，没有人能像坎贝尔一样，将世界及神话人物角色的深邃意义，带回到我们的意识中。”约瑟夫·坎贝尔在 1987 年因癌症去世。《新闻周刊》上悼曰：“英雄已去，信念长存。”

他就是约瑟夫·坎贝尔，是当代神话学巨擘，才华横溢的心理学家，思维独特的哲学家和作家，极具启发性的心灵导师、演说家和思想家，是影响西方流行文化的一代宗师。

坎贝尔神话系列作品

《千面英雄》

- 坎贝尔神话观的奠基之作
- 现代人寻求内在觉醒的“圣经”

《英雄之旅》

- 坎贝尔唯一的“精神自传”
- 一部锻造坚韧灵魂的“启示录”

《众神的面具》系列（共4卷）

- 坎贝尔传世巨作，十年磨一剑的宏篇巨著
- 人类古今神话的全面考察与阐述，理解了面具，就理解了神话

《生命的狂喜》

- 坎贝尔遗世之作，献给舞蹈家妻子的一封情书
- 将生活当作一场舞蹈，调动内心潜藏的力量

《心灵的宇宙》

- 坎贝尔哲思精华之作
- 参透天人合一的“心学”，在神话中探索自我心灵的深邃与浩瀚

《光之世界》

- 坎贝尔本人挚爱之作，献给东方的一份礼物
- 探寻东方神话中的智慧与奥义

《梦境的象征》

- 坎贝尔辉映《梦的解析》之作
- 揭示神话意象与梦境的关系

《千面女神》

- 坎贝尔致敬女性之作
- 女性如何孕育整个人类的精神家园

坎贝尔神话系列作品

《解读乔伊斯的艺术》

- 坎贝尔关于乔伊斯文学研究的毕生成果结集
- 全景式解读乔伊斯的创作理念与脉络，揭示关于人类普遍经验的寓言

《解读 < 芬尼根的守灵夜 >》

- 坎贝尔锋芒初露的处女作
- 一把解读天书的钥匙，用神话攀登后现代文学的极峰

《神话的力量》

- 坎贝尔写给大众的心灵启蒙之作
- 在诸神与英雄的世界中发现自我

《指引生命的神话》

- 坎贝尔自选集，献给迷茫时代的答案之书
- 用永恒的神话智慧应对当下和未来

《坎贝尔生活美学》

- 神话学大师坎贝尔箴言录
- 用超世俗的精神指引现世生活

《追随直觉之路》

- 一部发现喜悦、实现自我、完善人格的心灵治愈之作
- 神话的心理分析，通往内心喜悦的神谕

感激与回报之作

约瑟夫·坎贝尔

1958—1971 年，我在库珀联盟学院[①]的大礼堂举行了 25 场关于神话学的系列演讲，我从中节选并整理了 13 场，本书的第 4 章是由同年举行的两场演讲合并而成的。演讲的题目和主题均来自约翰逊·E·费尔柴尔德（Johnson E. Fairchild）博士，即库珀联盟学院论坛的主席。正是由于他的风趣、睿智和迷人的个人魅力，才使得这个令人愉快的活动持续了近四分之一世纪之久。在那里做演讲，我一直感到无比快乐，部分原因当然是由于大礼堂古朴庄严的风格，以及林肯也曾站在同一个地方发表过演讲（也许这是一种对美国辉煌雄辩史的参与感）。然而，更重要的是，在那个友好的地方有被自由演讲和讨论深深吸引的观众，他们一如既往，专心致志。每次演讲完毕的自由提问环节，费尔柴尔德博士总是拿着麦克风从容地走下讲台，让每一个举起手来的人发表评论、提出疑问或进行演说，这使我受益匪浅。尤其

① 关于库珀联盟学院的简介请见附录。——编者注

是从他的演讲中，我学习到了如何与别人分享我的观点，这是我多年来在其他地方无法学到的。我衷心期盼，读者通过这本由演讲而结集出版的作品能依然感受到当初轻松快乐的氛围。

使我由衷高兴的是，费尔柴尔德博士十分支持这一演讲选集的出版。他一直给我真诚的鼓励、温暖的友谊和许多对演讲主题的适时建议，我想把本书作为对他的感激与回报。正是由于他的建议，在与众多观众（大多数是多年来的忠实观众）展开的具有启示性的对话中，我才有机会向大家介绍水牛神（Buffalo-Gods）、羽蛇神（Quetzalcoatls）、佛陀（Buddhas）、仙后（Fairy Queens）等。观众们给了我极大的灵感，我衷心感谢他们和费尔柴尔德博士。

我也对纽约公共广播电台的技术人员和领导表示谢意，在我编写这些章节期间，他们的录音工作给我提供了很大帮助。感谢马西娅·舍曼（Marcia Sherman）小姐，这部演讲集几经易稿，她都不厌其烦地一遍遍将手稿忠实录入，除此之外，她还将其他未收入这部演讲集的手稿也一并录入。感谢我的妻子珍·厄尔德曼（Jean Erdman），是她最初有了出版讲稿的想法，并不断提出建议和批评，这本书才得以最终问世。

1971年7月4日

你对神话了解多少?

扫码鉴别正版图书
获取您的专属福利

扫码获取全部测试题及答案,
一起探索神话世界的奥秘

- 在人类历史中有两种完全对立的基本神话:战争神话与和平神话。这个说法对吗?

  A. 对

  B. 错

- “神话和神话中的众神只不过是心灵的产物和投射,它们用象征的形式向我们揭示了心理的结构、规则和力量。”这是坎贝尔的观点吗?

  A. 是

  B. 否

- 精神分裂患者和神话英雄的内在旅程基本一致,都可以描述为:启程——(　)——回归。

  A. 历险

  B. 启蒙

  C. 胜利

  D. 出走

扫描左侧二维码查看本书更多测试题

MYTHS
TO LIVE BY
目　录

MYTHS TO LIVE BY

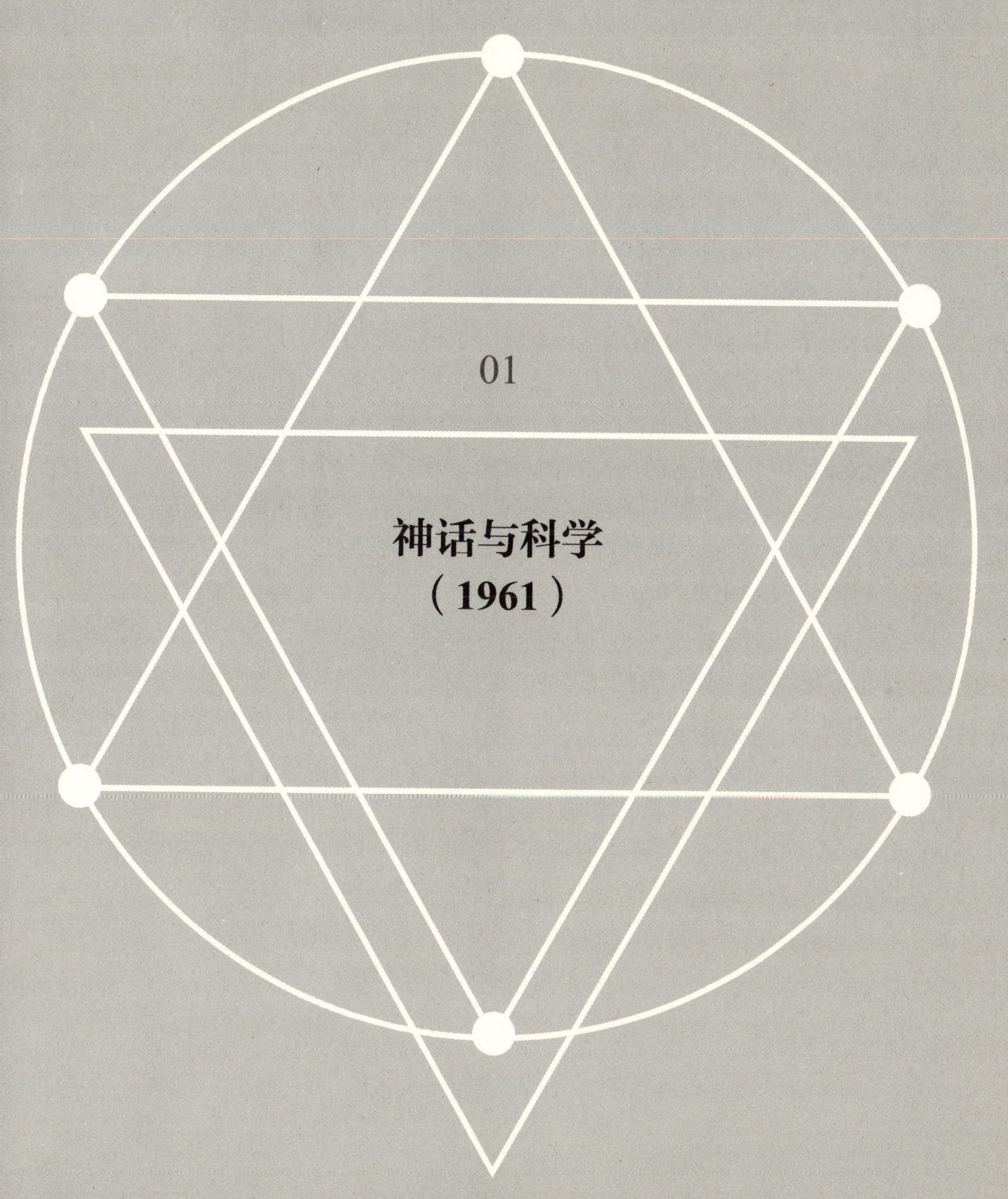

01

神话与科学

（1961）

神话与科学并不冲突。我们生活在一个艰难的时代，对那些没有勇气的人来说，任何能保护他们不至于发疯的事，都应该得到赞许。

几天前，我坐在钟爱的快餐店里用餐时，一个大约 12 岁的男孩坐在了我左边的位置上，背上还背着书包。等待上餐时，男孩转过头对坐在身旁的妈妈说："吉米今天写了一篇关于人类进化的文章，老师说他错了，人类的祖先应当是亚当和夏娃。"

天哪！我想，多可怕的老师！

那位母亲坐的位置与我相隔 3 个座位，我听见她说："老师是对的，我们的祖先就是亚当和夏娃。"

对一个 20 世纪出生的孩子，他的母亲怎么能这么说！

男孩回答道："是的，我知道，但这是一篇科学论文。"对于他的回答，我准备授予他史密森尼学会杰出服务奖章。

然而，母亲却生气道："哦，那些科学家！那只是一些理论而已！"

男孩不理会母亲的怒火，"是的，我知道。"他的回答很酷、很镇定，"但这些理论已经有事实来证明了，他们证据确凿。”

这时，服务员送来了牛奶和三明治，争论结束了。

年轻无畏的真理追求者用事实和发现摧毁了神圣的宇宙形象，现在，让我们对此反思片刻。

中世纪鼎盛时期，也就是 12 ～ 13 世纪，人们对地球有两种完全不同的认识。较为流行的一种看法是：地球是平的，像一个盘子一样漂浮在浩瀚无际的宇宙海洋中，海洋中到处都是各种各样的凶猛怪兽。关于宇宙的这种最古老的概念可以追溯到青铜时代（Bronze Age）早期，曾出现在大约公元前 2000 年的苏美尔楔形文字记载中，也是在《圣经》中被权威化了的观念。

然而，中世纪古希腊人对于地球的认识似乎相对严肃些。在他们看来，地球并不是平的，而是固态的、静止的球体，位于类似中国套盒那样旋转着的 7 层透明球体中间。每层球体里都有一个肉眼可见的星球——月球、水星、金星、太阳、火星、木星和土星。一周里的 7 天就是根据它们命名的。另外，这 7 层球体宏大的旋律构成一首音乐，即“球体的音乐”，而音乐中的 7 个音符也对应着 7 层球体。相应地，7 种金属——银、汞、铜、金、铁、锡和铅也与之对应。从天堂降生在地球上的灵魂于降生之时就糅合了这些金属的品质，所以我们的灵魂和身体由宇宙的这几种要素组成，也就是说，我们的灵魂和身体也吟唱着相同的歌。

按照这个早期的观点，音乐和艺术可以让我们想起那些和谐，但地球上的事物和常识却使我们偏离了这些和谐。依照中世纪的观念，知识的 7 门学科又与 7 个星球相对应——语法学、修辞学和逻辑学（并称为三大学科）、算术、音乐、几何学以及天文学（并称为四大学科）。另外，那些水晶般的球体并不像玻璃那样，是没有活力的物质，相反，它们是有神力的。它们由天使掌管，或者像柏拉图所说的，由女妖掌管着。

在7层球体之外，是一个发光的天庭，在那里，上帝威坐在他的三位一体的宝座上。人死后，灵魂将再次穿过7层球体回到上帝那里，组成灵魂的每个部分会停留在相应的球体上，灵魂最终将赤裸裸地接受审判。人们普遍认为，君主和教皇代表着上帝的力量和权威，并按照其意愿和准则在地球上统治着他的基督教子民。因此，中世纪思想家普遍认为，在宇宙结构、维持社会秩序的法规和人类的美德之间，存在着完美的一致性。因此，通过绝对的顺从，基督徒不仅使自身与社会保持和谐一致，他也与自己内在的最高利益和外在的自然秩序保持和谐一致。基督教帝国（Christian Empirc）是天堂秩序在世俗中的反映，基督教等级森严的组织、牧师的法衣、王权和庄严的法庭，都是由天堂的形象激发产生的；教堂尖顶上的钟声和牧师们的合唱是天使的声音在尘世的回响。

但丁在其作品《神曲》中揭示了一个在他那个时代，既能得到宗教认可，又能得到科学认可的宇宙形象。当撒旦因骄傲和不敬而被逐出天堂，他就像颗燃烧的彗星那样坠落。在落地的那一刹那，他径直穿过地球的中心。因此，地球上被他撞击出的巨大火山口变成了地狱中燃烧的火坑。同时，地球朝着反方向移动时所造成的混乱变成了炼狱山（Mountain of Purgatory）。但丁认为此山径直通往天堂，更确切地说，炼狱山便是南极。在他看来，南半球全是水，这座神圣的山从水中隆起，耸入云霄，山顶就是伊甸园（Earthly Paradise）。在它的中心，有四条神圣的河流出，如同圣经所说。

现在，似乎存在着这样一种观点，当哥伦布穿越蓝色海洋的时候，他自己脑海中对于宇宙的印象和但丁的描述是一样的。然而，在其他人眼中，那片“海洋蓝”只是一片无边无际的海洋，围绕着圆盘状的大地。事实上，我们可以从他的航海日志中了解到以上这些情况。从他的航海日志中，我们还了解到，在他的第三次航行中，当他第一次乘坐小舟历经千难万险，穿越特立尼达岛和美洲大陆之间的海峡，到达南美洲北海滨的时候，他说，那是从奥里诺科河口倾泻下来大量的、混杂着盐分的淡水。在他对大陆那边一无所知的情况下，依据其脑中的中世纪观念，他推测，那些淡水或许来自天堂中的某条河流，从神秘天堂的山峰底部注入南边的海洋。当他改变航向向北航行时，他观察到他的船比来的时候，也就是向南行驶时快了很多，他认为这就是他们沿着神秘天堂的海岬底部向下行驶的证据。

我认为 1492 年标志着古老的神话系统权威的结束——至少是开始了其结束过程。这是自古以来支撑人们的生活、滋养他们生命的神话系统。在哥伦布划时代的航海之后不久，麦哲伦又环球航行一周，而在他之前，瓦斯科·达·伽马已经环绕非洲大陆航行至印度。从那以后，人们开始系统地探索地球的奥秘，古老的、象征性的、从神话中得到的地理知识遭到质疑。

在试图证实地球某处存在着一个伊甸园时，神学家圣托马斯·阿奎那（Saint Thomas Aquinas）早于哥伦布两个半世纪就曾宣告：“天堂和人们居住的世界是由山脉或海洋或一些热带区域分隔开的，这些分隔区域是不可跨越的，所以人们在描述地形图时从未提及”。在（哥伦布）第一次航海的 50 年后，哥白尼发表了“日心说”（1543）；60 多年后，伽利略的望远镜确凿无疑地证实了哥白尼的观点。1616 年，伽利略被宗教法庭宣判有罪，原因是他所传授的知识违反了《圣经》经文的信条——就像前面提到被妈妈指责的孩子一样。

当然，今天我们已有能力站在群山之巅——加利福尼亚的威尔逊山（Wilson）和帕洛马山（Palomar）、亚利桑那州的基特峰（Kitt Peak）、夏威夷的哈莱阿卡拉山等，借助更高级的望远镜观察世界。我们不仅了解到，太阳一直位于我们星球系统的中心，而且知道，这一闪光的星球是 2 000 亿个太阳中的一个。这些太阳位于巨大的银河系中——一个直径达 10 万光年的透镜状星系。不仅如此，望远镜还向我们揭示了：在这些发光的太阳中，某些发光点并不是太阳，而是整个星系，这些星系中的每一个都巨大无比，像我们所在的银河系那样大得令人难以置信。我们已经能辨认出成千上万个这样的星系。

科学家一直为我们创造宇宙奇观，这些宇宙奇观使人们产生的敬畏感不仅令人惊叹，而且给了我们扩展心灵空间的启示，这一切远非前科学时代所能想象。相比之下，玩具室中挂着的《圣经》图画仅仅是为了给孩子欣赏，有时甚至连欣赏的作用也不存在了！坐在我餐桌旁的那个小小学者就说:“是的，我知道，但那是一篇科学论文。”因此，我们可以判断出：他已经从母亲的知识体系中解脱了出来，并找到了一种拯救知识的方法，因为他母亲所拥有的中世纪教会知识体系正在逐步瓦解。

不仅关于宇宙本质的那些古老的神话观念已土崩瓦解，甚至有关人类起源和历史的概念也全部化为乌有。早在莎士比亚时期，当英国冒险家沃尔特·雷利爵士（Sir Walter Raleigh）抵达美洲时，发现那里到处都是他前所未见的、在世界其他地方不为人知的动物。作为杰出的航海家，他知道当年诺亚绝不可能把地球上所有的动物都雌雄各取一只装进方舟里，再大的方舟也不可能。

《圣经》里关于洪水的传说是不真实的，因为无从“考证”。更糟糕的是，今天我们追溯到的，酷似人类的生物在地球上最早出现的时间，甚至比《圣经》中上帝创世的时间还要早 100 万年。欧洲旧石器时代的大洞穴出现于大约公元前 3 万年；农业的起源可以追溯到大约公元前 1 万年；最早的小镇起源于大约公元前 7000 年。据《圣经·创世记》第 4 章第 2 节和第 17 节[①]记载，人类始祖亚当的长子该隐是种地的，他在伊甸园东边的挪得之地建造了以诺城，这也是不可能的。《圣经》的“理论”再次经证实有误，并且“证据确凿”！

人们也找到了房屋，而这些房屋与《圣经》所述也不一致。例如，《出埃及记》（Exodus）所记载的历史时期应为拉美西斯二世（公元前 1301—公元前 1234），或麦伦普塔（Merneptah，公元前 1234—公元前 1220）时期或塞提二世（公元前 1220—公元前 1200）时期，一些建筑遗迹和象形文字充分证实了这一切。但是，那一时期没有任何《圣经》中提到的关于苦难的痕迹，更没有任何记载与《圣经》所记相匹配。还有记载显示，希伯来人早在阿肯那顿统治时期（Ikhnaton，公元前 1377—公元前 1358）就已经侵占了迦南，比拉美西斯二世统治时期早一个世纪。简而言之，源于希伯来文本的著名的“犹太创世神话”“出埃及记”“沙漠中的 40 年”（*Forty Years in the Desert*）以及“征服迦南”（*Conquest of Canaan*）等记载并不是来自上帝或一个叫摩西的人，而是来源于不同时代、不同作家的记载，这就导致了实际的历史时期比以前推测的时间大大推迟。

《圣经·旧约》最初的 5 卷仅仅是在以斯拉（Ezra）时期（公元前 4 世纪）之后收集的，而有关《圣经》资料的收集工作，从公元前 9 世纪（这就是所谓的 J 文本和 E 文本），一直延伸到约公元前 2 世纪（《圣经》P 文本，或称“祭司手稿”）。不同的文本记载的内容是有差异的，有人发现对洪水之灾就有两种说法：第一种说法是诺亚将每种动物各取一对放入方舟（《创世记》第 6 章第 19、20 节，P 文本，后以斯拉时代）；第二种说法是诺亚将洁净的动物各 7 对，不洁净的动物各 1 对放入方舟（《创世记》第 6 章 19、20 节，

① 本书所援引的《圣经》译文，均采用《和合本》译本。——编者注

J 文本，约公元前 800 年，前后约有 50 年出入）。

此外，还有人发现，有关创世的故事也有两个，第一个故事发生在《创世记》第 2 章中，第二个故事发生在《创世记》第 1 章中。在第 2 章中，上帝首先创造了一个园子，再创造了人来照料它，然后创造了动物，最终上帝使亚当沉睡，从他身上取下一根肋骨创造了夏娃；在第 1 章中，上帝独自处于浩瀚的宇宙之水中，说“世界要有光”之类，渐渐地，宇宙产生了——首先是光，3 天后是太阳，接着是蔬菜、动物，最后是人类，有男有女。第 1 章的内容大约发生在公元前 4 世纪（亚里士多德时期），而第 2 章的内容则大致发生在公元前 8 世纪或 9 世纪（赫西奥德时期）。

比较文化研究有力地证实了，相似的神话故事在这个星球上随处可见。当信仰天主教的西班牙人抵达墨西哥的阿兹特克（Aztec）时，他们立刻认识到，当地宗教和他们自己的信仰非常相似，但他们却很难解释清楚这一事实。这里有高耸的金字塔式庙宇，像但丁描述的炼狱山，一层一层逐级上升代表着精神的提升；这里有 13 层天堂，每层天堂里有相应的神或天使，最上层有个上帝，威严无比，令人难以想象；有 9 层地狱，每层都有受惩罚的灵魂；有与蟒蛇相联系的、化身为人的救世主，他的母亲是个处女，他死后又复活了，他众多的象征符号之一便是十字架。为了解释这一切，神父创造了关于他们自己的两个神话。第一个就是圣・多马——首位到达印度的传教士，他可能已经到过美洲并在那里传播福音。但是由于这些美洲海滨远离罗马的影响，所以多马所传的教义已经不再有广泛的影响，因而那里的居民所看到的，只是他们自己的丑恶和堕落。第二个神话是，邪恶的力量总是故意对基督教的信仰进行拙劣地模仿，这使得传教工作举步维艰。

现代学术研究已经发现，神话传说中总是出现“处女生下英雄、英雄死后重生”的故事。例如，印度的文化中有这样的故事，高耸的印度庙宇酷似阿兹特克的寺庙，这些庙宇是多层宇宙中的山脉的再现，山之巅是天堂，山下面是骇人的地狱。印度的佛教徒和耆那教徒[1]也持相似的观点。当追溯到基督教产生以前时，我们会发现很多相似的神话故事，比如遭到屠杀而后复活的奥西里斯（Osiris）、美索不达米亚的坦木兹（Tammuz）、叙利亚的阿多尼斯（Adonis）和希腊的狄俄尼索斯（Dionysos）。所有这些故事都为早期基督徒表现基督的形象树立了榜样。

身处伟大文明国度的人们，往往都以笃信不疑的态度解释本民族的象征符号，认为他们以一种独特的方式蒙恩，并与绝对真理直接相连。甚至信奉多神论的希腊人、罗马人、印度人和中国人，都带着怜悯的眼光，高高在上地俯视其他民族的神和文化传统，他们认为自己的神是至高无上的，至少是更优等的。对于信仰一神论的犹太人、基督教徒和伊斯兰教徒而言，其他民族所信奉的神根本都不能算作神，而是魔鬼，他们的崇拜者没有信仰。几个世纪以来，麦加、罗马、耶路撒冷、贝拿勒斯[2]和北京，都以其特有的方式成为宇宙的核心，它们与光明世界或神的王国直接相连。

今天任何人都不会拿这样的观念当真，甚至连幼儿园里的孩子都不会——这就是危险之所在。因为大众怀着笃信不疑的态度解读象征符号的这种方式一直且实际上依然是他们文明、道德秩序、凝聚力、活力和创造力的支柱。一旦这些象征形式丢失，他们对什么都不确定，随后就会导致失衡。就像尼采和易卜生所说，生命需要精神支柱，一旦精神支柱垮掉，就不再有安全的支撑物，不再有道德秩序，也不再有坚定的信仰。例如，我们已经看到，在白人文明所未征服的原始社会，古老的戒律一旦丢失，那里的社会就

① 耆那教，印度传统宗教之一，该教徒的信仰是理性高于宗教，认为正确的信仰、知识、操行会使人走上解脱之路。——编者注

② 贝拿勒斯，印度北方邦东南部城市瓦拉纳西的旧名，是著名的印度教圣地。——编者注

会崩溃，变得邪恶且疾病缠身。

今天，相同的事情也发生在我们身上。现代科技破坏了古老神话建构起来的禁忌，导致在现代社会中，罪恶、犯罪、精神失常、自杀、吸毒、分裂的家庭、缺乏教养的孩子、暴力、谋杀和绝望层出不穷。这是事实，我并不是在生编硬造。这些现象给我们提出要求：传教士应呼吁众人忏悔、改过，并使他们重新信奉以前的宗教。但传教士的工作也向现代教师的信仰和终极忠诚提出了挑战。一个勤勉的老师既要考虑学生的道德品行教育，同时也应关心他们对科学知识的学习。那么，教师究竟是忠诚于有利于社会文明的神话，还是尊重已被“考证”的事实真理呢？这两者究竟是并行不悖的还是矛盾的？难道就不存在一种能够超越幻觉和真理的冲突，使生命再次融合在一起的智慧吗？

我认为在抚养孩子的过程中，这是个至关重要的问题。事实上，那天在我餐桌旁发生的就是一个重大的事件。从中不难发现，老师和家长都处于过时的幻觉中，而大多数社会卫士都有此倾向。他们质疑，但是他们不去寻求真相。这种倾向甚至在讨论种族问题的社会科学家和人类学家当中蔓延。大众总是能明白甚至能在某种程度上分担他们的焦虑，因为世界依靠谎言而存在。只有极少数人能够正视真理的挑战，并在这种挑战中建立起他们的生活。

我深信，解决这一问题的最好答案来自心理学的发现，尤其是那些关于神话的起源和本质的发现。社会的道德秩序总是建立在神话之上，而神话经法典化就转变为宗教，科学对神话的冲击将不可避免地导致道德的失衡。因此，我们现在必须探讨是否能够得出这样一个对神话合理的理解：神话的本质是生命的支撑力量，在摒弃神话的古老特征的同时，我们没有必要歪曲和剥夺神话。也就是说，我们曾错误地将孩子（整整几代孩子）和浴盆里的水一起倒掉。

就像我前面提到的，正统的宗教信仰通常将神话中的人物和事件当成事实，并且用这些教导人们。这种现象在犹太教和基督教中尤为常见。将"出埃及记"和"耶稣复活"看作事实，恰好证实了这一点。然而，从历史的角度看，这些"事实"现在有了问题。因此，以这些"事实"为依据所支撑的道德准则也有了问题。

人们对这些故事的解释，虽非史实，但却是人们想象的片段在历史中的投射。所以当人们认识到这些故事与中国、印度、尤卡坦半岛[1]等其他地方产生的想象很相似时，故事的意义就变得显而易见。可以说，即使这些故事是错误的、与历史不符的，但故事中被人们普遍珍视的神话形象也必定代表了他们心灵的事实。我的一个已经去世的朋友梅雅·黛伦（Maya Deren）曾经解释过这一奥秘，她说："幻想的作品能够显露心灵的事实。"

当然，历史学家、考古学家和史前学家的任务，就是证实神话并不是事实，在这个多种族共存的世界上，没有谁是上帝挑选出来的，没有哪个普遍真理是我们所有人都必须遵守的，没有哪个宗教是唯一正确的。心理学家和比较神话学家的当务之急不仅仅是甄别、分析和解释那些已经象征化了的"心灵的事实"，而且要教授人们一种方法，使其能健康发展，并在古老的传统逐渐消失时，帮助人们认识自己内部的心灵世界，欣赏外部的关于事实规则的世界。他们这一任务将越来越紧迫。

在过去的七八十年，心理学家在这方面的态度发生了很大的改变。英国人类学家詹姆斯·乔治·弗雷泽爵士（Sir James G. Frazer，1854—1941）是

① 尤卡坦半岛，位于墨西哥湾和加勒比海之间，将加勒比海从墨西哥湾中分离出来。——编者注

一个典型。他的伟大作品《金枝》(*Golden Bough*)于1890年首次出版，阅读这部作品，我们可以深切地感受到他的想法。在弗雷泽看来，科学最终会驳倒神话迷信，并将其永久地抛在后面。他懂得巫术的神话基础，也懂得心理学的巫术基础。但是，他的心理学本质上是一种理性心理学，对于我们本性中的非理性冲动这一更深的根基，并未给予足够的关注。他断言，一个习惯或一种信仰一旦被证实为非理性的，它不久就会消逝。

他就像一个在保龄球脱手后还转动手指，妄图通过隔空操纵保龄球将其送到立瓶那里的人那般离谱。

弗雷泽对巫术的解释是：因为事物在心灵中相互联系，所以人们相信它们事实上也相互联系。摇动拨浪鼓模拟雨声，雨滴便会随之落下；举行性交仪式，自然就会获得丰收；用针刺写有敌人名字的画像，他就会死亡，在此人的一件衣服、一缕头发、剪下的一片指甲或他接触过的任何东西上这么做也会产生类似的效果。因此，弗雷泽认为，巫术的第一定律是“相似性产生相似性”，即结果等同于原因；第二定律是“彼此有过接触的事物，即使分开也依然相互作用”。弗雷泽还认为巫术和宗教的最终目的都是控制外部自然界。两者的区别在于，巫术通过机械的模仿，而宗教则通过祷告以及向人格化了的力量祭献来支配世界。至于宗教与巫术同人类内心世界的联系以及它们在人类内心世界中的重要性，他毫不理会，自然也就一无所知。他坚信，随着科技的发展，巫术和宗教终将消失，科学最终会取代它们，更好地服务于人类。

在弗雷泽时代，巴黎出现了一位著名的神经学家让·马丹·沙尔科(Jean Martin Charcot)，他发表的系列作品和弗雷泽的著作同等重要。他针对歇斯底里症、失语症、催眠状态等一系列症状进行研究，并在其作品中阐明了这些发现同图像和艺术的关联。弗洛伊德(Sigmund Freud)在1885年耗时一年跟随这位大师进行研究，并在 20 世纪前 25 年间将歇斯底里症、梦境和神话的研究推向更深入的层次。按照弗洛伊德的观点，神话类似于梦境中的心理活动。也就是说，神话是公开的梦，梦是私人的神话。而梦和神话都是被压抑的早期乱伦欲望的表现形式。宗教和神经症唯一的重要区别是前者是公开的，患神经症的病人会感到羞耻、孤独和自闭，而众神则是集体之梦在世间的普遍投射。两者都是无意识的、被压抑的恐惧和幻觉的体现。同样，在弗洛伊德看来，所有的艺术，尤其是宗教艺术，也都是病态的，哲学亦如此。事实上，文明就是无意识的早期乱伦欲望在现实中得不到满足的病态替代品。所以，就像弗雷泽一样，弗洛伊德否定了神话、巫术和宗教的重要性，认为这些谬误终将被科学否定、超越并取代。

荣格（Carl G. Jung）代表了另一个完全不同的方向。他认为神话和宗教的意象都具有积极的作用，可以将生命推向更加深远的境界。在他看来，所有人体器官（不仅仅是性器官和具有攻击性的器官）都有其用处和驱动力，有些人体器官可以由意识来控制，有些则不。由于关注日常的需要，我们外向的意识可能会与内在的力量脱节。荣格说，我们如果能正确地阅读神话，它就会使这两者再次连接。神话用图像语言告诉我们，在人类灵魂深处存在着巨大的力量，这些力量一直为人类的心灵所熟知，体现了人类赖以生存千年的智慧，它们应在我们的生活中得到体现并融入我们的生活。因而，它们没有、也永远不会被科学所替代。因为科学更关注外在世界，而不关注我们在睡梦中才能进入的内在世界。通过对梦境和神话的研究，我们可以展开与内在力量的对话，从而认识一个更加广阔、更加深刻、更加睿智的内在自我，并与之相适应。相同地，如果一个社会珍惜神话、保持神话生命不息，这个社会将会得到来自人类精神世界中最健康和最丰沛的滋养。

然而危险也会存在——如果人们只看重梦境和神话，而忽视现代社会的意识，那么人们的脑海中总是充满复古思想以及与现代社会格格不入的不切实际的想法。所以荣格说，我们需要一种对话，而非固着在任何一个极端。这种对话以从无意识中抽取象征形式的方式进行，而且意识也在持续的交流中认识到这种对话。

如果一个社会否认两者之间的互动，人们坚持认为继承下来的梦境就是绝对真理，因此拒绝认识意识、理性、科学的新发现和新事实，那么在这样的社会里，孩子将会发生怎样的变化？一段耳熟能详的历史可以给我们足够的警示。

每个学生都认为，所谓的“科学”起源于希腊，很多知识随后被传到亚洲，通过波斯传到印度，然后传到中国。然而这些东方国家都早已形成了自己特有的神话思维方式，他们对希腊那种客观的、现实的、求知的和实验的态度和方法不予理睬。可以将《圣经》东方经文里的科学知识与亚里士多德的科学进行比较，那些东方经文在很大程度上沿袭了马加比（Maccabean）家族抵制希腊文明影响的态度，更不用说对一些希腊科学发现的抵制，比如，阿里斯塔克（Aristarchus，公元前 275）提出了地球是围绕太阳运行的球体；埃拉托色尼（Eratosthenes，公元前 250）精确计算出了地球的圆周为 39 375 公里（赤道的准确圆周为 40 076 公里）；喜帕恰斯（Hipparchus，公元前 240）计算出了月球的直径和地球与月球之间的平均距离。现在试着想象，如果公元 529 年东罗马帝国皇帝查士丁尼（Justinian）不强行关闭所有的希腊异教徒学校，而是鼓励信奉异教的话，人们就不会流那么多的血汗和泪水，也不会因信奉邪教而被烧死，诸如此类的事情就都不会发生。假设我们处于他们的境地，不仅仅是科学，整个世界的文明都将推迟 1 000 多年才能达到成熟。

有趣的是，在科学传入伊斯兰世界伊始，古典的文化遗产曾被接受并得到普遍认同，甚至一度得到发展，但最终却遭到排斥。伊斯兰教曾在五六百年间记载了大量的科学思想、科学实验和研究，在医学方面尤为突出。但是，后来，唉！先知穆罕默德（Mohammed）宣称的“永远正确的伊斯兰教权威”，即伊斯兰教教规，失去了约束力。《古兰经》中安拉的话语是真理的唯一源泉和传播真理的唯一途径，科学思想只会导致对“世界起源和造物主的信仰的丧失”。所以，当古希腊科学知识开始通过伊斯兰教传入欧洲的时候，大约从 1100 年开始，伊斯兰世界的科学和医学处于停滞状态并逐渐走向消亡，伊斯兰教也随之消亡。不仅科学的火炬，甚至历史的火炬也开始传入西方基督教世界。

随后，从 12 世纪初开始，西方世界发展极其迅速，出现了许多勇敢无畏、才华横溢的伟人，他们完成了在悠久的人类历史长河中无与伦比的伟大发现。如果我们从未亲自踏上那片受到这些伟人影响的、超越了欧洲魅力的土地，我们就不能充分体会这些人带给我们的巨大福音。而那些所谓的“发展中国家”，在今天正在经历社会转型，几个世纪以来，这些国家并没有得到持续的发展，而是被不断入侵。每一个小群体都深陷于影响至深的、僵化的神话体系中，而这些神话体系在发生冲突后就会产生变化。例如，在伊斯兰国家的士兵攻入印度后的很长一段时间内，思想交流是不可避免的；还有，英国人到达（美洲）的时候，开启了一个发生翻天覆地变化的时代，出现了各种令人惊叹且意想不到的发明。另一方面，在现代西方国家，正是由于少数心胸开阔、思想开明的勇士对无限真理的疆界不断开拓，才会形成有条不紊的发展局面，使国家得以持续成长，这在本质上是一种自然而然的繁盛。

但是，对于一个现代科学家来说，“真理”的意义到底是什么？这意义当然不同于它对神秘主义者的意义！科学的一个最重要且最本质的事实是，它在任何情况下绝对不会、也不能假装是真理，这一事实最令人惊叹不已，并向人提出了最高挑战。科学不会、也不能假装已抵达终点，即使将所有已知的相关事实都考虑在内，科学也仅仅是试探性地提出可行性假设（“哦！那些科学家！”“是的，我知道，但是他们证据确凿。”）的过程。

难道就不存在一种将最终的结论和充分的事实统一起来的潜在意图吗？

的确没有！有的只是像渴望成长的心灵一样不断追求更多的那些过程。只要成长的过程持续存在，它就会是考量现代西方人生活的标尺。也是考量这个世界的标尺。现代西方人赋予了这个世界光明的前景，并在逐步实现这一前景。也就是说，这是一个变化的世界，这个世界拥有新的思想、新的事物、新的重点和持续的变革，而不是呆板的、僵化的、由正统的、已知的“真理”统治的世界。

朋友们，有一件事情，我们完全不了解，甚至科学也无法给我们提供答案。此事不仅关乎对真理的渴求，而且，我们也将由此获得更加伟大、更加鲜活的启示，这些启示已远远超越以往古老的宗教带给我们，甚至暗示我们的一切。古老的宗教经文给我们提供慰藉，这些经文给我们展示了这样一幅画面：一位仁爱的、公正的天父一直在天上看顾着我们，时刻准备着迎接我们，并且关心着我们的生活。

但另一方面，按照科学的解释，没人知道天堂里到底是什么，或者是否有天堂这类东西。只能说，有一些现象，被我们的感官依照人类大脑的特性翻译给了我们的大脑。同时，在我们的内在世界也会出现一系列奇奇怪怪的形象，我们在夜间熟睡的时候能够在梦中感觉到这些形象。这些现象有时也会在白天闯入我们的生活，甚至会使我们发疯。关于这些内在和外在现象的产生原因，我们也许只能猜测或不断提出假设。它们是什么？它们存在于何处？为什么会产生这些现象？这些都是完全未知的。对此我们必须承认，我们绝对不知道这一事实，才是我们唯一确定的事情。

“你应该”已不复存在。没有任何事是不得不相信的，也没有任何事是不得不做的。只要你愿意，你依然可以选择中世纪人们的思维方式，或者是东方人的，甚至是原始人的。我们生活在一个艰难的时代，对那些没有勇气的人来说，任何能保护他们不至于发疯的事，都应该得到赞许。

1954 年冬天，我在印度和一位年龄相仿的先生谈话，寒暄后，他很小心地问我：“你们西方学者认为《吠陀经》存在多少年了？”

谁都知道，《吠陀经》在印度人心中的地位如同《托拉》[①] 在犹太人心中的地位，它起源于最远古的时代，因此是最高的启示。

我回答道：“《吠陀经》的产生时间经过修改被推后了，我相信它的产生时间在公元前 1500—公元前 1000 年之间。您也许知道，它应该是在比吠陀文化（Vedic）[②] 还要早的一个印度文明中发现的。”

“是的！”那位印度男士用不容置疑的语气坚定地回答，“不是应该，而是一定。但矛盾的是，作为正统的印度教徒，我简直无法相信宇宙中还有比《吠陀经》更早的事物。”从他说话的样子看，他是认真的。

“好吧，”我说，“那你为什么还要问呢？”

关于古老的印度我就介绍到这里，现在让我以印度神话的一个片段来做一个总结。这个神话讲述了宇宙最初的历史。对我来说，它贴切地反映了人

① 《托拉》被犹太人认为是“经典中的经典”，是“上帝的立言”，是上帝授予摩西的圣书。——编者注

② 古代印度语言，是梵语的古老形式。——编者注

类今天所面对的命运。

> 众神和他们的主要敌人——阿修罗，处于无休止的战争中。为了得到能使神长生不老的神油，众神决定休战并与阿修罗一起搅拌乳海，即宇宙之海。他们将宇宙之山（《吠陀经》中的宇宙之山与但丁的炼狱山具有同等重要的地位）当作搅拌的棍子。
>
> 众神将宇宙之蛇的身子缠在宇宙之山上，将它作为牵动大山搅拌乳海的绳索。众神拉住宇宙之蛇的头，阿修罗拉住它的尾巴，然后宇宙之山就开始旋转起来。就这样搅拌了 1 000 年，当一大片带有剧毒烟雾的黑云从水中升起时，他们不得不停止搅拌。如果他们要继续，就得有人吞下毒云并将其吸收掉，大家都知道，有一位神就具备这样的能力，他就是瑜伽派的代表神湿婆（Shiva），他有着可怕的魔鬼一样的身躯。
>
> 他将整片毒云完全塞进乞讨用的碗中并一口吞下，用瑜伽术将它保留在喉咙里，结果整个喉咙变成了蓝色，从此他也被称为尼拉坎塔（Nilakantha），意即“蓝喉咙”。当这一壮举完成后，众神和阿修罗又开始了他们的工作，他们不停地搅拌、搅拌，不知疲倦地搅拌，直到许许多多奇妙的东西从宇宙之海中升起来：月亮、太阳、八鼻大象、漂亮的马、药品，最后是盛满芳香神油的闪闪发光的器皿。

今天，我将印度神话作为一个关于世界的寓言故事讲给大家，目的就是鼓舞大家毫无畏惧地加紧工作。

MYTHS TO LIVE BY

02

神话与人类起源
（1966）

所有的神话体系都蕴含了两种基本认识，即人类死亡的必然性和社会秩序的永久性。

神话与人类相伴而生。换句话说，当我们追溯过去，找到关于人类物种起源的零星证据时，种种迹象表明，神话早已塑造着智人的艺术和世界。这样的证据使我们进一步了解了人类这个物种的统一性。因为一直以来，神话的主题都是永恒的、普遍的，这些主题不仅贯穿历史，而且还涵盖了人类居住的所有地方。

通常，当谈到人类进化的问题时，科学家们总是将关注的焦点放在人类特有的体质特征和解剖学特性上，例如人类直立行走的能力、发达的大脑、牙齿数量和排列规则，以及使人类能够使用工具的灵活的拇指。我们对早期人类的认识大部分来自考古学家路易斯·利基（L.S.B.Leakey）教授在东非的发现。在他早期的发现中，大部分人类出现在约公元前 180 万年前①，他将这部分人类称作智人、能人。毋庸置疑，这一称呼是合情合理的，因为他们也许才是最早的原始工具的制造者。

① 这是坎贝尔在写作当时（1972 年）的共识。目前能人出现的时间被认为是 150 万—250 万年前（维基百科说是 240 万年前），科学家们还出土了许多更早的能人化石，正如坎贝尔认识到的，科学是一种不停地自我修正的神话。它重塑了我们对世界的理解，就像它重塑自己以适应新的信息一样。此处的数据的更改就是一例。——编者注

可是，如果抛开人类在生理和心理方面的差异，人类最显著的特征就是我们首先依据神话来组织生活结构，然后才考虑发展经济并制定规则。在吃、喝、繁殖和筑巢等方面，人类与猿没有多大的差别。可是，人类却实现了猿不能完成的事情。比如，人类建造了金字塔和中世纪大教堂；印度人的居住地周围有大量可食用的牛群，但他们却宁愿饿死；还有，以色列自扫罗王（Saul）以来的历史，又有何经济方面的含义呢？如果要说出人类区别于动物的心理特征，那就是在人类的领域，甚至是在经济上从属于神话。若有人问，这种精神本能为什么，以及如何主宰了人类的物质生活秩序，答案就是人脑产生了其他灵长类难以得到的认识，即个体自身能清醒地意识到人最终会死亡，还认识到他所在意的一切也会随之消逝。

人类对肉身必死的认识以及超越死亡的愿望是神话产生的原动力。人类还意识到，人生来就处于社会群体中，个体从出生到死亡会不断地得到社会的滋养和保护，而个体在其生命的大部分时间里，也要尽可能地滋养和保护社会。社会群体不会因个体的出生或死亡而改变，它早在个体诞生前就已繁荣地发展着，在个体消亡后它也依然存在。也就是说，人类每个成员不仅要认识到人类必死的命运并坦然面对，而且还必须努力使自己适应其所处社会群体的生活秩序，这一秩序是高于个体的生活秩序的。在这个超有机整体中，个体要融入其中并积极参与，才能逐渐了解超越死亡的生活。在漫长的史前时期和有记载的历史时期，各种各样的神话体系在世界各个角落产生并发展，所有这些神话体系都蕴涵了两种基本认识，即人类死亡的必然性和社会秩序的永久性。两者象征性地结合在一起，组成了宗教仪式的核心结构，并由此组成了社会的核心结构。

然而，在原始狩猎时期，年轻人要适应的社会秩序与当今我们工业社会的完全不同。在这两种极端的社会秩序之间，还有数不尽的其他类型。因此，在这个刚刚提到的双向核心的统一体中，我们不仅要认识到人类一致性的代表性因素，还要了解他们的区别性特征——整个人类都要面对死亡，而世界各地的人们要以千差万别的方式面对死亡。因此，人类神话的跨文化研究，不仅要重视其中的普遍性，还应关注那些主题相同的神话在不同地区的特殊变化。

此外，还有影响各地神话形成的第三个重要因素，这一因素需要特别结合人类的不同经历来加以了解。随着人类思维和洞察力的逐渐成熟，进化中的个体开始认识他所生活的宇宙和自然界，并思考它们与人类自身生存的关系。人类了解宇宙和自然的重要性和变化形式，再从中找到规律。几千年来，特别是近年来，由于研究手段的改进，人类对宇宙的认识发生了巨大变化。不过，在人类历史中同样也经历过许多大的变化。例如：在早期苏美尔城邦的繁盛时期，祭司就开始观察天体运行；在亚历山大时期，物理学家和天文学家认为人类居住的地球被七个不断旋转的天体包围着。

因此，我们通过对人类的神话、传奇故事和相关仪式的分析，可以辨别出一些在某些永恒主题和原理之外的可变因素。这种分析一方面基于地球上各种不断形成和繁荣起来的社会体系，另一方面还基于几千年来人类对自然界不同的认知方式，这些认知方式在几千年的历史中不断地塑造着人类对世界的看法。

此外，考古学研究表明，在人类历史初期，不同的民族显然处于离心状态，它们分散在世界的各个角落，并且彼此间变得越来越疏远，每个民族都根据人类共有的普遍主题，逐渐形成自己对世界的理解和相关解释。然而，现代世界的交通工具和交流途径再次将人们联系在一起，因此这种差异也在逐渐消失。今天看来，社会体系的差别不再重要，也更容易辨别。但更重要的是，我们应该学会透过差异找到一直存在的共同主题，这些主题在人类的祖先从动物生存层面向人的进化过程中产生，并与人类相伴至今。

在继续讨论下一个问题之前，应该好好考虑这样一个事实：当今，至少在主要的文化创新社会，人们并没有全力保护并维持群体的完整性，而是对现有的社会秩序视而不见，以个人的发展和自我保护为核心；此外，个体未被视为国家的一部分，而是被视为一个独立的实体和一切行为的最终目标。这标志着一个空前的、极其重要的根本性转变。我们现在必须思考，这对未来神话的发展有怎样的意义。

历史上，在世界各个角落，由于某些传统观念的显著差异，人们对共同的神话作出了不同的诠释。我们首先来思考这一现象。

在《圣经》的最初几卷和章节中，犹太教徒和基督徒都曾以写实的叙事方式进行记录，似乎这些叙述是对宇宙起源和史前真实事件的忠实记录。《圣经》基于这种真实性假设，详细地告诉我们：有一个仅为犹太人所知的神，用七天的时间创造了世界。在这个辽阔的新世界的某个地方，有一座花园，叫作伊甸园。在那里，有一条会说话的蛇和世界上第一个女人——夏娃，她是由第一个男人亚当身上的一根肋骨做成的。邪恶的蛇告诉女人，上帝禁止他们吃的那棵树上的果子，有着种种美妙的功能，以此诱惑男人和女人吃了树上的禁果。由于他们吃了禁果，所以人类开始堕落，死亡来到了人间，他们也被逐出伊甸园。在花园中间，另一棵树上的果子可以给予他们永恒的生命。上帝担心他们吃了以后会像自己一样拥有智慧并且永生不死。因此，上帝诅咒他们并将他们赶走。上帝还在园子门口安设“基路伯和四面转动发火焰的剑，要把守生命树的道路”。

今天看来，这一切似乎是不可能发生的。但是，包括牧师、哲学家、政府官员等在内的所有人都曾经对此深信不疑，直到近半个世纪以来，这一情况才有所改变。今天我们知道——而且知道得很清楚，这样的事根本就不存在：世界上没有所谓的伊甸园，没有会说话的蛇，没有史前的“堕落”，没有伊甸园的驱逐，也没有大洪水和诺亚方舟等。《圣经》中的整个历史是西方宗教的奠基石，事实上，它更像一部小说选集。可说来奇怪，其他宗教的创始传说也普遍都是这一类小说。人们总是可以从不同的宗教故事中找到许多相似之处，然而，这样的花园、蛇、树和洪水根本不存在。

如何解释这些异常现象？谁虚构了这些不可能的故事？这些形象源自哪里？为什么这些故事明显荒诞可笑，但世界各地的人们却都深信不疑？

我建议将源自世界不同地方、不同传统的神话故事进行比较，这样我们就能理解神话的影响力、源头及其潜在的内涵。神话与历史学无关，这一点是非常清楚的，因此，神话的内容是想象出的主题而非外界发生的具体事件。并且，由于神话展示了普遍的特征，因此神话必定以某种方式代表了整个民族的想象特征，也代表着人类精神的永恒特征，或者用我们今天的话来说，人类心理的永恒特征。因此，神话不断告诉我们人类的基本问题，以及我们最应知晓的、永恒的基本法则。事实上，我们很有必要知道我们有意识的思维是否与最隐秘、最富鼓舞力量的内心深处保持一致。简言之，那些宗教故事和其中的形象传递着一些信息，让人们感知到某种在白天清醒的状态下难以获知的精神。如果人们将这些故事看作发生在将来、现在或过去时空中的一些事件，那么就曲解了其内容，偏离了其影响，并因此使某些外在的、处于次要地位的事物成了象征符号的指涉，如神圣化了的棍子、石头、动物、人、事件、城市或社会群体。

我们来仔细研究一下伊甸园在《圣经》中的形象。

“伊甸”（Eden），希伯来语意为“快乐、乐土”。英语中的“天堂”（Paradise）来自波斯语，“pairi-”即“环绕、围绕”，“daeza”即“墙”。因此，天堂就是一个由围墙围起来的地方。那么，伊甸园就是一个由围墙围起来的乐园。在园子的中间种有两棵神奇的树，一棵是分辨善恶的树，另一棵是生命树。四条河源源不断，流经其中，分四道向世界输送养料。人类的祖先吃了禁果，他们被逐出伊甸园，随后，两个四翼天使在东门看守回来的路。

这不是对地理景物的描写，而是人类灵魂的风景——伊甸园在人类的心灵之中。可是，我们有意识的思维不可能返回那里，享有永恒的生命，因为我们已经品尝了分辨善恶的智慧之果。事实上，也正是由于这些智慧，我们被赶出了伊甸园，脱离了我们自己的中心。所以，我们现在用善与恶的标准来判断事物，我们体验着善与恶，却得不到永生。尽管我们已经不知道永生的含义了，可那个花园就存在于我们内心之中，已经为我们所拥有。这似乎就是神话的意义。我们阅读神话时，应将神话视为人类内在精神的描述，而不是对历史的记录。

在了解了令西方人着迷的《圣经》传说之后，我们再来谈谈风靡整个东方的印度佛教的故事，因为佛教故事中也有两个可怕的看守护卫长生树的神话形象。悉达多（Siddhartha）坐在那棵树的下面，面向东方，作为真理的永生之光被唤醒。从那以后，人们称他为“佛陀”，即“觉醒的人”。在这个传说中，也有一条蛇，但与圣经中的不同，它并非邪恶的象征，而是代表着地球上所有生命的永恒生命力。因为蛇会蜕皮，这一现象被看作重生的标志。在东方，蜕皮的蛇就像不断重生的灵魂，灵魂如人们换衣服般进入和脱离肉体从而获得新生。在印度神话中，有一条巨型眼镜蛇，头顶一个桌形的大地并保持着平衡。当然，它的头处在轴心位置，正好在世界之树的下方。依据佛教传奇故事，当那个被赐福的人获得全知以后，他继续留在那里很多天进行禅修，但周边的暴风雨使他陷入危险。这时，那条巨蛇从地下上来，遮住佛陀的头部，保护他免受伤害。

在这两个关于树的传奇故事中，一个故事中的蛇是受到抵触的，人们对这个动物深恶痛绝；而在另一个故事中，它却被人们接受。相同的是，两个传奇均以某种方式将蛇与树联系在一起，并且很显然蛇已经享用了树的果实，因为蛇可以蜕皮后得到重生。

在《圣经》中，人类的祖先被驱逐出长着那棵树的园子，而在佛教故事中，人类却得到了邀请。据说，那棵佛祖盘坐于其正下方的树，相当于伊甸园中的第二棵树。正如我说过的，树的位置不再是某个具体的地方，而是人类灵魂的乐园。那么，是什么阻挡我们返回那里并像佛祖一样坐在那儿呢？那两个看守园子的天使是谁，或者说是什么？在佛教中是否也有两个类似的形象呢？

当今，日本的奈良是世界上最重要的佛教中心之一。那里有一座寺庙，里面有一尊庞大的铜佛像。高达16米的佛祖双腿交叉盘坐在莲花上，高举右手，摆出“无畏印”的手势。人们走近寺庙，经过一道门，两边各有一个身材高大、面目狰狞、手持利剑的士兵看守。这些形象与耶和华安设在园子门口的天使相似，但我们不会因此而害怕、退缩。因为一旦从他们之间走过，这些吓人的看守带给我们的对死亡的恐惧和对生命的渴求也就随之消失了。

也就是说，佛教的观点认为，我们之所以被赶出伊甸园，并不是由于什么神的嫉妒或愤怒，而是源于我们对生活本能的依恋。由于我们的感官与外部的时空有着直接的接触，因此感官将我们与外部世界以及处于这个世界之中的必死的肉身联系起来。我们不愿放弃物质生活带来的好处和快乐，这种对生活的依恋是我们被驱逐出伊甸园的最主要的原因，也是我们重返伊甸园的最大障碍。仅此一点，就使我们无法认识存在于我们内心、永恒的、普遍的意识，我们的肉体通向外部世界的生理感官就是这种意识和肉体间的媒介。

这样看来，根本没有天使手持火焰之剑阻止我们进入内心的乐园，而是由于我们对外面世界的热爱——对我们终有一死的肉身、对这个终将结束的世界的热爱，使我们将自己阻挡在外面。我们通过那扇天使守护的门，象征着我们放弃了这个已知的世界和我们自己。我们只看到事物生与死的表象，我们经历着善或者恶，因此，对于那个内心的乐园，我们既向往又害怕。佛教中那两个守护天使，一个张着嘴巴，一个闭着嘴巴，他们象征着我们在这个短暂世界中体验事物的方式，即二元对立的方式。我们从他们中间经过，就意味着我们即将放弃这种思想。

可是，这难道不是《圣经》故事最终要教给我们的吗？夏娃和亚当先后吃了能分辨善恶的智慧之果，也就是“二元对立的概念之果”，他们立刻意识到彼此性别的不同，并感到害羞。因此，上帝只能接受这些已经发生的事实，并将他们逐出伊甸园，让他们去忍受生与死的痛苦，以及为收获而必须付出的辛劳。此外，他们还感受到了一个作为彻底的“他者”的上帝，这个上帝为他们的意图感到愤怒并阻止他们实现其意图。花园门口的天使代表着体验事物的方式，这已经成为他们现在的方式，即从上帝和他们自身两个不同的角度来体验事物。但是，《圣经》故事也告诉我们，亚当“伸手又摘生命树的果子吃，就永远活着。”这是完全有可能的。同时，那个钉在十字架上的救世主形象清楚地表明了我们一直以来应该做的事，即基督会使人类重新回归永生。在整个中世纪，十字架等同于那棵永生之树，树上的果实就是钉在十字架上的基督自己，他用他的血肉之躯换来我们的肉体和血液，就是我们实际上吃的肉和喝的水。可以说，他不惧怕守护天使和他们手中四面转动、喷发火焰的剑，大胆地径直走过那扇门。早于他 500 多年，佛陀摆脱自我的欲望和恐惧，觉悟到自己的纯洁和不朽的虚空。所以，像佛陀那样，西方的救世主也将自己的身躯钉在生命树上，通过在精神上与上帝合一的方式赎罪。现在，我们自己也正在效仿。

尽管这两种传统观点难以调和，可是其象征性的形象在形式上却是相对应的。在《新约》与《旧约》中，上帝和人不是同一的，而是对立的，人被驱逐出伊甸园是因为他背叛了造物主。与之相应，从本质上看，十字架上的牺牲与其说是对人神同一的认知，不如说是悔悟式的赎罪。但佛教认为，可以从心理角度来解释我们为什么不能认识人的存在之源这一问题。在佛教看来，由于我们受意识的误导，对意识的位置和源头茫然无知，这最终使我们把现实归因于那些超凡的灵魂。然而圣经故事的教导更多地停留在关于违逆和惩罚这一层面，并向人们灌输对神的依赖、畏惧和恭敬的热爱等情感。这更适合于孩子和父母的关系，而佛教教化则更适用于能对自己负责的成年人。这两种传统所共有的形象无疑是最古老的，它比《旧约》、佛教甚至印度都古老，因为早在楔形文字记载中，我们就能找到蛇、树和不朽的花园这样的形象。古代苏美尔人的柱形印章中绘有这样的图案，在世界各地原始村落的民间艺术和仪式中也有这样的图案。

通过对两种象征形式的比较分析，诸如基督和佛陀是否曾真正存在，那些奇迹般的事是否发生过，以及产生了怎样的教化作用，这类问题已经都不重要了。世界上的宗教文献中有大量与这两个伟大人物相对应的形象。最终，人们应从中学到，那些救世主、英雄和救赎者就是穿过那堵保护内心恐惧之墙的人。在白天甚至夜晚的睡梦中，这堵墙将人们与自己的经历和世界的神圣根基隔离开来。那些拯救者的神话故事用超验的象征传递了超验的智慧。具有讽刺意味的是，这些信息却被转述成言语表达的思想，这就好像首先建起了一堵内在的墙。我曾听到基督教的牧师在婚礼上劝诫年轻的夫妻，希望他们此生白头偕老，于是在另一个世界里他们就能获得永恒的生命。我当时想，天呐！更合理的神话训诫是，如果他们此生白头偕老，那么他们自然就会在这个世界中体验到永恒的生命。确实存在着永恒的生命，这一观念反映了人类一个经久不息的价值观维度。这种价值观恰恰是生活这一行为本身的固有属性，也存在于人类共同的、对生与死的体验与表达的全过程中。

我们所有的人都在不知不觉中再现着这一切，而那些伟大的人则是对他们的知识有清醒认识的人。这就像《多马福音》中记载的耶稣的一句名言，“天父之国遍布大地，人们却看不到”。

依据这一观点，神话可以定义为这种超验智慧的诗性表达。如果我们把某些古老的神话形象，如蛇神、神圣的树，作为我们今天的神秘启示的开端，那么早在人类开始时期，至少已有少数的上古导师对此有了一定的了解。

那么，证明人类神话思维出现的最早的证据有哪些呢？

如前所述，在地球上出现的类人物种的早期证据中，我们可以列举出利基教授在东非的奥杜瓦伊峡谷（Olduvai Gorge）挖掘出的遗迹，他在距今约180万年前的岩层中发现了具有明显的类人特征的下颌骨和颅骨。这是很久很久以前的过去了，自那一时期开始，直到谷物种植及牛的养殖技术开始在近东兴起以前，人类的食物来源完全依靠采集植物的根茎和野果，以及狩猎和捕鱼。在人类进化史的早期，人类只占地球物种中的少数，他们以小群体的形式聚居和迁徙。可今天，我们却占了绝大多数，所面临的敌人也只是我们的同类。动物曾在地球上占多数，作为地球的“老住户”，它们无拘无束地生活着，形成了自己固有的生存方式，它们中有许多是相当危险的。只有在极少数情况下，人类的某一群体才会与另一群体邂逅并发生冲突，通常只有遇到动物时，人们才会产生绝望等情绪。今天，在面对邻居时，我们会产生害怕、尊敬、厌恶、喜爱或是冷漠等不同的感情，可在早期那数不清的世纪中，人类只有在与动物为邻时才会有这样的感受。今天，邻居之间是相互理解的，或至少想象他们能相互理解。早期猿人也一样，他们似乎想象着与动物世界之间在某种程度上是彼此理解的。

我们关于人类神话思维的第一个确凿证据来自尼安德特人（Neanderthal Man），他们大约生活在公元前 25 万年至公元前 5 万年之间。首先要提到的是，在当时的葬礼上，他们要摆放食物、寿衣、工具、祭祀的动物等。其次是许多高山洞穴中的小教堂，在那儿保留着象征性仪式中摆放的熊的头骨。这些葬礼仪式表明，如果当时没有永生不死的观念，那么至少有某种死而复生的观念。那些几乎遥不可及的高山圣坛上遗留的熊头骨，表明当时的人们狂热地崇拜熊这种身形庞大、可直立的、似人的、长有毛发的生物。熊至今仍受到包括欧洲、西伯利亚和北美印第安部落的猎户和渔民的崇拜，有许多报道称发现了这种神圣动物的头和颅骨，与尼安德特人洞穴中保留下来的熊头骨极其类似。

特别具有启发意义且被大量报道的要数日本阿伊努人（Ainu）的熊崇拜。阿伊努人属于高加索人种，比蒙古人种早几百年来到日本并在此扎根。现在他们主要分布在日本北部的岛屿——北海道和库页岛，而库页岛现在已是俄罗斯的一部分。这些奇怪的人们有种明智的想法：认为今世比来世更具吸引力，因此居住在另一个世界的神物也愿意来拜访今世。它们以动物的形象出现，可一旦穿上动物的外衣就难以脱掉了。因此，如果没有人的帮助，它们就没办法回家。阿伊努人是这样实施帮助的：猎杀它们，剥掉它们的动物外衣，将这层外衣吃掉，然后举行仪式，祝愿这些得到解脱的来访者一路顺风。

关于这些仪式，有许多详细的描述。甚至在今天，我们还能有幸目睹这样的情景。那些熊通常还是幼崽时就被猎捕并饲养在猎人家里，这些幼崽由女人精心地照料，并且可以和年轻人一起玩耍。当它长大后有了攻击性时，就会被关在笼子里。等小客人长到了 4 岁左右，人们就会把它送回“家”。饲养它的人会为它准备一个仪式并劝诫它，尽管这个仪式对它来说有些残酷，但这是必需的，是人们出于善意而为它准备的。人们会在仪式上公开讲话，告诉这个笼子中的小家伙："小神灵啊，我们就要送你回家了，也许你以前从未经历过这样的仪式，你得了解我们必须用这样的方式送你回家。我们想让你回家告诉你的父母，在大地上，我们对你是多么好。如果你和我们在一起时感到快乐并想再回来看我们，我们会接着安排另一个这样的庆典。"这个小家伙很快就被人熟练地剥了皮，头和爪子也一起被剥了下来，并在皮里面装上支架，使它看起来像活的一样。接着人们会准备一顿盛宴，盛宴的主菜就是它的肉。人们用一个大碗盛着它的肉，放在它鼻子底下，这是它在大地上的最后一顿晚餐了。带着许多送别礼物，它将开开心心地回家。

这里，我想让大家注意的一个重点是：人们邀请熊再次回到大地上来。这暗示了在阿伊努人的思想中，没有死亡这个概念。我们还发现其中所表达的相同想法也传递给了阿伊努葬礼上的亡灵。死人不会像鬼魂或是幽灵那样回来，而是以婴儿的样子通过自然分娩重新获得生命。对阿伊努人来说，死亡根本算不上惩罚，他们对重罪犯的严惩是将其折磨致死。

第二个主要的观点是：作为一个神圣的来访者，熊的动物躯体必须"被破坏"（正如他们所说），这样它才能获得解放并返回另一个世界。许多可以吃的植物和动物都是这样的拜访者，阿伊努人之所以捕杀并吃掉它们，是因为他们认为这并非伤害，而是帮助。显然，这是原始的猎人和渔民从心理上抵制屠杀的负罪感和对报复行为的恐惧，因为他们的生存完全建立在持续的残酷屠杀的基础上。他们认为那些被吃掉的兽类和植物是自愿的受害者，因此，这些被释放的灵魂会感激人们破坏并吃掉它们临时的肉身，而不会怨恨人们。

钏路市（在北海道东南海岸的一个城市）的阿伊努人有一个传说故事，可以解释人们为何非常崇拜熊。

> 有一个年轻的妻子，每天都会背着她的孩子上山寻找百合根和其他一些能吃的东西。当她找到足够多的根茎之后，就会到一个小溪边清洗它们。她把用衣服包裹着的孩子从背上取下，放在岸边，随后赤裸着身子下到水中。一天，在溪水中，她情不自禁地唱起了动听的歌，上岸后依然唱着歌，并随着歌曲悠扬的旋律开始跳舞。她沉浸在自己的舞姿和歌声中，忘记了周围的一切。突然，她听到一个可怕的声音。她看了看四周，只见一只熊神向她走来，她吓坏了，丢下婴儿匆忙逃走了。当熊神看到溪边那个弃婴，他想：我被那优美的歌声吸引，轻轻地走过来，本不想被发现，可是她的声音实在太美了，让我着迷，一不小心我就弄出了声音。
>
> 婴儿哭了起来，熊神把舌头放入婴儿口中给他喂食，让他安静下来。几天以来，熊神一直这样温柔地喂养着他，从未离开过，努力地让他活下来。当一群猎人从村子赶来时，熊离开了。人们看到婴儿仍然活着，他们知道了是熊一直在照顾这个弃婴。这真是令人吃惊！人们说："熊照顾这个婴儿，他真善良。他是一个值得我们尊敬的神。"所以，人们追上并射死了那只熊，把他带回村子为他举办了一个庆典。人们用佳肴和美酒来祭祀他的灵魂，并奉他为神物，让他带着财物和喜悦回家。

由于熊是阿伊努神殿的主要形象，且被视为山神，许多学者指出，可以用一个类似的信仰解释为何尼安德特人选择在高山上的洞穴里举行膜拜熊的仪式。阿伊努人也会在祭祀后保留熊的头骨。在尼安德特人的小教堂中，还有火炉的痕迹。在阿伊努人的祭祀仪式中，他们会邀请火女神富士（Fuji）与祭祀的熊神共享肉宴。他们用食物、酒和通宵达旦的歌唱款待两位神，两位神在一起聊天。当然，我们不能确定约20万年前的尼安德特人一定会有这样的想法。许多权威学者质疑，以现代土著民族的习俗为参考来解释史前的遗迹是否合理。可是，在现在这个事例中，这种类比还是引人深思的。据说，人们甚至观察到在上述两种情况中，断掉的头骨上连着的颈椎骨的数量通常都是两个。可是，不管怎样，我们可以确定的是，在以上两种情况中，熊都是一种受到人们尊敬的兽类，它有死而复生的神力，而且在那些保留下来的头骨中也有强大的神力。那些仪式将这些神力与人类社群的目的结合起来，而火的神力又以某种方式和那些仪式相结合。

已知的人类最早使用火的证据可以追溯到爪哇猿人时代，他们生活在距今大约 50 万年以前，这个时代距离尼安德特人时代就像尼安德特人距离我们的时代一样久远。而生活在兽穴中、极度饥饿且食用同类的低级人种被称为北京猿人，他们尤其喜欢大脑，狼吞虎咽地吸食刚砸开的新鲜脑髓。当时，火并不是用来烹煮食物的，尼安德特人也是如此。那么火是用来做什么的呢？是用来取暖的吗？也许是吧！但是，火也有可能被奉为圣物一直放在壁炉之中，就像祭坛上的火一样永久不熄。考虑到火在后来的使用，这样的推测是极有可能的。在尼安德特人的熊祭和阿伊努人的熊节庆典上，火显然都象征着女神显灵。所以火有可能是史前人类最早崇奉的神物。火具有永不减弱的特性，即使分成两半，也不会减弱，只会增强。火可以发光，就像太阳和闪电一样，是地球上独有的。火是有生命的，人的体温象征着生命本身，随着体温逐渐变凉，生命也渐渐终止。正如我们从古老传统中了解的一样，火山中的火能量是巨大的，火常常被看作火山中的恶魔，掌管着死后的世界。在那儿，死去的人们欣赏着不断闪动的永恒火焰。

随着 4 万年前冰河时代的结束，尼安德特人这个坚强的种族和他们的生活方式消失了，甚至被人们遗忘了。接着出现了一个显然更加高级的人种——智人，他们是人类的直系祖先。那些美丽的洞穴岩画也与法国比利牛斯山上、多尔多涅河边和西班牙的坎塔布连山上的这些人有着显著的联系。那些用石头、猛犸骨或象牙制作的女性小雕像被称为旧石器时代的“维纳斯”，它们显然也是人类最早期的艺术创作。一个被膜拜的熊头骨不是一件艺术品，也不是葬礼上的用具，或是“石片石器”。那些小雕像没有脚，因为它们会被压入地下，安放在家里小小的神龛中。

有必要提到的是，在同一时期，当那些男性形象出现在壁画上时，他们总是穿着某种服装，然而女性小雕像却全裸站立着，没有任何衣饰。这说明了男性和女性之间存在着某些不同的心理价值，并由此产生了不同的神话价值。女性本身就如神话般神奇，她不仅是生命的源泉，孕育了生命，而且她的影响和存在都具有魔力。她的月经周期与月亮周期相一致也是个谜。然而穿着衣服的男性却获得力量，他代表着某种具体的、有限的社会角色或功能。正如弗洛伊德和荣格所说，对婴儿来说，母亲代表了一种自然的力量，而父亲却成了社会的主宰。母亲要生孩子并喂养他。在婴儿的想象中，她也是一个可怕的母亲，可以发出要将她创造的生命吞回腹中的威胁，如童话剧《汉塞尔与格莱特》（*Hansel and Gretel*）[①]中的女巫。而父亲是一个领导者，他不仅帮助儿子进入其社会角色，而且向女儿展示她所接触的第一个也是最亲近的一个男性的特征，并唤醒其作为女性的社会角色。旧石器时代的维纳斯雕像总是能在家里的壁炉旁边找到，而穿着衣服的男性却出现在幽暗的、绘了图案的寺庙洞穴中，在男性的周围还绘有兽群。他们的服饰和态度与后来的原始部落萨满巫师有很多相似之处。同时，他们无疑与捕猎和入会礼的仪式有关。

让我来重述北美黑脚部落的一个传说故事，我在《众神的面具》（*The Masks of God*）第1卷《原始神话》（*Primitive Mythology*）中对此有过阐述。因为在我所知道的传说故事中，只有这个故事更好地代表了旧石器时期的艺

---

①《汉塞尔与葛雷特》出自格林童话，故事讲述的是一对可怜的兄妹遭到继母的抛弃，流落荒林，最后来到了一座糖果屋。糖果屋的主人是一个吃人的女巫，女巫把兄妹俩抓了起来。但兄妹俩凭借自己的智慧占胜了女巫。——编者注

术家兼狩猎者解读洞穴岩画中那些仪式的方式。

> 冬天快到了，黑脚部落的印第安人发现他们无法为过冬储存水牛肉，因为这些动物们拒绝被他们赶下山坡跌死。即使它们被赶向悬崖，也会沿着悬崖边拼命向左右两边逃窜。
>
> 一天清晨，一个在山崖下的年轻女子出去给家人找水。她发现山崖上有一群动物在吃草，于是她喊道，如果它们跳入畜栏，她就会嫁给其中的一位。于是，天呐，这些动物们开始争先恐后地从悬崖上跌跌撞撞地拼死向下跳。她又惊喜又激动，可是，接着，一头大公牛撞开了畜栏的围墙，小跑着来到她跟前，把她吓了一跳。"过来吧！"它说。"哦，不！"她向后退了几步。但是，由于她必须兑现之前的承诺，这头公牛带着她奔上悬崖，离开了。

那头公牛是牛群的领袖，它是一个神话维度的形象，而不是一个物质维度的形象。我们可以在原始猎人的传说中随处发现与它相似的形象——一半是人，一半是动物，具有萨满文化的特征（就像伊甸园中的蛇）。我们很难将它画为动物或者人，但是在故事中，我们可以很自然地接受它们人与动物混合的形象。

> 当开心的村民们宰杀完这些意外的收获后，他们发现那个年轻女子不见了。女子的父亲发现了她的足迹，并且注意到旁边还有水牛的蹄印。他立即回家拿了箭和箭筒，跟着脚印上了悬崖，又来到了草原。走了很长一段路之后，他来到了水牛生活的泥沼，看到不远处有一群野牛。他感到有点累，就坐了下来。正当他考虑接下来该怎么办时，一只喜鹊飞过来，落在泥沼边啄食。
>
> "哈！"他叫道，"美丽的鸟儿！你能到处飞，如果你见到我的女儿，请你告诉她，她的父亲在这儿，在这个泥沼等她。"

那只漂亮的黑白相间的鸟儿拖着美丽的尾巴，径直飞向牛群。它看到一个年轻女子，便落到附近的地上，一边装作寻找食物，一边转头向四周看。它走近女子，小声对她说："你父亲正在泥沼那儿等你呢。"

她非常害怕，向四周看了看。她的公牛丈夫就在附近睡觉。"嘘——快回去，"她小声说，"告诉我的父亲，让他在那里等着。"

鸟儿带着这个消息回到了泥沼，那只大公牛也醒了。

"去给我找些水。"公牛说。女子站起来，拔下丈夫头上的牛角，走向泥沼。父亲一看到她就用力抓住她的胳膊，要带她逃走。"不，不，"她说，"它们会追上来把我们俩都杀死的。我们必须等它睡着，然后我会回来，我们一起逃走。"

她往牛角里装满了水，回到丈夫身边。丈夫喝了一口，吸了口气，说："有人在附近！"他又喝了一小口，然后又吸了口气，站起来，吼了一声。那声音真可怕！

所有的公牛都站了起来。它们翘起短短的尾巴，摇晃着巨大的头，咆哮了几声，奔向泥沼，踩死了那个来找女儿的可怜的印第安人。它们用牛角钩住他，再用蹄子踩踏，踩得血肉模糊，直到他的身体全部变成碎片。女儿泪流满面，尖叫着："哦，父亲，父亲！"

"哼！"公牛严厉地说，"你为你的父亲而感到伤心吧！现在你应该理解一直以来我们所经历的痛苦，我们看着我们的妈妈、爸爸和所有的亲人都被你们杀死。我同情你，所以给你一次机会，如果你能让你的父亲复活，我就会让你们回到村子里。"

伤心的女子向喜鹊求助，乞求它从烂泥中找回父亲的身体。喜鹊在泥沼中仔细地啄着，寻找她父亲被踩得粉碎的身体。最后，它找回了他的一段脊椎骨。女子轻轻地将骨头放到地上，盖上她的长袍，唱起歌来。不久，长袍下出现了一个人。她揭起裙子的一角，看到了父亲，但他还没有活过来。她放下长袍，接着唱歌。当她再次揭开长袍时，父亲已经有了呼吸，接着站了起来，喜鹊非常高兴，叽叽喳喳地飞来飞去。水牛们惊呆了。

“我们今天可见到怪事了，”大公牛对其他水牛说，“被我们踩死的那个人又活过来了，人类的力量真强大！”

他转向年轻女子：“在你和你父亲走之前，我要教会你我们的歌曲和舞蹈，你永远也不要忘记这些歌舞。”这些具有魔力的歌舞，可以使将来被人类杀死的水牛复活，就像那个被水牛踩死的人获得重生一样。

所有的水牛都跳起了舞，它们舞姿笨拙，舞步沉重而从容，和着缓慢而庄严的歌曲。结束后，大公牛说：“现在，你可以回家了，不要忘记你所看到的。把这首歌和这支舞教给你们的人。记住，跳舞时都要戴着公牛头并穿着水牛的长袍。”

旧石器时代的大洞穴中有很多岩画形象，如果我们以诸如此类的狩猎部落的传说为参考来解读这些形象，它们就会焕发新的生机，令人惊叹不已。当然，我们不能确定那些岩画提供的线索是否全部是真实的，但几乎能够肯定它们的中心思想是一致的，例如：那些自愿牺牲的动物们，那些标志着人与动物世界之间盟约的祈祷仪式，那些以歌和舞为媒介的仪式所产生的神话般的力量。动物世界的每一个物种都被看成一个多样的个体，就好像它们从本源上就是一个半人半兽、法力强大的动物首领（Master Animal）。与此相关的观念则是死亡根本不存在，身体只是那些看不见的神穿上的外衣，它们可以从另一个隐匿的世界来回进出这个世界，就像是穿过一堵隐形的墙。同时，这些传说让我们对远古时期的人类与兽类之间的联姻、交易和对话也有所认识，对源自当时人与动物之间特殊盟约的礼仪和习俗有了一定理解。这些仪式有着神奇的力量，而这个观念使他们认为，要保留这些魔力，他们就必须相信其早期的形式，丝毫的背离都会破坏魔力。

关于原始猎户的神话故事就谈到这里。那些游牧部落居住在辽阔的草原上，广阔的大地上是蔚蓝的穹顶，地平线一直延伸到很远，在这样的空间里来去的动物是最具生命意义的意象。这些游牧部落以打猎为生，勇猛好战。部落靠男人维生，靠男人英勇的战斗保护着他们，因此，在这些人中间，男性心理、以男性为导向的神话以及对个体英勇气概的崇尚必然占主导地位。

然而，在热带丛林中，截然不同的自然法则占据主导地位，当地的心理和神话也与这种法则相对应。在那里，最主要的景色是那些生机勃勃的植物以及掩藏在其中的事物。上面是一个枝繁叶茂的世界——鸟儿的栖息地，地面覆盖着厚厚的树叶，里面潜伏着蛇、蝎子和很多其他危险的动物。在丛林中，虽然看不到遥远的地平线，可是却有盘根错节的树干和树叶，因此，独自一人探险是危险的。然而，村庄的结构是相对稳定的，人们固守着土地，主要靠妇女采集植物的果实或者耕种粮食生活，因此男人的气质相对柔弱。这是因为，对于年轻男性而言，要想实现自我独立而不依赖母亲几乎是不可能的，因为在他们的世界里，基本的工作完全由高效的女性来完成。

因此，在那些热带丛林的部落中开始有了那个属于男性自己的秘密社会，女性是不允许进入的。在那些秘密社会中，男人们可以离开母亲的视线，安全地沉浸于那些具有象征意义的活动当中，极大地满足他们作为男性的成就感。在那里，人们可以经常看到腐败的植物长出新枝，这一情景似乎让人们看到了一个关于死亡产生生命的神话。由此，一种非常可怕的观念产生了——延长生命的方法就是加速死亡。

千百年来，地球上的整个热带地区都形成了这样一种普遍的祭祀风俗，这种祭祀与平原上的猎户们举行的相对稚嫩的动物崇拜仪式，以及对动物的妥协形成了极大反差：野蛮人类和动物牺牲都有着确切的象征意义；人们会将大地生产的果实和头生的子女作为祭品；寡妇会为丈夫殉葬，臣民也会成为他们君主的殉葬品。这些自愿牺牲的神话主题，会使我们联想到原始生物的形象。它从一开始就自愿被杀害、被肢解、被埋葬。随后，在埋葬它的地方生长出人们赖以生存的植物。

在波利尼西亚的库克群岛，这一主题的神话有一个具有地方特色的有趣变体。

> 有一名少女，名叫伊娜，她喜欢在一个小池塘里洗澡。一天，一条大鳗鱼游过她的身旁，还碰了碰她。从那以后，每天如此。直到有一天，那条鳗鱼脱掉了鱼的外衣，变成了一个英俊的青年，名叫蒂图纳（Te Tuna），意为鳗鱼。他站在她面前并成为她的爱人。
>
> 从此，他常常变成人的样子来见她，然后变回鳗鱼游走。一天，他告诉她，他永远离开的时间到了，他将会以鳗鱼的样子再次拜访她，那时他将会乘着一大片水出现，她要割掉他的头并埋起来。后来，他真的来了，而伊娜也依照他的吩咐做了。从那以后，她每天都会来到爱人的坟前。她看到坟头上冒出一棵绿芽，那棵绿芽渐渐长成了一棵大树，最后结出了果实。这就是世上第一批椰子，每个椰子在劈开外壳之后，人们仍然能看到伊娜爱人的眼睛和脸。

MYTHS TO LIVE BY

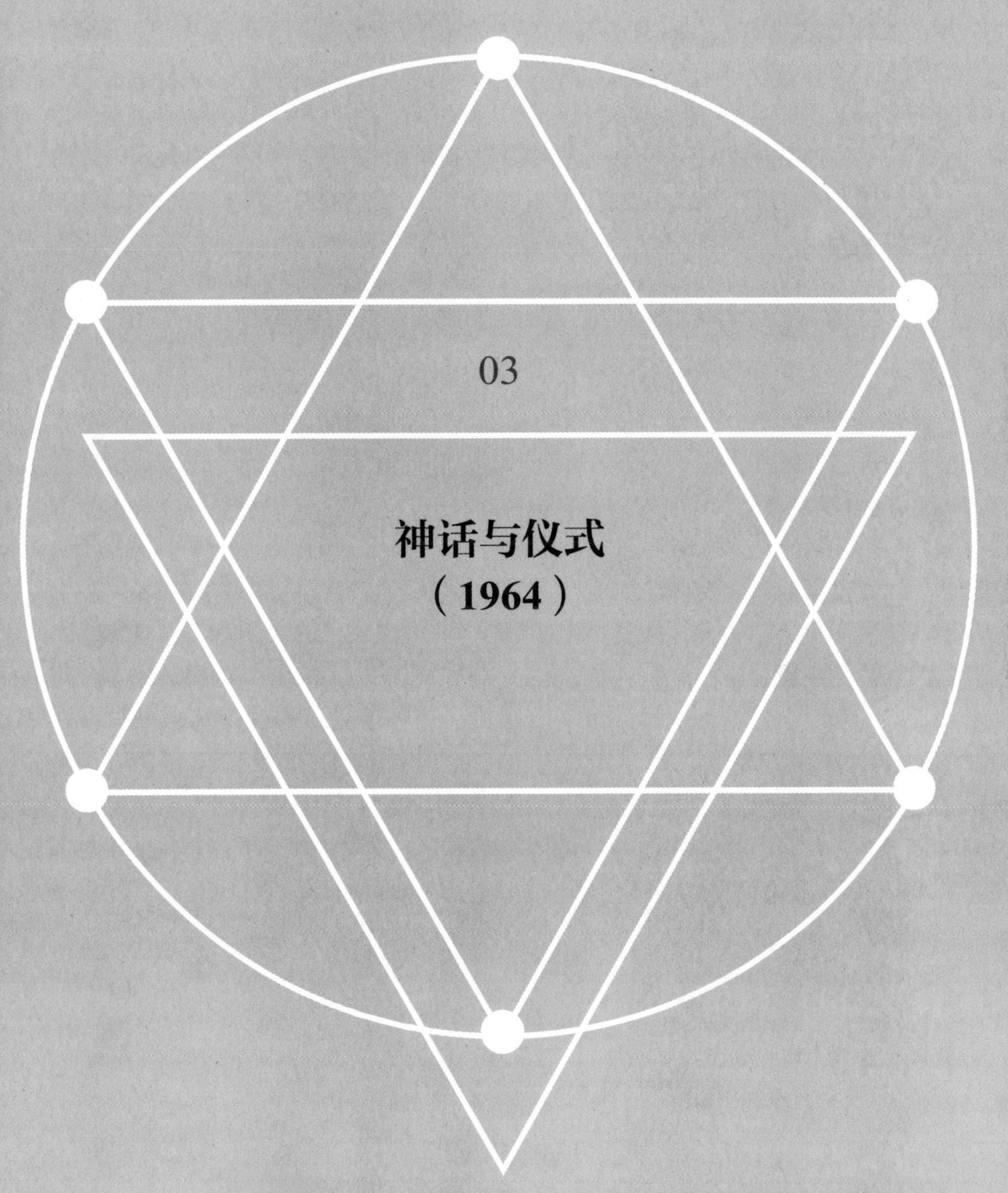

03

神话与仪式（1964）

所有的神话和仪式都指向关于高深莫测的奇迹的设想，它们以伟大的诗歌和艺术的形式向我们展现了这一设想，并将我们与之联系在一起。

正如我所理解的，宗教仪式的功能是给人类生活赋予一种形式，这种形式不是一种简单的表面形式，而是具有深层含义的。在远古时代，每一个社会事件都由仪式所建构，事件的深度感是通过保留宗教色彩来体现的。与此相反，现在只有在那些特殊的、神圣的场合才会举行一定的宗教仪式。然而，仪式迄今仍活跃在我们各种世俗生活的模式中。例如，法庭上的威严肃静、军事生活的规章制度、人们围坐在餐桌旁的各种礼仪等，处处都能看到仪式的影子。

所有的生命形式都是一种结构。在生物圈里，结构越复杂，生命形式就越高级。海星的活力是通过它的结构来反映的，它的结构要比变形虫（一种单细胞生物）复杂得多。如果按照这种说法，黑猩猩的结构则更加复杂。同样，在人类的文化领域也是如此。有人认为，通过抛弃和打破原有的结构，人们能够获得能量和活力，但我们对生命的进化和历史的认识否定了这一粗陋的观念。

动物行为的各种结构模式天然地存在于物种遗传的神经系统中，这些所谓的先天释放机制在很大程度上是一成不变的。在同一个物种里，动物做出的反应是一致的，而且，它们的一些固定模式复杂得令人吃惊。以鸟类和昆虫的筑巢方式为例，黄鹂能搭建出精美的悬挂式巢；蜘蛛编织的网也堪称一绝。微微发光的蜘蛛网完美地悬挂在森林小路边精挑细选的小树枝之间，而且非常平稳。蜘蛛完全靠对材料的结实程度、弹性及平衡等方面的绝对可靠的感觉，才能对这些材料进行构思并最终织成蜘蛛网（应该说，这同我们人类的某些工作类似）。如果我们不是对这些事情熟视无睹，蜘蛛网那数学般的规则和平衡应该会让我们感到惊讶和难以置信。所有这些诸如蜂巢、蚁冢、鹦鹉螺、贝壳之类的小巧的建筑奇迹都是由各个物种神经系统和细胞中根深蒂固的遗传技能创造出来的。

然而，人类和动物是有区别的。人类中枢神经系统的行为释放机制在很大程度上并不是一成不变的，而是开放的。所以，人类对个人成长环境中受到的影响非常敏感。从生物学的角度来看，人类的婴儿早出生了 10 ～ 12 年的时间。这就需要使婴儿在一个特定文化的影响下获得人的特性，这些特性在某种程度上铭刻在他的神经里，例如人的性格、直立的身材、说话的能力和表达思想的词汇等。从生物学角度讲，动物的特性是遗传的，但人类特性的形成在很大程度上与社会传播的各种形式相匹配，并在久为人知的“敏感时期”铭刻下来。仪式作为这种铭记的一种可识别的形式到处可见。神话是仪式的精神支持，仪式是神话的有形展现。通过学习所在社会群体的神话并参与到神话的仪式中，年轻人精心建构着自己，使自己与所在的社会和自然环境相适应，并从一个早产的、未定型的自然产物变成一个定型的、称职的社会成员，在特定的、高效运转的社会秩序中工作。

人类异于其他生物的“早产”，导致他们在整个婴儿期完全依赖父母的呵护。生物学家和心理学家们将人类这种情况与有袋类哺乳动物进行了比较。以袋鼠为例，袋鼠在受孕仅 3 周后便能生出小袋鼠了，这些还未做好准备的弱小生物凭本能便爬进母亲肚子上的育儿袋里，然后本能地吸吮母亲的乳汁。就这样，小袋鼠们待在里面继续吸收营养并受到保护，直到它们做好独立生活的各种准备。所以说，育儿袋是第二个子宫。由于胎盘的生物性革新，哺乳动物的进化已经超越了袋鼠的阶段，胎儿在准备好独立生活之前能一直待在母体内。因此，这些动物的幼崽几乎一出生就立刻能照顾自己，或者至少在出生后几天或几周内就能独立生活。与之不同的是，人类大脑的成熟需要很多年的时间，而孩子出生得又太早，于是我们有的不是育儿袋，而是家，这是另一种外在的第二个子宫。

在家生活的阶段，人类获得了所有基本的社会烙印。然而，这些铭记和依赖的态度是有联系的，而这种依赖的态度必须在心理成熟之前丢掉。在面对环境的挑战时，孩子一般向父母寻求建议、支持和保护。在孩子成人之前，这种模式必须改变。因而，许多原始社会举行的成人仪式也被看作孩子接受教育的一种仪式。它的一个最主要的功能是将青少年从依赖的幼儿转变为独立自主的个体，虽然这种转变并不容易做到。如今，在人类文明中，这种依赖或者说转型期推迟到了二十五岁甚至二十八九岁，这种挑战比以往任何时候都更具有威胁力，而且我们的失败也日益明显。

鉴于此，也许可以将神经官能症患者定义为未能成功跨越那个关键阈限的人。只要跨越了这个阈限，他就成为成年人，迎来他的“第二次出生”。一些刺激因素本应唤起他对责任的思考并为之付出行动，然而这些刺激因素反而对他有相反的作用——总想逃避责任并想得到他人的保护，害怕受到惩罚，凡事总想听听他人的意见等。他不断地改正原有反应模式的自发性，并且像孩子一样总喜欢将自己的失败和困难归咎于自己的父母，或是生活中占据父母位置的支持和保护他的国家和社会秩序。如果一个成年人能对自己的行为、自己的生活和自己的失败负责，那么就不会总是不停地假想：如果他的生活环境能有所改变，他说不定已拥有了了不起的人生；如果父母对他的需要多关心一点，如果社会给他的压力再少一些，如果世界并非现在这个样子，他将如何如何等。这仅仅是一个基本的心理事实。成年人应该意识到，是他们组成了社会生活和社会存在这一事实，这是任何一个社会的首要要求。相应地，成人仪式的首要功能就是：必须在每个个体中建立一套与他所生活的社会相适应的观念体系，而这个社会的存在也必须依赖于这套观念体系。

不仅如此，现代西方世界的情况更复杂。成年人应该不掺杂任何个人的批评和判断，全盘接受他所在的社会群体遗传下来的习俗和习惯。然而，我们要求他们的不仅仅是这些。或者说，我们要求，同时也正在期待成年人会获得弗洛伊德所说的现实功能，即一个具有独立观察和自由思考能力的个体，能够不带任何先见地对自己及所处的环境进行评估。他对遗传下来的思想和行为模式不是简单地复制，而是使自己成为一个不断创新的、在整个生命过程中都展示出积极、丰富的创造力的核心力量。

换句话说，如果一个社会自古就是一个完全静态的组织，而且从未有过任何改变，那么这并不是我们的理想社会。一个理想的社会应该不断地去实现一些尚未实现的美好未来，生活于其中的每一个人都将是一股具有开创精神和合作精神的核心力量。这就要求我们在教育年轻人时面对这样一个相对复杂的问题：我们训练他们不要只是不加批判地接受过去的种种模式，而是要识别和培养自己的创造潜力；不要停留在某个已被更早的生物学和社会学承认的水平上，而是要代表这个物种不断将现有水平向前推进。而且我要说，这是今天所有现代西方人应该负责的事情，因为自从大概 13 世纪中叶起，现代西方文明确实一直是这个世界上唯一一个不断革新的文明。

仪式自诞生的那一天起，迄今一直是这个无比丰富、硕果累累并不断发展着的文明的支撑力量。然而，人们忍不住要说，大约从 1914 年以来，一种对仪式形式的无视甚至是鄙视在我们不断进步的世界里越来越明显，越来越强烈。取而代之的是荒谬的纯真男孩的感伤主义（nature-boy sentimentalism)，而且这种力量正愈演愈烈。它的开端可追溯到18世纪让·雅克·卢梭幼稚的回归自然运动和“高贵的野蛮人”观念。从马克·吐温时期以来，美国人以信奉这一思想闻名于世，这一思想的典型代表是以下这个无知的信念——欧洲人和亚洲人生活在更闭塞、更古老的环境里，因此，应该由上帝的国度所创造的质朴和粗犷、我们美国甜美的土壤以及我们的《权利法案》来唤醒他们纯真的天性。两次世界大战期间，德国那些背着小背包和吉他的流浪者与后来的希特勒青年团(Hitler Youth)[①]，就是现代生活里这种反动倾向的代表。现在，正是在上帝的国度，那些黑皮肤的美洲印第安人带着他们幼小的孩子、手鼓和铺盖露宿街头，这些人和赤脚的白人流浪者们一起构成的景象，有望将我们城市的任何部分变成人类学研究的田野。因为，在所有的社会里都有着不同的习俗、入会仪式和必需的信念等，在这些人中间也一样。然而，他们很明确地表现出复古、简化的模式，就像在生物进化这条线上，人们会从黑猩猩的状态退回到海星甚至是变形虫的状态。人们拒绝社会模式的复杂性并将这种复杂性予以简化，人们因此不是获得而是失去了生活的自由和力量。

今天，在艺术的所有领域里，形式感的消失所产生的简化的、降低生活质量的影响最让人感到不安，因为一个民族的创造力在他们的艺术中才能得到最好的展示和衡量。人们自然会把今天这种情况与古罗马时代的情况进行比较。彰显罗马人力量与能力的建筑和雕塑作品远不如希腊人的作品更加震撼人心、更加感人，在形式上也不如后者那样非凡，这是为什么呢？许多人都考虑过这个问题，而我在前天晚上做的一个梦也许是对这个问题的一个重要启示。

---

① 希特勒青年团是纳粹党于1922年成立的准军事组织，其任务是对13～18岁的男性青年进行训练，为德国的对外战争做准备。——编者注

我梦见在雅典这个小地方，富有创造力的艺术家和当地社会的领导人自童年起就互相认识，他们之间的关系坦率而直接。但是，在现代的纽约、伦敦或巴黎这样的大城市里，渴望成名的艺术家们不得不参加各种鸡尾酒聚会，去赢得委员会成员的认可。能够得到机会的艺术家往往是在恰当的地方遇到了恰当的人，因此他们整天忙着参加各种聚会，而不是待在工作室中。他们一直都没有将足够的精力投入到本该极为孤独的创作中去，他们不能充分利用并超越最初学到的、有销路的各种风格和技巧，因此就出现了昙花一现的艺术。在这种艺术中，几乎没有经历过任何磨炼的某个自作聪明的人会提出某设想，这个设想会受到媒体界人士友好或者不友好的吹捧或批评。这些人同样也有很多社交活动要参加，他们没有足够的时间进行额外的研究和体验，因此在任何真正复杂或是全新的事物面前感到困惑不解。

我极不情愿地回忆起 1939 年出现的对《芬尼根的守灵夜》（*Finnegans Wake*）这本书的评论。这部真正划时代的著作仅仅因为无法理解而备受冷落，这还不够：它被傲慢的人贬斥为一种彻头彻尾的欺骗，他们认为这本书是在浪费大家的时间。然而两年后，桑顿・怀尔德（Thornton Wilder）写的《九死一生》（*The Skin of Our Teeth*）获得了普利策新闻奖，被誉为美国最伟大的一部剧本。[①] 但很明显，这本书的创作灵感、主题、角色、情节主旨，甚至一些附带的细节，从头至尾完全是不知羞耻地直接引自伟大的爱尔兰人创作的《芬尼根的守灵夜》。

怎么会发生这样的事呢？首先，这部重要的现代著作根本没有机会公布于众；其次，即使它出版了，所谓的批评家们一定会把它说得一无是处。我们来回顾一下詹姆斯・乔伊斯（James Joyce）的经历，在他的整个创作生涯

① 《九死一生》在纽约首映后，坎贝尔和亨利・莫顿・鲁滨逊写了一篇由两部分组成的文章，题为“谁的牙齿的皮肤？”（*The Skin of Whose Teeth*）。——编者注

中，这位20世纪最伟大的文学天才却从未获得过诺贝尔奖，这不是很可笑吗？或者说，迄今为止我们从未有过一本著名的、富有创造力的著作，帮助我们应对第二次世界大战后这段难以置信的时期内可能发生的事情及其对人类的要求，这段时期也许是历史上人类精神发生极大转变的一段时期。这是不是很奇怪呢？这种失败是一种更大的灾难，因为任何一个民族只能从自己的先知和艺术家的洞察力中，获得适当的、支撑生命的、成熟的神话和仪式。

这让我想起尼采对古典艺术和浪漫主义艺术的一些看法。对于其中每一种艺术，他能都辨别出两种类型或者秩序。其中一种是具有实力的浪漫主义，它会打破当代的艺术形式，超越它们并建立一些新的形式；然而，还有另一种浪漫主义，它根本不能取得任何新的形式，而是出于愤恨去打击和诋毁原有的艺术形式。同样，古典主义也如此。有一种古典主义能够很容易地取得一些公认的艺术形式，并能运用自如，这些艺术形式使它能够通过一种丰富的、充满活力的方式来展示自己富有创造性的目标；而另一种古典主义则出于软弱无能，拼命地抓住形式不放，这种古典主义既显得枯燥、乏味，又显得专制、冷酷。而我要提出的一点，我相信这也是尼采的观点：形式是一种媒介，或是一种手段，借助形式，生活以其高贵的风格显得清晰而壮丽；纯粹地破坏形式，对人和动物来说都是一种灾难，因为仪式和礼仪是所有文明构建的形式。

几年前，我在日本时受邀参加茶会，茶会的主人即将成为一名受人尊敬的茶师。在那里，我深切体会到了仪式对生活起到的放大作用。现在，如果世界上有任何事物在形式的准确性方面，比日本茶会有更高要求的话，我倒想知道它会是什么，会在什么地方。

我听说，在日本有些人一生都在研究和练习茶道，却未能达到完美，这归因于茶道的精致。不用说，在小巧精致的茶室里，我感觉自己就像一头闯进瓷器店的公牛。外国人在日本一个最显著的共同体会，就是他永远都没有完全正确的时候。因为这些形式从来都不是他本性中根深蒂固的形式，甚至连他的身材都有问题。日本的茶会是极度形式化的文明中整个形式奇观的典范，在经过许多仪式化的准备之后，在茶师为寥寥几位客人沏茶、倒茶所体现的高度程序化的行为中，茶会走向了形式的巅峰。

我不再细说了。事实上，即使我想说，也说不出什么来。他们的每一个姿势甚至头部的倾斜度都是有讲究的，这一点就足以说明问题了。当我后来和其他几位客人聊起那位茶师时，他们对他那出神入化的技艺赞不绝口。那时，我唯一能想到的可以与之媲美的就是“十四行诗”，因为这一诗歌艺术也对形式也有着极高的要求。然而正是在这种形式里，诗人能获得在形式之外永远无法拥有的力量和表现力，由此也产生了一种自由的新形式。

在日本，我有幸观察了许多茶师的不同风格，并且学着去了解他们是如何做到真正放松、如何表现得如此自如的。茶道文化的仪式好像原本就与这位茶师有机相连，在这种仪式里，他能自发地以一种极强的表现力，非常精确地表达出茶道中蕴涵的文化。这种感受难以言喻，就像一个美丽的日式花园带给人的感受一样。在那里，自然和艺术在共同语境中结合在一起，两者相互协调，彼此印证。

在北美当前的文明里，我们有这样的仪式吗？

不久前的一个晚上，我打开电视，碰巧看到了正在洛杉矶举行的一场精彩的田径运动会。自从 20 世纪 20 年代中期以来，这是我第一次观看这种运动会，我已经有大约 40 年不关注这种运动会了，主要是因为它让我过于情绪化。我碰巧遇到的这一场比赛是六名光荣的选手的一英里赛跑，非常精彩了，但赛后，评论员却把它说成是一场令人失望的比赛，对此我感到很吃惊。获得第一名的运动员以 4 分 6 秒的成绩结束比赛，紧随其后的两名选手仅以两秒之差未能夺冠。然而，在我那个年代，最好的成绩也不过保持在 4 分 15 秒，而且我还记起当时运动员取得这个成绩时的兴奋场面。现在的记录是不到 4 分钟。沉思之后，我依然认为这是一场精彩的比赛，因为比赛严肃认真，没有涉及各种诸如鸡尾酒会的活动，只有直接面对这个领域的诚实的挑战。我们仍然有形式，而且这种形式是何等的庄严！

奥斯瓦尔德·斯宾格勒（Oswald Spengler）在《西方的没落》（*The Decline of the West*）里把“文化”定义为使社会“以某种形式存在”的条件。按照这种理解，运动员就“处在一种形式中”。他们控制胳膊的方式，身体向前倾斜的角度——这些运动形式的每个细节对实现他们人生的巅峰时刻都起着催化剂的作用。而且这些细节也同“以某种形式存在”的社会、日本茶师的形式或是由形式化的人们组成的文明民族中的社会礼仪高度一致。如果形式遭到破坏，无论是一次赛跑还是文化竞争，都不可能产生优胜者。这终归是一个严肃的世界，只有在最高形式能被保留下来的地方，文明才能幸存。同样，一场比赛如果输了，就不能再跑一次。

请允许我举一个例子来说明仪式对社会所起的巨大作用吧。肯尼迪总统在华盛顿遭受暗杀之后的时刻，是这个国家最为庄重的时刻，也是这个社会最需要仪式的时刻。这个国家作为一个统一体遭遇了令人震惊的损失，而且震惊的程度极深，对此没人有异议。无论持有怎样的政治观点和想法，我们都是这个社会有机体中的一员。代表我们社会那个伟大的年轻人，在他事业的顶峰，在他精力旺盛的时期，突然被死神夺走了生命，紧接着，国家和社会便出现了可怕的混乱。这需要一个补偿性的仪式，以重建这个国家的团结。这种仪式不仅对我们国家的每一个人来说是一件大事，而且对整个世界来说，它也宣告了一个现代文明国家的权威与尊严。

在这里，我将媒体的精彩直播看作我讲的这个仪式不可或缺的一部分。我们这样一个泱泱大国在那四天里就像一个意见一致的共同体，我们所有人以同样的方式同时加入这件具有象征性意义的事件中。就在那时，整个国家作为一个统一体，展示着一个极为重要的仪式。就我所知，这是在和平时期第一次、也是唯一一次，让我感受到了作为国家一员的归属感。因为在过去的二三十年里，升旗仪式一直都不受欢迎，人们认为那样做极有可能走上约翰·博齐的极右道路。但是这样的时刻来临了，为了国家的命运而参与其中的每个人都很容易感受到自己的生命和人格被放大了。至少在一起默哀的那个周末，对我们这个有机统一体来说，至关重要的情感系统被有效地唤醒并激活，得到深情而生动的展示。

但是，当我看着那些葬礼仪式时，在我脑海中闪现的，是与葬礼的象征意义紧密相关的更广阔的参照。由七匹灰色战马拉着的炮车上安放着盖着国旗的灵柩，黑色的马蹄敲出笃笃声，一位侍从小心翼翼地牵着另外一匹马在旁边护驾，这匹马的马蹄也是黑色的，马鞍上什么也没有，马镫是颠倒的。但我看到的却好像是这样一幅景象：死亡之神的七匹幽灵战马，前来带领青年英雄的亡灵走向他最后的天国之旅。这象征着他向上穿过天上的七个星球直到永恒，因为他就是从那里走向人间的。七个星球和灵魂之旅的神话，在这个世界上和我们的文明本身一样古老。灵魂从天国走向凡间，化为具体的生命，生命结束时，又要穿越这七个星球重返天国。

死去的年轻勇士旁边的这匹战马，成了无主之马，马镫也是颠倒的，如果在远古时代，它会作为陪葬，和它的主人一起在一个巨大的火柴堆里被火化。这种仪式象征着逝去英雄的亡灵通过一个灿烂的金色太阳之门走向它应有的位置—— 一个属于已故勇士的不朽的英雄殿堂。从仪式象征意义的角度来看，这匹战马代表着躯体和它的生命，也代表着骑士和他的引领意识，因为他们是一体的，正如身体和思想的关系。当我看到送葬行列中无主的骏马和它那发黑的蹄子时，想到了传奇中的雅利安王子乔达摩·释迦牟尼（Gautama Shakyamuni）和他的骏马坎塔卡（Kantaka）。释迦牟尼宣布放弃尘世，骑马来到森林深处，在那里修身成佛，这匹骏马独自返回宫殿，悲伤而死。

在那位年轻英雄的葬礼上，数百万现代人注视着七匹灰色战马行进在这座沉寂的城市里，他们也听到了笃笃的马蹄声，也看到了旁边无主骏马上的马镫是颠倒的，但肯定有许多人并不知道那些远古的传奇和它们要表达的思想。然而，在那个仪式上，这些传奇和要表达的思想并不仅仅作为一个背景，它们在现场出现，而且它们的出现正在发挥着作用——这正是我的论题。另外，它们重复着美国历史上另一时刻发生过的事情，即内战时的炮车和林肯的葬礼，他也是惨遭暗杀并且正是以这种方式不朽的。这些象征意义极大地加强了当代仪式的力量。这种力量不是用耳朵听到的，而是通过所有这些仪式的形式被人们意识到的。例如，死神之马穿行在寂静城市发出的笃笃声，还有军鼓缓慢、庄重的敲击声。

这些仪式既适应当代的主题，也反映古代的遗迹。当我注视着这些仪式时，我进一步思考人类心灵内在的本质。聊以自慰的是，在诸如灵魂从地球穿越七个星球这样的神话中，我为这一本质找到了模型。许多年以前，在伟大的文化历史学家列奥·弗罗贝纽斯[①]（Leo Frobenius）的著作中，我碰巧看到了他围绕“Paideumatic”，或者说教学的影响力所作的一些阐释和论述。在历史上，人类这种尚未充分发展的、充满不确定性的动物，在形成多样文化时正是受到了这种影响力的激发和支配。在人类的神经系统里，这种释放机制不是一成不变的，而是会受到铭记的影响。在最早的时期，正

① Frobenius（1849—1917），德国数学家，他在微分方程理论和群论的成就是他最主要的贡献。——编者注

如今天许多的原始土著人那样，人类的老师一直都是动物和植物。后来，它们变成了天国的七个星球。正是因为我们这个尚未成熟的物种的强烈求知欲，我们才会通过虚构的行为，为我们的生活塑造各种模型。一个少年如一匹野马般以一种新的活力和气质驰骋在这条大道上，女儿仿效母亲，儿子仿效父亲。

在早已被今天的人们遗忘的旧石器时代漫长的几千年里，以狩猎为生的人类最近的邻居是各种各样的野兽，这在那时是非常普遍的情况。那些动物正是人类的老师，它们用自己的生活方式，向人类说明自然的力量和自然形态的形成。原始部落的人们给野兽起了不同的名字，还在仪式上戴动物的面具。但在热带丛林里，大自然奇特的壮观景象主要来自植物，所以那里人们的活动很大程度上是对植物世界的模仿，正如我们所看到的，他们最基本的神话故事都是关于自我牺牲的神的故事。他牺牲了自己的生命，将自己的身体砍成碎块，埋在地下，于是地上长出了维持人类生命所需的各种可食用的植物。在所有种植文化的祭祀仪式里，人类的确非常残酷地模仿了这种原始神话的情景。因为，在植物的世界里，生命被看成是可以死而再生的，新发出的嫩芽来自腐烂的叶子。所以，人类也一定如此。死去的人被埋葬是为了再生。植物世界的各种循环成为人类神话和仪式的模型。

公元前3500年左右是最早的城邦文明在美索不达米亚形成的关键时期，负责观察天象的神职人员发现了天上的七大能量——太阳、月亮和五个能用肉眼观察到的星球，以精确到可以用公式计算出来的速度，穿过固定的星系，这样，魔力的中心和社会的模型从地球上的动、植物王国转移到了天上。当然，神话和仪式的魅力核心也随之转变。这样，关于新的世界景观的新的认识在宇宙秩序的概念里体现出来，这种宇宙秩序立刻成为地球上一个秩序井然的社会在天上的模型。例如，登基加冕的国王被看作太阳或月亮之神，而王后则被看作金星女神，王宫里的达官贵人则扮演着天上各种发光体的角色。

公元 5 ～ 13 世纪，在信奉基督教的拜占庭帝国的华丽宫廷里，帝王的宝座被各种令人惊叹的、人间天堂般的景象包围着，如摇着尾巴、吼声震天的金狮，用奇珍异宝装扮的鸟儿们在镶满珠宝的树上叽叽喳喳地叫着。还有，某个原始部落的大使穿过光彩夺目的大理石长廊，长廊两旁站着王宫侍卫和衣着华丽的将军与主教。当他来到君主面前时，这位君主一言不发，稳如泰山地坐在那光芒四射的宝座上，他拥有的太阳般的王权令人印象深刻。这位大使在众人面前毕恭毕敬地向君主叩拜，说明自己的来意。当他面朝地还未起身时，一个机器会将整个宝座升到高空中。瞧这气势！最后，当这位大吃一惊的来使站起来的时候，他发现穿着礼服的君主变了，就像来自闪闪星空上的神一样俯视着他。亚历山大的传教士圣西里尔（Saint Cyril）曾经在写给国王的信中称，他是神在人世间的化身。或许这样说有点过了，但是这与宗教的弥撒或是帝国宫殿里的童话剧并没什么不同。

这类恶作剧至今仍有一定的影响。借助于人的肉体、仪式上的装束和建筑使用的石料的形式，人类进入了梦幻般的神话意象中的光明世界。这些意象并不是从白天的现实生活经历中获得的，而是从我们今天称为无意识的深层含义中获得的。正因如此，它们激发了沉浸在梦幻中的人们非理性的回应。这些转化成仪式的神话主题和母题所特有的影响就是：它们将个人与超个人的目的与力量联系在了一起。

研究动物行为的学者们已经观察到，在生物圈中，对整个物种的关切居于主导地位，比如在动物求偶或为了争夺异性而进行争斗时，固定的、仪式化的行为指引着生物个体根据该物种共有的、程序化的行为秩序展开活动。同样，在所有人类的社会交往中，仪式化的过程使参与者不受个人感情影响，而是随着仪式表现出低落或高涨的情绪，所以他们的行为并不受自己掌控，而是受到职业、社会阶层、社会甚至物种的支配。例如，在法官或是国家官员们的授权仪式中，那些就职上任的官员们在仪式上并不代表自己，而是作为共同的准则和法律的代理人。甚至在私人的交易中，契约和合同的模式、谈判以及诉诸法律的威胁，构成了一套公认的游戏的仪式规则，这些仪式规则在某种程度上缓和了针对个人的冲突。如果没有这些规则，社会就不可能存在，人们也根本不知道应该如何去做。只有凭借当地社会群体游戏规则的力量，人性才会展现出来，并在仅此一次的生命中得以实现（这种实现由时空和秉性所界定）。

所以，我们该思考一下当今人类产生敬畏之情的根源是什么。正如弗罗贝纽斯指出的那样：首先，有各种物种出现的动物世界被人类看作一种神秘的事物，而受到敬仰。作为令人类羡慕、与人类近在咫尺的邻居，动物使人们有了通过模仿达到与之同一的冲动。其次，人类产生敬畏也源自植物世界和大地丰产的奇迹，在那里，死亡孕育着新的生命。最后，在远古时期的近东，随着最早的发达文明的出现，人类关注的焦点转移到七大发光的宇宙天体运行规律的运算上。正是因为这些，我们才会有复活和死亡之神车队中七匹灰色的战马。然而，历史学家已经指出，当今距我们最近的神秘邻居不是动物或植物，也不再是天上奇妙的移动天体。弗罗贝尼乌斯指出，我们已经通过科学去除了它们的神话色彩，现在神秘的中心是人类自身—— 一个人，作为“你”，成为另一个人的邻居，不是“我”希望他能够成为的样子，也不是我想象的那样我了解他并与他有关系，但是人作为自身却是一个神秘和奇迹的存在。

这种新生的、面对面的人作为敬畏的中心，是在希腊人的悲剧中最早得到承认并受到尊崇的。同年代所有其他民族的仪式都是借助动物、植物、宇宙和超自然的秩序完成，但是在古希腊诗人荷马时期，世界已经成为人类的世界，在5世纪时伟大诗人创作的悲剧中，他们一直在宣称和展示这种新的关注焦点的最本质的精神内涵。

詹姆斯·乔伊斯在《一个青年艺术家的画像》(*A Portrait of the Artist as a Young Man*)中，言简意赅地定义了希腊悲剧的本质特征。这个定义为人们打开人文主义精神的神秘维度开辟了广阔的道路。亚里士多德在《诗学》(*Poetics*)中提醒我们关注两个公认的表达“悲剧性的情感”的经典词汇——怜悯和恐惧。然而，需要指出的是，亚里士多德并没有给出这两个词的定义。乔伊斯作品中的主人公斯蒂芬·迪达勒斯(Stephen Dedalus)宣称：“亚里士多德并没有对怜悯和恐惧下过定义，我下过。”并说：“怜悯是使人的头脑停留于任何一种人所遭受的严肃而经常的痛苦之中，并使它和受苦的人相联系的一种感情。恐惧是使人的头脑停留于任何一种人所遭受的严肃而经常的痛苦之中，而使它和某种隐秘的原因相联系的感情。”[①] 当然，所有苦难的隐秘的原因是死亡，这也是生命的先决条件，所以死亡的确是无边的。如果承认生命的存在，就必须承认死亡的存在。但在我们肯定这个先决条件时，必然会对受难者表示同情，在这种情况下，受难者事实上是一个人的另一个自我。

在我已经讲过的那些葬礼的仪式里，古典的和现代的西方人对人自身的重视，使得这些场合显得尤为独特。在同样规模的传统的东方葬礼中，就不会有这样的体会。在那里，葬礼会通过人来指向人们设想的宇宙环境。任何一个参加过这种东方仪式的人肯定会注意到，受难者作为一个个体在这样的仪式中已不复存在，然而在这个场景中所做的每一件事都清楚地显示了个人的价值。旧瓶装新酒，新酒即个体的人格。具体来讲，新酒当然是这位特殊的年轻人和他在当前的历史时期所代表的东西，而不是他在周期性反复出现的永恒循环中所代表的东西。在更古老的秩序中，某些象征符号仍然出现在拉着炮车的七匹发出清脆马蹄声的战马和旁边那匹无主的马儿身上，并仍发

① 译文引自［爱尔兰］詹姆斯·乔伊斯：《一个青年艺术家的画像》黄雨石译，天津人民出版社，2020年。——编者注

挥着作用。这个古老的神话现在被赋予了一首新的歌曲，它歌唱着那独一无二的受难者，歌唱着人类苦难的阴郁和无边，歌唱着无可辩驳的“秘密的原因”带来的神圣启示。没有了这些，仪式就失去了它的深层维度和治疗力量。

总之，现在让我引用一首短诗里传神的诗句来进入我最后的主题：所有的神话和仪式都指向关于高深莫测的奇迹的设想，它们以伟大的诗歌和艺术的形式向我们展现了这一设想，并将我们与之联系在一起。当我在大约40年前第一次读到这首诗时，它就深深激励着我，从此坚定了我的思想。这首诗是加利福尼亚诗人罗宾逊·杰弗斯（Robinson Jeffers）在太平洋海滨的瞭望塔上创作的。多年来，他一直在观察鹈鹕在海岸线上绝妙的飞行，他也一直在聆听湿漉漉的海豹友好的叫声，以及身后日益增多的无数机动车发出的令人烦扰的轰隆声。诗歌如下：

大自然的音乐

海洋苍老的声音，小河上鸟儿的喋喋不休，
（冬天为了给海水披上银装，
给海岸线铺上棕色，早已给过它们金色和绿色）
不同的声音汇成一种语言。
所以我相信，如果没有欲望和恐惧，
我们能坚强到足以聆听病态的国家的疾呼，
和备受饥饿煎熬的许多城市发出的狂怒，
这些声音本应该是能被听到的。
而且清楚地就像一个孩子，
或某个在海滨梦想着情人、独自跳舞的女孩发出的呼吸声。

MYTHS TO LIVE BY

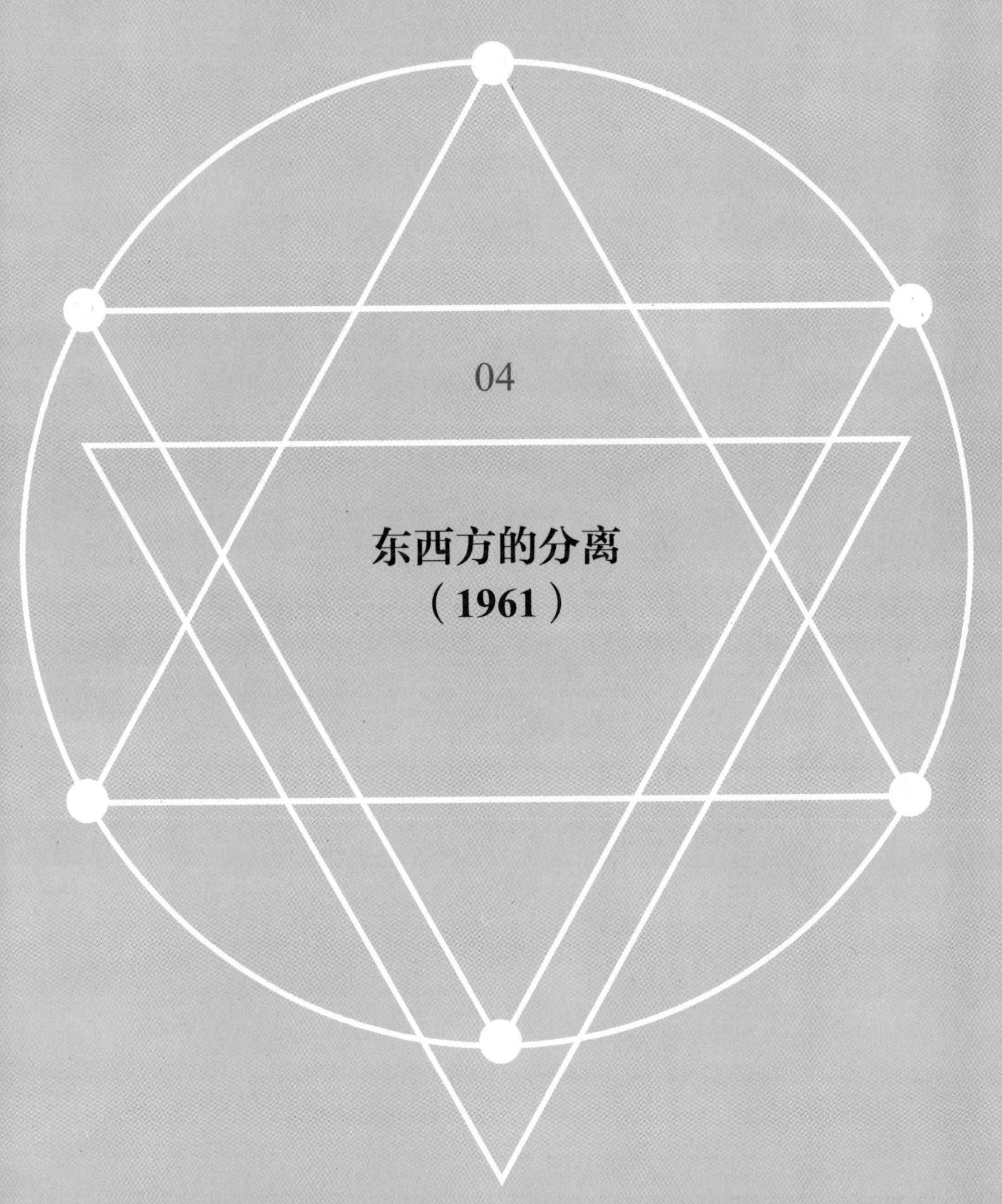

04

东西方的分离

（1961）

巨大的荒山野岭将东方与西方分离开来，这也可以看作文化的分水岭：一种是印度和远东文化；另一种是黎凡特和欧洲文化。

西方人很难理解，最近在西方发展起来的个人、个人中心、个人权利、个人自由等观念在东方并没有任何意义。这些观念对原始人毫无意义，对早期的美索不达米亚、埃及、中国或者印度文明也没有什么意义。事实上，它们与地球上大多数民族的理想、目标和生活秩序是截然不同的。但我认为，这些观念确实是我们展现给世界的伟大的“新事物”，是一种适当的人类精神理想的西方式展示，是人类最大潜力的真实写照。

从格林尼治往东，沿着穿过伊朗的60度经线，我画了一条垂线将东西方分开。这条线可以看作文化的分水岭。这条线以东，有两种富有创造性的文化阵营：印度文化和远东（中国和日本）文化；这条线以西也有两种：黎凡特（Levant）[①] 或称近东文化和欧洲文化。在各自不同的历史进程中，这四种文化在神话、宗教、哲学和思想中的遗存，丝毫不亚于它们在生活方式、服饰和艺术方面的遗存。因此，它们明显可以归为两种类型，在每种类型中包含两种文化：一种类型是印度和远东文化；另一种是黎凡特和欧洲文化。

① 黎凡特是一个不精确的历史上的地理名称，意为“意大利以东的地中海地区”。指中东托罗斯山脉以南、地中海东岸、阿拉伯沙漠以北和美索不达米亚以西的一大片地区。——编者注

巨大的荒山野岭将东方与西方分离开来，东方因为已经被隔绝了几千年，所以十分保守。相反，黎凡特和欧洲长期处于持续的冲突和贸易中，不仅容易遭受大范围的入侵，而且也易于交流商品与思想。在现在这个动荡不安的时期，精神和物质的剧变在很大程度上源于以下事实：把印度和远东隔离开的那堵墙不是被打破了，而是消失了。事实上，在圣经神话传说中，巴别塔的建造者所面临的问题就是当今世界所面临的问题。耶和华“变乱了天下人的言语”，他们就停工，不造那城了。正如《圣经》中所说，“分散在全地上”。如今，没有任何地方可以使我们彼此分散开来。当然，我们所面临的只是这个时期特有的困境和问题。

关于这一点，巴别塔的神话形象是十分恰当的，因为大约公元前 3500 年左右，美索不达米亚早期的城邦事实上是由更高级的（例如更有文化更宏伟的）文明建立的。因此，如果说人类文明是由这四大文明构成的一棵大树的话，那么的确是从黎凡特，尤其是那些有着高大亚述古庙的早期庙宇城市中，产生了这棵大树的所有枝干。而且，就是在那里，社会组织的神话形式得以形成，并且至今仍阻止着东方人认识到什么是真正的个人生活。在早期原始的游猎采集社会、觅食社会和渔猎社会中，那些供养不稳定的、游牧的社会，既不大也不复杂。这些社会唯一的分工标准是年龄和性别，每一个男人、女人，甚至年轻人都掌控着整个社会的文化遗产。在这种环境中，至少从当地的文化模式来看，每个成年人都是一个完整的人。

然而，在大约公元前 7500 年以后，随着古代近东的兴起和发展，人类的经济相对富裕起来，由于定居部落要依靠农作物和畜牧业的供给，因此人类的生活变得更加复杂；同时，随着这种部落在数量上和规模上的逐步增加，知识和专业技能的精细区分变得愈加重要。至公元前 4500 年，自给自足的村庄遍及近东的各个地方。到公元前 3500 年，幼发拉底河和底格里斯河下游的村庄变成了城市，这也是世界上最早的城市。在这些城市里，有将人划分为统治阶层和服务阶层的种姓制度、熟练的工匠、僧侣阶层、商人等。因此，那时可能没有人希望成为一个完整的人，每个人只是部分人。相应地，那一时期的装饰艺术中出现了一种不容忽视的迹象，即试图将不同的部分统一为整体，这种思想通过象征的形式表现出来。

公元前 5000 年中叶的陶器就具有这样的风格。例如，它们的外形是均衡的圆形几何图案，在中心绘有玫瑰形纹饰、十字纹或万字纹等富于约束力的纹饰来象征整体性原则。在后期的象征图案中，神的形象占据了中心处的标志位置，与之对应，在最早的城邦中，国王也是这一神圣的化身，而在埃及，法老则是这一神圣的化身。此外，不仅仅是国王，宫廷的所有成员也在他们的生命中扮演着象征性角色。这不是由他们的个人意愿决定的，而是由一套游戏规则决定的，即与天体进行仪式性认同，正如在人类文化变迁的早期，仪式便是对动物或植物生死循环的模仿。

如上一章所指出的，在大约公元前 3500 年，在早期苏美尔城邦的寺庙里，观测天象的祭司最早认识到月亮、太阳和五颗可见的行星以固定的速度在星座中移动。就是在那个时候，天国存在着宇宙规则这种伟大的想法出现了，这种想法同时还在社会规则中反映出来。国王和王后戴着象征性的皇冠，穿着庄重的服饰，他们和他们的宫廷以世俗的哑剧形式模仿着天堂的壮观场面。要不是已故的英国考古学家伦纳德·伍利爵士（Sir Leonard Woolley）从乌尔城的“皇陵”中找到的惊人证据，今天的人们是很难相信他们对自己扮演角色的献身精神的。

当时，伦纳德正在挖掘这个古城的墓穴，人们推测“多国之父”亚伯拉罕就葬在这里。他的助手们挖开一系列墓穴，他们惊讶地发现其中一些墓室里有多达 65 个穿着王室服饰的殉葬者。在这些殉葬者中保存得最好的是一个叫作普阿比（Shub-ad）的女人，她的旁边躺着 25 个王室仆人。在她正下方是一个称作阿巴尔吉（A-Bar-gi）的要人的墓穴，阿巴尔吉周围大约有 65 个殉葬者。穿着华丽的普阿比是躺在雪橇上被驴子拉进墓穴的，阿巴尔吉可能是她的丈夫，他躺在牛拉的车上。动物和人都被活埋在巨大的坟墓里，宫廷侍女安详地躺成一排，穿着宫廷服饰，头上戴着金银丝带，身上披着珠状袖口的红色披风，耳朵上戴着半月形耳环，脖子上戴着各种天青石和金色的项链。少女竖琴师们临死时还把双手放在竖琴弦上，或者琴弦曾在的位置上。竖琴做成了公牛的形状，它美丽的金色牛头上有着精美的天青石胡须。因为这是一只神话中的公牛：月神公牛（divine lunar bull）的命运之歌已经召唤了两个自愿的陪伴者——国王和他的妻子，他们通过死亡获得重生。我们知道这个公牛坐骑的主人，他就是伟大的近东传奇神王和救世主坦木兹（Tammuz，苏美尔语为 Dumuzi）。他一年一次的死亡和复活的日子，现在作为节日被安排在我们神话和仪式的日历上，犹太教定为逾越节，基督教定为圣周五和复活节。

我们不知道这两个宫廷墓葬的确切情况。然而，相似的墓葬表现着各自古老的文明，在埃及和中国的古墓中发现多达 800 个甚至更多的殉葬者。事实上，埃及最初三个朝代的法老，甚至有两个这样的墓穴作为他们死后的居所，一个在上埃及的阿拜多斯，一个在下埃及的孟菲斯。一个是乡村宫殿，一个是城市宫殿，也就是说，每个墓穴里都有 400 个或更多的殉葬者。

此时此刻，我想问一下，在这种背景中是否存在个人？事实上，在这样一个社会，没有个人生活这种东西，只有伟大的宇宙法则，一切都在它的统治之下各就其位。法则在埃及语中是“真理”（ma'at），在苏美尔语中是“我”（me），汉语中是“道”，在梵文中是“达摩”（dharma）。没有个人选择、个人意愿甚至个人想法，个人没有机会停下来问自己“我现在最想做的是什么？”“我希望变成什么样？”一个人出生时便决定了他将是什么，他将如何思考以及他将怎么做。我最想提出的一个观点是：早期青铜时代通过社会来表现宇宙秩序的观念在东方是根深蒂固的，直到今天它仍然以各种方式存在着。在任何情况下，社会中的每一个个体都必须毫无异议地遵守宇宙秩序。

“to be”的梵语阴性现在分词是“sati”，发音是“萨蒂”，意思是品德高尚的印度妇女在已故丈夫火葬时将自己作为祭品献上。她以这种无私的、不假思索的恭顺的行为来履行她的社会职责，也就是说，她已经变成某种永恒的事物，拥有永恒的合法性和生命，永不毁灭。任何拒绝履行自己职责的印度妇女将是阿萨蒂（a-sati），一个没有生命的生物，微不足道的东西。因为一个人的生命、价值以及在世界上存在的意义都包含在他对自己社会职责的扮演和体验中。只有完美地履行自己职责的人才可以被称作最真实的“to be”。当我们现在回头来看乌尔城中古老的皇陵时会发现，在那个皇陵里确实有这样一位妻子。

但是，阿巴尔吉好像也是宗教仪式的牺牲者。我们在世界上大部分地区都可以找到古代弑君仪式习俗的可靠证据。翻开詹姆斯·弗雷泽爵士的《金枝》，在任何一页都可以找到这样的例子。根据各地不同的宗教秩序，最早期的神王每6年、8年或12年就会和他们的朝臣一起在仪式中被杀死一次，并被抛弃肉体从而获得重生。如果个体不是永恒的、完全非人化的宇宙法则的化身，或者个体不为这种法则献身，那么他将什么也不是。这个观念有些异想天开，但又很崇高；有些离奇，但又让人赞叹不已。

在西方，特别是现代欧洲关于个体的观念必须与这种观念进行比较。

因此，现在请允许我直接转向欧洲的个体观念这个话题。首先，我要引用瑞士心理学家荣格著作中的思想。在他的作品中，“个体化”（individuation）这个术语被定义为实现个体的整体性的心理过程。荣格指出，在我们一生的生活中，社会要求我们每个人都扮演特定的社会角色。为了在世界中发挥作用，我们都在不断地扮演角色，荣格把这些角色称为人格面具。这一术语来自拉丁语“persona”，意思是“面具、假面”，就是那种罗马舞台上演员所戴的面具，演员借助这个面具进行表演（拉丁语为“per-sonare”，去表演）。如果一个人要完全发挥他的社会功能，他就必须戴着这样或那样的面具出现。即使那些拒绝戴这些面具的人，也只能戴上其他的面具以示抗议，像“天哪！不！”或诸如此类的表达。许多面具是戏谑的、投机的且肤浅的，但其他的面具比我们所知道的要深奥得多。正如每个身体由头、两个胳膊、躯干、两条腿组成一样，每个有生命的人都由个性和其他特征组成。个性就是深层铭刻的人格面具，通过这种人格面具使自己和他人了解自己，如果没有这种人格面具，他将什么也不是。因此，像“让我们脱掉面具，保持本色”这类的话是很愚蠢的。况且，面具到处都是，年轻的面具、年老的面具、多样的社会角色的面具，还有那些我们自然而然地投射到别人身上的面具，这些面具掩盖了他们的真实面目，然后我们又对这些面具做出反应。

例如，让我们假设一下，在乘飞机的时候，你与身边的一位陌生的绅士轻松地聊着天。一位乘务员经过的时候停了下来，尊敬地称他为“参议员”。当乘务员离开后，你会发现你怀着与此前完全不同的感受同他说话，不再有原来轻松的感觉了。对你来说，他已经拥有了荣格所定义的“神力人格”，成为一个被赋予了社会面具的神奇魔力的人。现在，你不再是与一个普通人谈话，而是与一个角色、一种场景在谈话。而且，你使自己变成一个隶属的角色—— 一个与参议员毕恭毕敬谈话的美国公民。在这个小场景中，至少你这一方的人格面具将会改变。然而，就参议员来说，他仍然是之前的样子，如果他原来没有摆架子，那么现在他也不会。

一个人要实现荣格所定义的个体化，要像一个自由的个体般活着，他必须懂得怎样以及何时戴上或者取下各种各样的角色面具。人要“入乡随俗”，在家的时候，不要戴上你在参议院所扮演的角色面具。但是，这终究并非易事，因为一些面具烙得很深。这些烙印包括判断和道德价值，也包括一个人的自尊、野心和成就，还有个体的迷恋。过度地重视或迷恋面具是一件很平常的事，无论这些面具是自己的还是别人的“神力”面具。然而，个体化的工作要求人们没有必要受到这种方式的强制影响，要求人找到个人的中心，然后学着围绕这个中心生活，控制自己赞成或反对的立场。

此外，通过扮演和回应任何固定的假冒角色都不可能达到这一点。因为，正如荣格在其著作中所阐述的：“最终的分析将表明，每个生命都是一个整体的实现，也就是说，一个自我的实现，因此，这种实现也可以叫作‘个体化’。所有的生命注定要通过个体这个载体来实现，没有这个载体是难以想象的。但是每个载体都被赋予了个体的命运和目的，只有实现这些命运和目的，生命才有意义。”

在伟大的东方，这与强加在每个人身上，甚至最伟大的圣人和智者身上的观念完全相反。在那里，唯一的思想就是个人应该完全认同于已经给他安排好的社会地位的角色或面具，直到完美地完成所有分配好的任务，个体就像落入大海中的水滴一样完全忘记自我。因为在东方，与典型的西欧观念完全相反，每个人的命运和个性潜力在其生命中的实现是他生命的“意义”和“成就”。重要的不是个人而是已经建立的社会秩序。在那里，独特的、富于创造力的个体被看成威胁。但是，通过认同于某种当地社会的原型，通过扑灭他内心对个体生活的种种冲动，他最终将屈服。教育就是灌输，或者如今天所描述的，教育就是洗脑。名门贵族注定是名门贵族，鞋匠注定是鞋匠，武士注定是武士，妻子注定是妻子，仅此而已，不偏不倚。

在这种制度下，个体永远只会将自己当成一个完美地胜任标准角色的演员。无论个体早期的性格具有多么有前途的征兆，几年后这些征兆都会消失，被社会原型的特征、标准的面具所代替。或者，在我看来，如今我们应该把这种人叫作思想僵化的人。在这种社会里，理想的学生就是那种毫无质疑地接受指示，完全信奉他的权威的指引者的人；也是那种不仅热切地同化自己的编码信息，而且也同化自己的习性、判断标准和自己将变成的人格面具的大致形象的人。这里说的“变成”，也正是我的意思。因为其他任何东西都不会留下，根本不会有我们西方人所说的自我，不会有个人的观点、爱好、厌恶和前所未有的想法或目标。

在但丁伟大的《神曲》里，富有远见的旅行者在地狱、炼狱和天堂里可以认出他已故的朋友并与他们讨论生活，这是很有趣的。同样，在《奥德赛》和《埃涅阿斯纪》(*Aeneid*)的古典的死后世界里，奥德修斯（Odysseus）和埃涅阿斯（Aeneas）能很容易地认出那些刚刚死去的鬼魂并可以与他们讲话。但在东方，在印度教、佛教和耆那教的地狱和天堂里，却找不到这种继续存在的能够辨认鬼魂的个人。因为人死后，大地上的角色的面具脱落了，来生的面具形成了。住在地狱的人戴着恶魔的面具，住在天堂的人戴着神圣的面具。当无足轻重的人轮回转世后，他将会重新戴上一张新的面具，这个面具没有任何往世的印记。但是在欧洲，无论是在经典的史诗和悲剧中——比如但丁的《神曲》，还是在荣格关于个体化的现代心理学中，关注的焦点都是个体。个体只出生一次，只存活一次，他的意愿、思想和行为与其他人都是截然不同的。在整个伟大的东方，包括印度、中国、韩国和日本在内，有生命的实体被认为是那种可以穿上和脱下肉身的无形体的迁移者。你不是你的身体，你也不是你的自我。你可能认为这是一种虚妄，这个将东方和欧洲截然分开的个体观念渗透到社会和道德、心理学、宇宙哲学和形而上学思想的各个方面。例如，我在梵文中读到，“这个客观的宇宙，完全是不真实的。自我也如此，正如所见，它的生命只不过转瞬即逝……肉身是粗糙的身体，自我是精细的身体，因此不要将两者混淆，它们都是意念想象出来的……你的敌人正用有力的、实现的利剑毁掉这种自我，肆无忌惮地享受着你的真正帝国的极乐，这个帝国是最重要的自我的王国”。

我们努力摆脱的宇宙被认为是一个时隐时现的梦一般的错觉，在周期性循环中起起落落。当人们以这种方式认知它时，当个人已经学会摈弃自我、欲望、希望和恐惧，从而在宇宙中扮演自己的角色时，他将会从毫无意义的永恒轮回中解放出来。正如太阳应当升起、落下，月亮应当有阴晴圆缺，动物以它们的方式行动，你和我也必须以与我们的出生相适应的方式行动。由于我们前生的行为，我们注定出生在我们曾经出现的地方而不是其他地方。没有人要求判官把一个人安排在这个或那个地方，所有的一切都是由轮回单子（reincarnation monad）的精神重量自动决定的。这一点，并且仅仅是这一点决定了个体进入社会的地位，决定了等待他们的生活规则以及将遭受和享受的一切。

古老的梵文法律《摩奴法论》（*The Laws of Manu*）、《毗湿奴法则》（*The Institutes of Vishnu*）等书里详细地描述了与每个种姓制度相适应的学习类型，他们应该吃的食物种类、应该与哪种人通婚、应该何时祷告、何时洗澡、打喷嚏或打哈欠的时候应该朝哪个方向、怎样在饭后漱口等诸如此类的事情。

预先注定的惩罚是很可怕的，在远东也如此，在那里，虽然对自然之道或秩序的描述与印度不尽相同，但是就规定个体的生命来说，它们的作用是相同的。因为那里也有一个通过社会秩序而被人熟知的宇宙秩序，一个人有义务并且天生就要遵守这些秩序。那儿也有所谓的规范个人行为的详细法规，这些法规详尽地告诉人们应该怎样生活：一个人应该在多大的屋子里睡觉（根据一个人的社会地位）、用什么材质的床垫、他的袖子应该多长、他应该穿什么材质的鞋子、他在早晨应该喝几杯茶等。生活的每个细节都做了规定，以至于人们根本没有时间停下来问问自己“我想做什么”。

总而言之，在那些社会中，自我、自由思想、自由意愿和自我负责的原则是与所有那些自然、美好和真实的事物相对立的，并因此遭到憎恨和排斥。因此，在荣格看来，个体化的观念是心理健康的观念，也是实现成人生活的观念，在东方，这一观念不为人所知。让我仅仅引用一个例子来说明这一点，这是取自印度《摩奴法论》中的一段文章，规定了正统印度妇女一生应遵守的规则。

> “即使在自己的房子里，一个女孩、年轻妇女或中年妇女也不能独立做任何事。一个女人在孩提时代遵从于她的父亲；在成年时受命于她的丈夫；当她的丈夫去世后，听命于她的儿子。一个女人永远不能独立。她也不能试图从她的父亲、丈夫或儿子那里解放出来。一旦离开他们，她将会使自己和丈夫的家人蒙羞。她必须总是乐于且善于管理家庭事务，仔细地擦洗器皿并且要善于理财。只要和父亲生活在一起，她将永远接受父亲的指示（如果得到父亲的允许，也可以接受她兄弟的指示）。在他去世后，她也不得违背他的遗愿……即使一个完全没有美德、品质低劣、到处寻欢作乐的丈夫，她也要永不怠倦地把他当作神一样敬着…… 作为这种行为的奖赏，那些控制自己思想、语言和行为的妇女，在这种生活中会得到最高声誉并在丈夫旁边享有一席之地。”

根据对生活目标所起的不同作用，当地老师把印度哲学分为四类，也就是人们在这个世界上为之奋斗的4个目标。第1个是“dharma”，意为“职责、美德”。我曾经提到过这一点，而且正如我们所知道的，“职责、美德”是根据个人在社会秩序中的位置而定义的。第 2 个和第 3 个目标是自然的，是所有生物天生就具有的努力目标——成功或成就，也就是自我提升，在梵文中叫作“artha”，肉欲的乐趣或满足则称为“kama”。后两个与弗洛伊德所说的本我（id）的目标等同。它们是心灵最主要的生物动机的表达，是个体动物天性的“我想”的表达。然而，受到社会影响的“dharma”的准则与弗洛伊德所称的超我（superego），即文化上的“你应该”相对应。在印度社会，个体的乐趣和成功都是在个体的“dharma”保证之下得到的，即“你应该”监督“我想”。当人到中年，履行了自己所有的职责，如果是男性的话，他就离开社会到森林里去，寻找某些隐居处，通过练习瑜伽去除“我想”最后的痕迹以及“我应该”的每个回音。于是第 4 个目标、也就是人生最终的目标将会达到，这就是众所周知的“mokṣa”，即完全的“解脱”或“自由”。然而，这种自由不是我们西方所认为的自由，不是个体想成为什么或想做什么的自由。相反，在“mokṣa”意义上的“自由”指的是摆脱每一个生存冲动的自由。

“你应该”与“我想”相对抗，随后是“寂灭”。从现代西方人的观点来看，处于紧张关系的前两个目标所代表的情况更适合幼儿园而非成人世界，然而，在东方，这种情况甚至贯穿成人的一生。在西方世界，这种情况无论如何也不会被认为是自我成熟。总而言之，东方从来没有区分清自我（ego）和本我。

对东方的哲学家来说，英文单词“I”（梵文是“aham”）只意味着愿望、渴望、欲望、恐惧和拥有，也就是弗洛伊德定义为本我的冲动，这种冲动在快乐原则的压力下活动。与之不同，弗洛伊德定义的自我是把我们与外部的经验“现实”客观联系起来的心理能力，也就是说，与无处不在的真实世界相联系，在它目前的可能性里进行客观的观察、识别、判断和评估。自我把我们与我们自己相联系，同样在它的范围内对我们自己进行认知和判断。因此，由知识渊博、富有责任的自我引发的深思熟虑的行为与贪婪、野蛮的本我行为是不同的，也与无条件地受长期遗留的规范所控制的行为不同，这种规范不适用于当代的生活，也不适用于任何无法预见的社会或个人的突发情况。

东方人的美德等同于一个好士兵的美德。一个好士兵服从命令，他不是为自己的行为负责，而是仅仅为行为的执行负责。一个人所坚持的准则是从很遥远的年代遗传下来的，因此在任何地方都不会有人要他为所做的事情负个人责任。确实，也从来没有人为自己负责，因为准则是从宇宙本身的秩序演变而来的，至少人们这样认为。因为这种普遍秩序的来源不是人格上帝，或具有意志的存在，只是完全超然的力量或虚空，它们是超越思想、超越存在、先于范畴的东西。从来没有任何地方的任何人对任何事情负责，众神自身仅仅是一个不断循环出现和消失的、虚幻的、万花筒般的、没有尽头的世界里的小官员而已。

可能有人会问，个体和宇宙的关系从东方的观点转到我们所知道的西方的观点，这种转折是在什么时候发生的。最早的可靠迹象出现在公元前2000年美索不达米亚的文字记载中。国王和他的神之间开始有了区别，他不再是像古埃及法老一样的神王，而仅仅是服务于神的普通人，被称作神的“佃农”。他统治的城市是神在世间的财产，他自己只不过是主管或受命管理的普通人。而且，从那个时期开始，在美索不达米亚出现了神创造人并把人作为奴隶的神话。人类已经变成了微不足道的仆人，而神是绝对的主人。人类不再是神的化身，而是与神在本质上完全不同的存在，是尘世中、终有一死的自然存在。大地也只是黏土而已。物质和精神已经开始分离，我把这种情况叫作“神话的分裂”，并且我发现这主要是黎凡特后期宗教信仰的特征，在这些宗教中，时至今日最为重要的当然是犹太教、基督教和伊斯兰教。

这种思想的转变不再让人迷恋，但说到它对神话的影响，我将用一个关于洪水的神话来说明。根据许多仍然在东方流传的神话，世界范围的洪水会不可避免地在每个永世（aeon）末期发生。在印度，一个永世所包含的时间称为梵天（Day of Brahma），按 4 320 000 000 年计算。随后又出现了梵夜（Night of Brahma），那时所有的存在物都消失在宇宙的海洋里长达又一个 4 320 000 000 年。因此，整个宇宙一轮回的时间总计为 8 640 000 000 年。据古冰岛诗集记载，瓦尔哈拉有 540 扇门，穿过这些门将会走到世界的尽头，在那里，800 名准备战斗的勇士将会加入与魔鬼的战斗中去。800 乘以 540 恰好是 432 000，因此，在这里，欧洲异教和古老的东方似乎具有一个共同神话背景的主题。事实上，看一眼手表，我便注意到，每个小时有 60 分钟，每分钟有 60 秒，一天 24 小时共有 86 400 秒。此外，在一天之中，黑夜自然跟着光明降临，第二天早晨，拂晓又随着黑暗来临。在这种宇宙白天和黑夜的神话中没有暗含任何惩罚或罪过的问题。一切完全是必然发生的，而且都是以自然的方式发生的。

现在让我们对问题进行进一步的研究：根据博古通今的迦勒底[①]祭司贝罗索斯（Berossos）在公元前 3 世纪提供的巴比伦神话，从第一个苏美尔国王加冕到大洪水来临，其间跨越了 432 000 年，这段时期由 10 个非常长寿的国王统治着。我们发现在《圣经》中，从亚当诞生到诺亚的大洪水泛滥有 1 656 年，在那期间也有 10 个德高望重的长寿老人。此外，如果我相信 19 世纪著名的犹太亚述研究者朱利叶斯·奥伯特（Julius Oppert）的发现，在这 1 656 年中，共有 86 000 个星期。

因此，早期美索不达米亚那种精确有序的模式，即世界的显现和消失构成周期性的循环，每一轮循环都因为洪水而终止，甚至得到了《圣经》的认可。然而，众所周知，在《圣经》的记载中，大洪水是耶和华对人类罪恶的惩罚，这一更为流行和令人信服的解释是一种完全不同的观念。《圣经》强调自由意志而不是现在已被忽略的更早期的观点，那种观点认为洪水的发生只是一个完全与人无关，也与罪孽无关的循环，就像白天和黑夜的交替或一年四季的转换一样。

---

① 古地名，也称新巴比伦王国。——编者注

第 2 种现存的关于洪水传奇的最早解释出现在公元前 2000 年到公元前 1750 年之间的两段苏美尔楔形文字的记载中。在这个故事中，愤怒的上帝名叫恩利尔（Enlil），建造方舟的是古老的苏美尔基什神塔城（ziggurat-city of Kish）的第 10 个国王。楔形书简出现的时期与前面提到的古老的美索不达米亚国王时期相同，国王同样也是众神的“佃农”，这种观念转变所包含的内涵是丰富的。因为，首先，奇迹的层面已经丢失在宇宙中。宇宙本身已经不再是神圣的，不再具有超越思想的神秘的光亮，而所有曾经存在的众神、魔鬼，同植物、动物及人类城市一样，都只是宇宙中发挥各自作用的部分。神圣已经从大地上转移到一个超自然的领域，在那里，只有众神光芒四射并掌管着人间的事情。

但是，另一方面，随着人类失去了与具有生命的宇宙中“有机的神圣存在”的根本同一性，并且恰恰因此，人类就得到了——或者说人类为自己赢得了通向存在的解放，并被赋予了某种自由意志。因此，他和自己分开了，被置于一种人与神的关系中，但他仍然享有自由。作为轮回的代理者，伟大的东方的神同代表一个循环并管理这一循环的监督者没有什么区别，而监督者从来不用启动和控制循环的过程。但是，与此相反，今天的西方有一个神，由于他所创造的人已经变成恶人，他自己可以决定什么时候发洪水，他可以制定人间的法律，他可以判决和惩罚人类。因此，我们处在一个全新的情境中。

这个意识的根本转换使整个宇宙和宇宙中的万物沐浴在一种新的、更明亮的光辉下，就像遮住月亮、行星和其他星星光芒的阳光。在随后的几个世纪里，这种新的光辉渗透并改造了伊朗以西的整个世界。人和神不再被认为仅仅是一个单一的、非人化的存在的侧面，这一存在是超越不同名字和不同形式的诸多存在者的存在。人和神在本质上相互区别甚至相互对立，并且人从属于神。况且，现在一个人格化了的神坐在宇宙法则的背后，而不是前边。然而，正如我们知道的，更古老的观点认为，神仅仅是一种宇宙的官员，宇宙伟大的自然法则管理着神，并管理着神所做的和必须做的一切。我们现在的神则是自己决定法则如何操作，他说："让一切都通过吧！"然后就通过了。因此，在这里更注重人格和奇思怪想，而不是固定的法则。上帝可以随时改变他的想法，正如他经常所做的那样。这一倾向使黎凡特精神更接近于欧洲本土的个人主义。不过，这里还需要做一下区分。

黎凡特强调的是服从，即人类对上帝意志的服从，无论这一意志有多么古怪。黎凡特的主导思想是：上帝已经提供了启示，这个启示已经记录在一本书中，人类只要读这本书并尊崇它就可以了。人类永远不能去批评这本书，只能接受并服从，那些不知道或拒绝这本圣洁之书的人将会遭到他们的创造者的驱逐。因此，许多大大小小的国家甚至大洲，实际上是不信神的。确实，所有源于这个地区的宗教，比如拜火教、犹太教、基督教和伊斯兰教，它们的主要思想都是，在地球上只有一个民族接受了福音，他们是拥有同一个传统的圣洁的民族，那么，它的成员就是一个历史性实体的成员，不是早期（现在的东方）神话中的那种自然宇宙的实体，而是一种超自然的神圣化的实体，总之，是一种独特的、拥有苛刻的非自然法则的社会实体。因此，在黎凡特，主要的英雄不是个体，而是得到上帝支持的选民或者教会，在教会里，个体只不过是一个成员。例如，基督教徒被庇护是因为他是经过洗礼的教会成员。犹太教徒将会被永远记住，是由于一个犹太母亲给了他生命，他便和耶和华签订了圣约。在世界末日，只有那些忠诚于圣约的人，或者在基督教中接受了洗礼、死于"神的恩典"的人，才会在神的面前复活，并且永远享用（一个令人愉快的说法是这样说的）天堂里利维坦（Leviathan）、贝赫莫特（Behemoth）和席兹鸟（Ziz）[①] 永恒的肉餐。

① 这三个都是《圣经》故事中的巨兽，相传当世界末日降临时，将一起成为圣洁者的食物。——编者注

把这种黎凡特共有的观念同化到希腊和罗马，这是欧洲所经历的巨大困难的一个显著标志。凯尔特民族和日耳曼人对于个体价值的感知可以在罗马天主教义中看到：灵魂在死后将会承受神的两次审判。第 1 次是在死后即刻进行的“个体审判”，每个个体都将受到永恒的奖赏或者惩罚；第 2 次是在世界末日进行的总体的“全体审判”，那时在地球上所有活着的和死去的人都会被召集起来并进行公共的审判，因此全能的上帝（他也许曾在世间允许好人遭罪、恶人享福）最终会出现在所有人的面前，所有人也会得到永恒的公正。

作为总结，请允许我讲述一个古老神话的三种版本，它们分别保存在印度、近东和希腊。我想用这种令人难忘的方式来阐述整个东方的观念与两种不同的西方观念的差异，即它们在个体的个性和最高美德方面的区别。

首先是印度神话，它保存在大约公元前8世纪的宗教经典《广林奥义书》（*Bradāronyaka Upniṣ ad*）中。

这个故事讲述了在时间开始前的一段时期，宇宙只不过是人形的“自我”。随后我们读到，那个自我“朝四周看看，它看到除了它自己以外什么也没有，因此它喊的第一声是‘它是我！’由此，‘我’的概念出现了。”当那个“自我”知道它自己便是“我”—— 一个自我时，它害怕了。但是它进行推论、思考，“既然这里只有我自己，还有什么可害怕的呢？”因此害怕消失了。

然而，我们接下来可以读到，那个自我“仍然不高兴并希望还有另一个自我”。它开始膨胀，分裂为两个，变成男人和女人。男人拥抱女人，从此，人类繁衍生息。但是她想：“他怎么可以和我结合，我是他的一部分？让我藏起来吧！”她变成了一头母牛，于是他变成了一头公牛并与她结合，从此有了牛群；她变成母马，他便是公马……诸如此类直到蚁群。那时，他明白了，“我，实际上是创造宇宙的神，因为我已经散播了这一切”。因此，出现了“创造”这一概念（梵文是“srishtih”，意为“倾泻出的东西”）。“任何明白这个道理的人，真正地使自己变成了这个宇宙中的创造者。”

这便是传奇的梵文版本。接下来是几乎同一时期的黎凡特版本，它保存在《创世记》的第 2 章中，这是关于我们祖先亚当的悲伤故事。耶和华用尘土造人，并把他安置在园子里，让他看守。但是他很孤独，他的创造者为了使他高兴，创造了地上的走兽和空中的飞鸟，都带到他的面前，看他叫什么。没有一个生物给他带来快乐。“因此耶和华使他沉睡，他就睡了；于是取下他的一条肋骨……”当看到那个女人的时候，那人说：“这是我骨中的骨，肉中的肉。”我们都知道接下来发生了什么——我们就这样来到了这令人烦恼的尘世间。

但是现在，请注意！在同样的传奇的第二个版本里，不是神本人，而是他所创造的仆人分裂为两个人。神没有变成男人和女人，然后将自己散播开来变成一切。神保持独立，并且与人不同。于是，我们有了一个故事两种截然不同的版本。并且相应地，与它们相关的宗教生活的观念和戒律的内涵也不同。在东方，主导观念是：每个人都应认识到自己和所有其他人都是属于宇宙万物共同存在的一部分而已，事实上，这一共同存在总体上就是共同的自我。因此，东方宗教的最终目的就是，一个人在其一生中都应该体会和认识到自己与那一存在的同一。然而，在西方，根据《圣经》的说法，主导观念却是一个人应该参与到与其他人（other Person）的关系之中，而那个“其他人”就是自己的创造者，这一创造者是独立的并且“在自我以外”，绝不是内心深处的自己。

现在我来继续讲这个传奇的希腊版本，这将又是另一种教义。它是柏拉图《会饮篇》中阿里斯托芬（Aristophanes）所讲述的一个神话故事，柏拉图书中人物所营造的一贯轻松愉悦的氛围，使这个版本呈现的更多的是有关爱情之谜的隐喻，而不是关于人类起源的真实记载。

最初的人类本来分为 3 种：完整的男人，他们居住在太阳上；完整的女人，她们居住在地球上；第 3 类，半男半女，当然，他们居住在月亮上。他们都像今天的两个人加起来那么大，每个人都有 4 只手和 4 只脚，侧面与背面形成一个圆，每个人头上都有两张脸。众神害怕他们的力量，于是宙斯（Zeus）和阿波罗（Apollo）把他们劈成了两半。“就像腌酸苹果前将苹果切为两半，也像用一根头发切一颗鸡蛋”。但是，那些被劈成两半的人都非常渴望另一半，如果众神没有将他们分隔太远，他们遇上后就迫不及待地拥抱在一起不肯放手，直到饿死为止。我们从这个教训中学到的就是：“人类最早就是一体的，我们本来是完整的，而我们现在正在企盼和追寻这种原初的完整性，这就是所谓的爱情……若我们成为神的朋友，并与之和睦相处，我们就能在以后的日子里碰上自己的那一半，但在这个世界上这种事情很难发生。”然而，“如果我们不遵从诸神，那么他们会再次把我们劈成两半，到那个时候，我们要用半个身子走路，就好像墓碑上的浮雕一样。”

因此，在《圣经》版本里，被分为两半的人类并不是终极的神。我们仍然安全地生活在西方，在这里上帝和人分开了，再次出现的问题是人与上帝的关系。然而，与耶和华不同，希腊的诸神不是人类的创造者。他们自己像人类那样也是从大地女神的怀抱中创造出来的，是比人类更年长、更强壮的兄弟，而不是人类的创造者。

在这个充满诗意和幽默的典型的希腊版本中，在把人类分成两半之前，众神一直都害怕他们，因为人类的力量是如此可怕，人类的思想和内心是那样强大。他们曾经竟敢袭击众神、登天造反。众神一度茫然不知所措，但是如果用霹雳把他们全部打死，就没有人会对诸神进行献祭和崇拜了，众神自己也将会由于缺少供奉而死亡。因此，他们产生了将人分成两半的想法，并可能将这一想法付诸实践。

也就是说，希腊人站在人类这一方，对人类充满同情和忠诚，但犹太人站在神这一方。我们永远不会从希腊人口中听到那个被打得伤痕累累的清白正直的约伯（Job）所说的话，他向“无故毁灭他的神”和在旋风中来到他面前炫耀自己力量的神诉说：“我是卑贱的……我知道你万事都能做……我厌恶自己，在尘土和炉灰中懊悔。”

懊悔！为什么而懊悔?

伟大的剧作家埃斯库罗斯（Aeschylus）与《约伯记》的匿名作者同处于5世纪。在他的著作中，普罗米修斯也被神折磨，这个神“将这一庞然大物用鱼钩钓起，像玩弄小鸟一样玩弄他，在他的皮肤上插满鱼叉”。但是，从普罗米修斯的嘴中却说出令人震惊的话：“他是一个野兽……我不再关心宙斯的任何事。让他随心所欲吧。”

这些话说出了今天我们所有人的心声，尽管我们被教导像约伯那样说话。

MYTHS TO LIVE BY

05

东西方宗教的邂逅
（1970）

我们现在正处在由年轻的、自然的、充满奇妙创造力的时期向迷茫的、不安的、做作的、趋向没落的时期过渡的阶段。换言之，这也会是突破东西方文化限制的伟大时刻的开端。

20世纪20年代，正值我的学生时代，那时人们根本无法想象到了70年代，依旧有许多仁人志士希望在宗教中寻找心理安慰。在那个年代，人们坚信宗教已退出历史舞台，不复存在，科学和理性已取而代之。第一次世界大战以胜利告终，世界从此充满了民主的理性统治。赫胥黎早期著作《针锋相对》（*Point Counter Point*）足以证明他是当代的文化巨匠，萧伯纳、威尔斯（H. G. Wells）以及其他理性的作家也都不例外。但是，在人们对理性、民主、社会主义等抱着积极心态的时代，却出版了一部将这个“美梦”打碎的书——奥斯瓦尔德·斯宾格勒的《西方的没落》。在这个充满希望的年代里，还有一批意想不到的、意义不明确的作品相继问世，比如，托马斯·曼（Thomas Mann）的《魔山》、詹姆斯·乔伊斯的《尤利西斯》、马塞尔·普鲁特斯（Marcel Proust）的《追忆似水年华》、艾略特（T. S. Eliot）的《荒原》等。

这的确是文学史上具有里程碑意义的年代。然而部分作家似乎在向我们传递着某种信息，在我们用理性的成就和进步的政治来照亮地球黑暗一隅的同时，西方文明自身却从最核心的地方开始慢慢解体。在所有的预言和警告中，斯宾格勒的警告是最令人不安的。因为斯宾格勒的思想是建立在历史形态学，也就是文明的生命历程有机模型的观念基础之上的。这种观念认为，每个文化都有其少年期、巅峰期和暮年期，文化为了延续下去，最终将不惜利用精明的策划、浩大的工程和严密的组织进行垂死挣扎，但终究还是逃脱不了没落衰败的命运，斯宾格勒把这一衰败的命运总结为“终结”。

在斯宾格勒的理念中还包含着另一个观点，即我们现在正处在由文化向文明过渡的阶段，换言之，从年轻的、自然的、充满奇妙创造力的时期向迷茫的、不安的、做作的、趋向没落的时期过渡。斯宾格勒在远古社会里发现了当代社会的影子——公元前2世纪晚期，也就是罗马与迦太基帝国的战争期间，以古希腊人文主义（Hellenism）为核心的文化国度希腊让位于以恺撒主义占主导的军事帝国罗马。斯宾格勒把这次过渡称为第二信仰（Second Religiousness），即政治为大都市的平民提供了吃喝玩乐，而政治叛乱和暴力的本质却潜藏于人民大众的日常生活和文化艺术中。

好了，我还是说说自己的亲身经历吧。我的经历见证了斯宾格勒所描绘的社会发展轨迹并没有逐步完全实现。我依然记得大家席地而坐一起讨论令人担忧的未来的场景，大家努力想象着这一令人担忧的未来怎样消逝，大家揣摩着在这个充满危机和转变的时代会不会隐藏着一些积极的因素。斯宾格勒用周期性的循环来说明，我们现在所处的从文化转向文明的过渡阶段也有周期性。当今，文化意识薄弱并丧失的现象日益严重。在我的教师生涯中，我发现越来越多的学生宣称我们西方文化的整个历史“与己无关”（irrelevant）。当然，这是学生们漠视西方文化的表现。“孩子们”（学生们喜欢这样被人称呼）好像缺少一份了解和体会西方文化的潜能。

有人认为，至少曾经这样怀疑过，这是因为年轻一代心灵空虚、精神迷茫。当然也有人从另外一个角度分析了为什么会出现这种现象，他们认为年轻人现在必须面对一系列的问题，必须考虑一连串的影响因子，所以得到的结论就是，也许年轻人把注意力转移到了更为广阔纷繁的当下和忧虑匆匆的未来上面去了。在这个过渡阶段，西方人不但丢弃了自己过去的文化形式，而且正在酝酿一个足以建立和支撑未来强大的多元文化的文明形式。这一点也恰好与斯宾格勒的观点相吻合。

谈到这里，我突然想到了伟大的爱尔兰诗人叶芝。在他的作品《幻象》（A Vision）中，我们可以隐约感觉到斯宾格勒的文化形态观的影子。这部作品写于 1917 年至 1936 年之间，是一部怪诞的预言性的作品。诗人向我们表明，我们现在正处于基督教的循环或者两千年轮回的最后阶段。叶芝写道："我注意到当接近或超过限度，到达屈服的瞬间，当新的螺旋开始颤动时，我极为兴奋。"[①] 同一个主题在叶芝 1921 年出版的另一首令人敬畏的诗中也有所体现：

再度降临

盘旋盘旋在渐宽的螺旋中，
猎鹰听不见驯鹰人的呼声；
万物崩散，中心难维系；
世界上散布着一派狼藉，
血污的潮水到处泛滥，
把纯真礼仪淹没吞噬；
优秀的人们缺乏信念，
卑劣之徒却狂嚣一时。

确乎有某种启示近在眼前；
确乎再度降临近在眼前；
"再度降临"！这几字尚未出口，

① 译文引自［爱尔兰］叶芝：《幻象：生命的阐释》，上海艺文出版社，2005 年。——编者注

一巨大形象出自“世界灵魂”，
闯入我的眼界：在大漠尘沙里，
一个长着狮身人面的形体，
目光好似太阳般茫然冷酷，
挪动着迟钝的大腿；它周围处处，
旋舞着愤怒的沙漠野禽的阴影。
黑暗重新降临；但如今我知道
那两千年之久僵卧如石的沉睡
已被一只摇篮搅扰成恶梦；
何等恶兽——其时辰终于来到——
正懒懒走向伯利恒去投胎降生？[①]

德国数学家、文化历史学家弗罗贝尼乌斯在那一时期也有论著问世。他也认为文化和文明犹如生物的机体一样运作，在其发展过程中带有某种不可逆转的必然性，这一点与斯宾格勒和叶芝的观点很相似。不过他是非洲学家和人类学家，所以在他的研究中既包括高级文明，也包括原始文化。他把人类文化的发展进程划分为三个独具特色的伟大阶段。

第 1 个阶段是原始觅食社会、游猎社会和种植社会。在这一阶段，文字尚未出现，社会文化多种多样。这一阶段从人类出现在地球的物种花名册起就开始了，在有的地方甚至延续到了现在。第 2 个阶段大约从公元前 3500 年开始算起，这个阶段有文献记载，而且很复杂，堪称“文化里程碑”——首先是美索不达米亚和埃及文化，随后是希腊和罗马文化，中国、印度和日本文化，中南美洲文化，波斯和阿拉伯文化以及中世纪和近现代的欧洲文

① 译文引自［爱尔兰］威廉·巴特特·叶芝：《叶芝诗集》（增订本），傅浩译，上海译文出版社，2018 年。——编者注

化。第3个阶段是一个具有美好前景的时代，这是一个预示着黎明即将到来的全球化时代。弗罗贝尼乌斯认为这是人类文化的最后一个历史阶段，不过这个最后阶段也许会长达几万年之久。

换言之，在他看来，斯宾格勒和叶芝所阐释的西方文化的最后一个轮回，将会是一个没有国界和限制的伟大时刻的开端。的确如此，此前所有孤立的文化将会在这个伟大时刻邂逅，但这绝不意味着西方霸权的陨落，而是标志着人类的一个新的开端，人类以西方人创造的科学和机器为载体，第一次团结在了一起，如果缺少了科学和机器的支持，我们将不可能抵达这个阶段。

然而，斯宾格勒仅仅把目光局限在了阴暗面，这使得他的观点显得孤掌难鸣。在斯宾格勒的眼里，科学和机器是西方人思想状况的表现，而非西方人却把它们视为摧毁西方文化的武器。这无异于杀鸡取卵、竭泽而渔。等到这种杀鸡取卵的做法最终实现，科学和工业将停滞不前，人们将失去这两方面的能力甚至兴趣。由此而引发的是科学技术的衰落，人们又将回到形形色色的地方性文化风格而非全球化的风格，所谓的文明欧洲的伟大时代和未来世界的光明前景只会成为一个破碎的梦。与之截然相反，就像其前辈尼采一样，弗罗贝尼乌斯认为，人类正处在由地方特色的文化向全新的未来文化转变的阶段，这种全新的文化具有前所未有的创造力和洞悉力，而这个转变在整个人类发展的历史长河中是具有划时代意义的不可逆转的突破。坦白地说，我更倾向于后者的观点，因为我在斯宾格勒的观点中找不到丝毫令人欣慰的东西……

无论如何，我们今天终于还是达成了共识，即我们正在以这种或者那种方式进入一个全新的时代，一个迫切需要智慧的时代。这种智慧属于阅历丰富的老者，而不是富有诗意、想入非非的年轻人。这种智慧不管老幼都会被其同化，成为当中的一分子。此外，假如把思维定格在宗教领域，我们就会明白，以往任何一个具有悠久传统的伟大文化在当今社会都处于极度混乱的状态之中，这也是铁一般的事实。曾经被当作基石的一切现在却显得摇摇欲坠。

然而，一股巨大的宗教狂热和宗教骚动在年轻人、中年人甚至老年人当中备受青睐。这种狂热带有极强的神话色彩。那些最常被大家提及的导师来自被西方文明评判为落后地区的人，是那些采用与我们现代科技相比显得原始而古老的模式思维的人。印度的古鲁[①]、日本的禅师、中国西藏的喇嘛就是其中的典型例子。同样，中国的占卜类书籍也比西方的哲学著作畅销得多。

然而，与畅销的占卜类书籍相比，我们最好的心理学家的著作也毫不逊色。其实这本身就不值得大惊小怪，因为强调内敛、潜修和内心活动正是东方文化魅力的终极秘密。

为何宗教在今天会有如此尴尬处境？我在北美印第安人的部落的境遇中找到了一个富有启发性的类比。在 19 世纪末，大约 19 世纪 70 年代和 80 年代，野牛在渐渐消失。距今大约 150 年的时候，北美大平原地带要铺设铁路干线，大量野牛屠宰者大肆杀戮，为新的火车世界开路。交通便利了，大批的人口从密西西比河流域向西迁移，他们主要从事小麦种植业。屠杀野牛的另一目的是剥夺印第安人主要的食物来源，一旦野牛不复存在，印第安人最终会屈服于白人，去规划的保留地中生活。这个貌似进步的举措对印第安人来说是灭顶之灾。此后，印第安人以内敛的方式开启了一种全新的信仰，以求得心灵的皈依。很快，这个信仰在西部印第安人当中得到广泛接受，相当流行。

① 印度锡克教领袖的称谓。——编者注

印第安人的生活方式与原始狩猎先民有着惊人的相似之处。在以宗教维持的社会秩序中，人和能为自己提供食物来源的动物之间的关系是最核心、最关键的。因此，随着野牛的消失，黏合这个民族的象征不复存在。印第安人的信仰在10年间沉淀并凝固在了历史长河中，而来自南面墨西哥的异域宗教却从此在印第安人中肩负起了救赎心灵的重担。诸多已出版的书目都明确描述了这些信徒在布道过程中的点点滴滴：大家如何聚集在一个特定的地点，祈祷、吟唱圣歌、享受圣餐，然后体验幻觉，并在自我中寻找现实社会无法满足的心理需要，即神圣的意象给予他们深层心理的安全感，并赋予他们的生命以简单易懂的意义。

活的神话象征最重要的意义在于唤醒并引导生命的能量。这一象征是释放和指引能量的符号。它不但能像他们现在所说的那样激活人，使人觉醒，而且能引导人，使人沿着这条路勇往直前。这一象征使你具有某方面的能力，而这一能力会引导你投身到社会群体的生活和意向中。但是，如果社会群体提供的象征不再起作用，而那些仍在起作用的象征也不再为这一群体所拥有，那么，单独的个体就会像一盘散沙，孤立且迷茫，这时我们面对的就是象征的病变（pathology of symbol）。

加州大学著名精神病学教授佩里（John W. Perry）博士把活着的神话象征巧妙地称为“感动意象”（affect image）。这个意象与人体的某个感官系统密切联系着。但大脑并非一开始就接受这一意象，并对其作出解释和分析。相反，一旦被大脑所解读，就意味着这一意象已经死亡了。一个“感动意象”直接对人体的某个感官系统起作用，感官系统受到刺激并作出回应，这时大脑才会作出与之相关的有意义的评价。作为对外在显现的意象的回应，某种内在的共鸣便产生了，就像琴弦去回应相同的曲调。因此，社会中任何一个群体一旦听到了他们的核心象征的召唤，即使相隔天涯，他们的精神世界也会奇迹般地在这个旗帜下实现统一。之所以如此，只因为他们拥有同一个信仰。

我们不妨问一个问题:《圣经》的象征意义是什么?《圣经》基于5 000～6 000年前古老的苏美尔人的星象观察和一个已不合时宜的人类学观念，其号召力在现在看来显得是那么微乎其微。事实上，所谓科学与宗教之间的冲突根本就与宗教毫无瓜葛，有的仅仅是两种不同的科学之间的较量——公元前4000年的科学对阵公元2000年的科学。伟大的西方文明曾经自诩是把无垠的宇宙、浩瀚的苍穹和悠久的岁月纳入全人类头脑中的启迪者，而伟大的西方文明自己却裹在一个宗教的襁褓中，而这个宗教竟然是一个挤在狭小的宇宙意象之中的无人不晓的远古宗教，这难道不算对所谓的西方文明最怪异的一个反讽和嘲笑?在古老的玛雅日历中，“永世”以64 000 000年为单位反复循环，这至今都可被轻易证明，以4 320 000 000年为一劫（kalpas）的印度文明也不例外。另外，在这些超凡的体系中，终极的神圣力量既非男性亦非女性，而是超越于各种范畴之外的存在；不是一个高高在上、超凡脱俗的男权神，而是存在于世间万物之中的无形的力量。也就是说，这个终极的神圣力量并非因为超越现代科学的想象力而难以付诸实践。

《圣经》里关于宇宙的意象早已不合时宜，无论是上帝耶和华的一言九鼎或历代子民的言听计从，还是法就是来自神的意志且永远有效这一观念，都应该放到历史的垃圾堆里了。当今世界的社会问题与公元前6世纪古老的黎凡特社会大相径庭。社会不是静止的，服务于一个社会的法规不能同样也服务于另一个社会。我们生活的这个世界中的诸多问题在那些刻在石头上、像行李一样让我们背负着的“十诫”中并未提到，而“十诫”在宣布其价值的那一章之后的章节中就已经被忽视了。当代西方的法典并不是一系列无懈可击的神圣法令，而是经过周密的策划和设计，由漏洞百出的官员在国会中草拟而成，法典的主旨是理性地认识社会（当代社会）。现在我们明白了，我们的法律不再带有神圣性，我们同样明白了，地球上任何人的法律都从来不带有神圣性。我们同样知道了，不管我们敢不敢这样讲，受人崇敬的牧师再也无法在法律和科学面前呼风唤雨、洋洋得意了。即便是牧师扮演的救赎心灵的角色，现在也被科学意义上的心理医生所代替，事实上，已经有许多牧师开始向心理学家请教怎样才能更好地发挥他们的潜能，从而成为优秀的牧师。牧师这种传统的象征意义的魔力不再起作用了，他们的行为只会使人感到迷茫困惑。

简言之，正如北美大平原上突然消失的野牛一般，印第安人不但从此丧失了他们最神秘、最核心的象征，就连这一象征曾经服务的生活方式也一同消失了。在我们生活的这个美好的世界里，不但公共的宗教象征已失去了权威性，不复存在了，而且这些象征所支撑的生活方式也随之消失了。野牛的消失使得印第安人变得内敛，而我们危机四伏的世界也有着同样的趋向：由于经常与东方交流，在具有巨大的潜在危险、有时甚至产生负面效果的内在旅程中，西方世界向内在世界寻找“感动意象”，而这些意象是在当代世俗社会秩序中显得不合时宜的古老宗教制度无法提供的。

下面我将讲述三件个人轶事，来阐明背景，并说明东西方宗教邂逅时出现的一些问题。

第一件事情发生在大约20世纪50年代中期，马丁·布伯（Martin Buber）博士在纽约做讲座，我有幸被邀请聆听他的系列讲座，地点是哥伦比亚一个小巧别致的礼堂。马丁·布伯博士个头不高，却有着惊人的演讲天赋和优雅的谈笑风格，这种神秘的力量使得人们把他推上魅力四射的风云人物的宝座，每周五到六次的讲座令人拍案叫绝。其实，英语只不过是他的第二外语而非母语，他能驾驭得这般炉火纯青，尤其是讲座如此流畅、精辟，真是令人吃惊。但是随着讲座进行，大约到了第三讲的中间，我慢慢地意识到马丁·布伯博士用的一个词语超出了我的领悟能力。

这一讲座关于《旧约》中上帝选民的历史，当然也涉及了当代的内容。这个令我费解的词语就是“上帝”。在他的讲座中，“上帝”有时好像是浩瀚苍宇的创造者，与科学所展现给人们的宇宙不谋而合，有时是《旧约》中无处不在、一人多形的万能耶和华，有时就是那个与马丁·布伯博士经常对话的他者。比如，有一次在讲座中，他突然停了下来，站在那儿沉思了一会，摇着头轻声细语地对我们说：“用第三人称来称呼上帝令我很悲痛苦恼。”当我把这件事讲给哲学家格肖姆·朔勒姆（Gershom Scholem）博士听时，他笑了起来，带着戏弄的神情对我说：“马丁·布伯博士真的是对宗教信奉得太虔诚了，有时甚至有些过头了。”

“上帝”一词在整个讲座中含义模糊，变幻莫测，于是我小心翼翼地举手发问。马丁·布伯博士停下来关切地问：“有什么问题吗？”

“今晚在您的讲座中有一个词很是令我费解。”

“哪个词？”

“上帝！”我回答说。

他瞪大了眼睛，身子微微向前倾斜着问：“你说你不明白‘上帝’这个词？”

“我只是不明白您所说的‘上帝’，”我说，“就在刚才您还兴致勃勃地说上帝隐去了肖像且不再现身人间，然而我刚从印度回来（我的确在前一年到过印度），我发现印度人无时无刻不在与‘上帝’沟通。”

他突然间有些惊愕，举起双手，手心朝下，全然一副迷茫的样子，然后结结巴巴地说："你的意思是，比较一下……"一名叫雅各布·陶布斯[①]的学生插嘴了，他理直气壮地说："不，博士！（这位学生只想表明博士所讲的他已经知道了，现在只需接着往下讲就是了）坎贝尔先生只想知道您讲的'上帝'是什么意思。"

马丁·布伯博士迅速地梳理了一下思路，然后漫不经心地给了我一个与问题风马牛不相及的答案："每个人都有自我救赎的独到途径。"

对马丁·布伯博士来说，这也许是个最好不过的答案了，但对其他人来说真是答非所问，因为东方人压根儿就没有被他们的神放逐。终极的神圣力量存在于每一个个体中，它无处不在。它并非外在于其他地方，它就在内心深处，而且从来就没有任何人与神断绝联系。但是，唯一的困难在于，有些人不懂得怎样在自己的内心深处发现它。如果一个人没有犯错，那么错误就不是他的。同样，问题不在于几千年前亚当被逐出伊甸园而引发的人类的堕落，也不在于被流放或救赎。这是心理学的问题，并且这一问题是能够得到解决的。

这就是我要说的第一件事。

第二件事情发生在 3 年之后，我记得当时有一位年轻的印度绅士来拜访我，他虔诚地信奉印度守护神毗湿奴，任印度驻联合国代表的秘书。他主要想和我讨论一些最近读过的海因里希·齐默尔[②]的关于印度艺术、哲学和宗教的书籍，这些书籍是我多年前编纂的。其实他还想探讨一些其他的问题。

① Jacob Taubes，犹太哲学家、宗教社会学家。——编者注

② Heinrich Zimmer，印度学研究者，坎贝尔的导师。——编者注

“嗯……”，当我们都很放松随意的时候，他说，“每当我访问一个新的国家时，都想了解它的宗教。我买了本《圣经》，在随后的几个月里我逐页细读，但是……”他停了一下，犹豫不决地说：“我在这本书里根本就找不着什么宗教！”

这难道不与马丁·布伯尚未说出的话相对应吗？一个人的宗教对另一个人来说，根本无宗教可言。

我一方面是在《圣经》思想的熏陶下长大的，另一方面又研究过印度文化，我想自己也许能给他些许帮助。“好吧，”我说，“我能想象得到，如果你一开始就不把这本描写犹太民族想象出来的历史当作一种宗教学习，那么你就不会在《圣经》中期待更多关于宗教的信息了。”

后来，我觉得我更应该把圣经中的《诗篇》介绍给他。但是当我带着浓厚的印度宗教色彩来重新审视圣歌时，我很庆幸自己并没有那样做。因为《诗篇》的中心主题几乎毫无例外地颂扬在上帝庇护下的歌者的美德，或是抱怨上帝没能向他正直的仆人伸出援助之手。上帝会“打我一切仇敌的腮骨，敲碎恶人的牙齿”。这些恰恰与印度宗教渲染的宗教感情针锋相对。

在东方文化里，终极的神圣力量超越了人类思想和情感的极限，超越了任何形式的表现，也完全超越了任何一个慈悲的或者愤怒的人格观念——选择某个民族高于其他民族，偏袒保护那些虔诚的信徒们，鞭挞诋毁那些无神论者或是所谓的异教徒们。这种神人同性同形的属性，赋予人的情感和思想以超越思想的神秘力量，在印度人看来，这是一种儿童的宗教信仰，真正意义上针对成人的教义的关键是，神秘是超越范畴、超越名字和形式、超越情感和思想的，这是一个人自身存在的基础。

博学的婆罗门阿鲁尼（Brahmin Aruni）在对儿子的谆谆教诲中对这种认识进行了确切的阐述，这些至理明言记载在大约公元前 8 世纪的《歌者奥义书》（*Chāndogya Upanisbad*）中："我亲爱的儿子啊，你就是它。"

这里的"你"既不是那个可以被呼名唤姓的你，也不是那个朋友认识并牵挂的你，也不是会生老病死的肉体凡胎的你。这里的"你"也不只是"它"，"不会是它，不会是它"。只有当肉身的"你"抹去自身珍惜和执着的一切，"你"才会到达体验与存在合一的边缘，而作为非存在者的存在是超越所有事物的"无的存在"。存在是这个世界上前所未有、前所未见、前所未想的。例如，神不是作为被人格化的众神或上帝而受到崇拜的。正如我们在伟大的与《歌者奥义书》同时期的《广林奥义书》（*Bṛhadāranyaka Upanishad*）中读到的一段文字：

> 那些人们说："信奉这个神！信奉那个神！"神一个接一个，其实所有这些都是他所创造的！他自己才是所有这些神……
>
> 他进入我们的宇宙，甚至进入我们的指甲里，就像剃刀在剃刀盒里，或者火在木柴中。人是看不到神的，因为一旦被看到，神就不完美了。呼吸时，神的名字就是"呼吸"，交谈时，神是"声音"，欣赏时，神是"眼睛"，聆听时，神是"耳朵"，思考时，神是"大脑"：这些只是神行为的名字而已。无论谁信奉这其中的哪一个——都不知道，因为他在任何一个之中都是不完美的。
>
> 人应该崇拜他自身，因为人是神的集大成者。人自身就是神的写照和诠释，人认识神就像循着足迹找到丢失的牲畜一样。

我依然记得日本禅学大师铃木大拙发表的关于日本禅宗的精彩演讲，开头部分就是神、人、自然三者在东西方社会的不同诠释，令人难以忘怀。他首先从评论《圣经》中自亚当堕落以来的人类情境入手，他说："西方社会的人与上帝对立，自然与上帝对立，同时人与自然对立，神造的人、神创的自然与这个造物主本身现在打得不可开交。”随后他又谈起了东方，他说：“自然是我们从中诞生并成为我们最终归宿的母体。”“自然基于自身而创造了人，而人不能在自然之外。”“我在自然之中，自然在我之中。”他继续说，作为最高存在，上帝被理解为先于创造，“在上帝之中，既没有人也没有自然。”“当被赋予了名字，上帝就不再是上帝。人与自然出现，我们自己被困在了抽象概念的迷宫中。”

在西方，我们已经命名了自己的上帝。更准确地说，我们已经拥有了被命名的上帝，那是在一本书中被命名的上帝，而这本书来自不同于我们的时空。我们学会了不仅要相信这一形而上学的虚构是绝对存在的，而且还要相信我们的生活也只有基于此才能够形成。然而在伟大的东方，情况却大相径庭，人们重视体验，尤其是自身的体验，而不是信仰其他人。在那里所教授的各种学科都是关于如何获得正确的体验，更深地将自己与每个人都知道的神圣合二为一——同一，并且超越同一，随后达到超验。

佛陀（Buddha）这个词的大意是“觉悟，一个觉醒的人，或某个大知大觉的人”。此词源于梵文中动词词根“budh”，第一层意思是“深测、测量到最深处”，第二层意思是“洞悉、理解、苏醒”。佛陀不是那个意识到与肉体达到同一，而是与肉体的觉醒者达到同一的人；也不是与思想的同一，而是与思想者的同一，也就是说，与意识的同一。佛陀之所以是佛陀，就是因为他知道自己的价值来自唤醒意识的强大力量，就像灯泡的价值来自它照明的力量。灯泡最核心的部分不是灯丝，也不是外层的玻璃壳，而是这些灯泡将要产生的光明。同样，每个人最核心的部分不是肉体，也不是神经，而是通过它们闪耀着的人性光辉的意识。一旦一个人不是为了保护灯泡而活着，而是为了使灯泡发光发热，那么他就达到佛陀的境界了。

在西方社会有没有此类的教导？恐怕在妇孺皆知的宗教信条中找不到。《圣经》中是这样描写人神关系的：上帝创造了世界，也创造了人，在任何意义上，上帝与其所造之物都不是同一的。事实上，神人同一的观点在西方社会只会被视为宗教异端。当耶稣基督说“我与父原为一”，他就以亵渎神明的罪名被钉死在十字架上；900 年之后，穆斯林的神秘主义者哈拉智（al-Hallaj）的命运与耶稣基督一样，只因为他说了同样的话。然而，在西方惨遭攻击的神人同一的宗教理念在东方竟是宗教的最高理念。

因此，西方社会的宗教到底要宣扬什么？不会是通向体验与神同一的途径（因为前面已经讲过，这只会被认定是宗教异端），而是确定和维系人与他所命名的上帝之关系的方法与途径。问题是这种关系应该如何组建？只能通过成为备受超自然神灵青睐的某一个群体中的一员才能实现。《旧约》中，耶和华就与他的选民——在这个地球上唯一被认定是神圣种族的犹太民族建立了契约。怎样才能成为某个群体的一员呢？最近（1970 年 3 月 10 日）在以色列，重新得到确认的传统答案就是，要想成为以色列这个神话构建的民族一员的先决条件就是，你有一个犹太血脉的母亲。在基督教中又会是怎样的情形呢？耶稣基督道成肉身的美德使他成为真的神和真的人。（在基督教看来，这是一个奇迹，但是在东方，每个人都被认为是真正的神和真正的人，尽管只有少数人能唤醒内在的可以创造奇迹的力量。）人性是连接我们与耶稣的桥梁，通过他的神性，耶稣在我们与上帝之间建立了桥梁。那么，我们在生活中该怎样确定与那唯一的神—人（God-Man）的关系呢？通过洗礼成为教会的一员，也就是说，再一次通过社会机构来实现。

这两个自我神圣化的社会历史群体所宣称的方式，成为我们进入精神世界所显现的神秘意象、原型和主导象征的全部方式。众所周知，无论从历史学、天文学、生物学，还是任何一门学科的角度来看，今天这两者所宣称的方式都已经解体。难怪现在的牧师们焦躁不安，会众们困惑不已！

那么，如今不管犹太教堂还是基督教堂，它们存在的意义是什么？我发现许多基督教堂已经变成戏院了，还有一些是讲座大厅，周末这里有伦理学、政治学和社会学的讲座，洪亮的声音在此发出象征上帝意志的神学的颤音。难道教堂的命运以后就将这样沦落吗？它们就不能物尽其用吗？

依我之见，答案当然是可以的，只要牧师们明白他们长期依赖的象征的神秘色彩在什么地方，并且正确有效地将其表现出来就足够了。宗教仪式和宗教崇拜还有它们的意象才是宗教的生命线，因为一旦仪式和意象丢失，作为概念载体的文字在当代可能会有意义，但也有可能显得不合时宜。仪式由神话象征组成，只有在参与仪式的时候，个体才会直接真切地感受到这些。当然，不是通过对过去的、现在的或是将来的事件的报道，而是通过此时此刻对永恒的揭示。犹太教堂与基督教堂陷入的误区，就是给定了这些象征的含义。一个有效的仪式的价值，就在于它给参与者自己感受和思考的空间，而教条和定义只会扰乱个体的思想。基于理性的教条和定义只会不可避免地成为宗教沉思者的绊脚石，而不能为他们提供帮助，因为个体意义的上帝的在场也仅仅是体验者本人精神能力的一种功能而已。

拥有你的上帝意象——这就是你生命中最隐秘的神秘。然而，它却在大约 5 世纪的时候被主教委员会一手操纵。这到底是为什么？沉思耶稣基督受难的情形；回味熏香的气味；穿戴标着神圣的法衣；吟唱娓娓动听的罗马格列高利圣歌；喃喃吟诵进堂咏和垂怜经；聆听神的献身事迹……这些都算得上是仪式。那么这些仪式的“感动价值”（affect value）到底与政府机构有什么关系？我们是否真的懂得这些 Oramus te, Domine, per merita Sanctorum tuorum（主啊，通过你的圣人的美德，我们向你祈祷）的确切含义？如果我们对意义感兴趣，那么意义就在那里，在祈祷书的另外一本译卷中。但如果仪式的魅力一去不复返……

下面我将谈谈本人的一些建议。首先让我展示来自印度传统的思想，其次是日本传统的思想，最后是我们西方人最需要而东方却无法给予的一些建议。

印度传统最根本的文本当然是《薄伽梵歌》（*Bhagavad Gita*），在这本书里有关于四种基本瑜伽的描述。瑜伽（Yoga），来源于梵文中的动词词根“yuj”，本义是“去驾驭、把甲事物与乙事物联系在一起”，也指把思想与培育思想之花的养料连接在一起，把意识与激活意识的“化学键”连接在一起。瑜伽意义的最好诠释是在被称为知识瑜伽的修行中，也就是说，瑜伽将知者与被认知的对象区分开，在认知过程中将主体与客体区分开，最后又将自己与对象合二为一。“吾知吾之肉体，肉体即客体，吾为证者，客体之认知者，故吾非吾之肉体。”然后，“吾知吾之思，吾非吾之思。”“吾知吾之情，吾非吾之情。”随后佛陀则说：“汝非证者，证者无存也。”所以问题是：吾在何方？莫非是介于两种思想之间？这就是所谓的智瑜伽（Jnana Yoga），以纯粹的知识的方式修行。

第2种修行就是所谓的王学瑜伽（Raja Yoga），是君主的或至高无上的瑜伽。提到瑜伽，人们就会首先想到这种瑜伽。这里，我们可以将这种瑜伽描述为一种心理体操，它既是精神的，也是肉体的姿势：盘腿摆出“莲花坐姿”，深深地吸气，然后以某种方式数次吐出，此鼻进，彼鼻出；彼鼻进，此鼻出，等等。所有这些可以达至各种不同的沉思，这将给人带来无限实际的心灵升华。思绪如织，令人销魂，亲身体验是彻悟的巅峰，所有的限制和顾虑将会顷刻间烟消云散。

第3种被称为巴克提瑜伽（Bhakti），是与西方人常说的与“崇拜”或“宗教”最为接近的一种修行。巴克提瑜伽也称献身瑜伽，它主要是指一个人把一生无私地奉献给了他所钟爱的人或物，也就是说，这个钟爱的人与物事实上就是他的“神”。下面我要讲一个有趣的故事，故事的主人公是19世纪伟大的印度圣人罗摩克里希那（Ramakrishna）。一天，一个妇人满腹愁肠地向圣人走来，说她发现自己根本就不会爱，更不会信奉什么神。圣人说：“难道在这个世界上就没有值得你爱的人或物吗？”妇人说：“我很爱我的小外甥。”圣人说：“那么他就是你的黑天（Krishna），即你的钟爱，侍奉他就是侍奉神！”

正如传说中所说的那样，当黑天还是个小孩子的时候，他是和牧童一起生活的。他教这些孩子去信仰他们自己的牛群，而不是一个看不见、摸不着的抽象的神。“崇拜你的牛群。那是你应该倾注心血的地方，也会成为神祝福你的一条途径。”从此他们就给牛冠以花环，加以膜拜。这个启示相当明了，直切中心——神才是你关注的焦点，而非像当代基督教神学家保罗·田立克（Paul Tillich）所宣称的那般含混不清。

最后，第4种也是最主要的一种瑜伽，就是行动瑜伽（Karma Yoga），在《薄伽梵歌》中有详细的阐述。历史上最负盛名的一段独白将这种瑜伽诠释得尽善尽美。

> 在吠陀－雅利安骑士时代的末年，也就是印度传奇人物——伟大的战争之子横空出世之日，是整个封建贵族在血腥的屠杀中逐渐败落乃至自我灭绝之际。战争迫在眉睫，一触即发，年轻的王子阿周那（Arjuna）将会卷入这场空前绝后的战争中。王子命令他的辇夫——王子最荣耀的朋友、年轻的黑天，把他带到两军交战的前沿。在那里，他看到两边站满了亲友和昔日名扬万里的将军战士。王子心软了，放下了带箭的弯弓，神情忧伤地对朋友说：“此时此刻我四肢无力，口干舌燥，头发尽立。我就是死也不愿意引发这场灾难性的战争。我是不会用蛮横的武力去征服世界的。怎样才能以

最小的代价换回宇宙的法则？”年轻的神对王子的问题做出了犀利的批判：“你怎么能如此胆小如鼠，苟且偷生？”于是在历史上就留下了一段著名的陈词：“生生死死皆注定，死死生生总轮回，莫因无奈生悲凄。天赐富贵已成章，切勿差念是名利。驰马横刀赴疆场，英明果断应尽责，畏惧惊悸抛九霄。”

结束这番严厉的说辞后，神明其双眸，顿时阿周那惊讶地看见他的朋友变形了，刹那间一幅意想不到的场景跃入眼帘。天空中金光四射，人群中万头攒动，杀气腾腾，面目狰狞，势不可当。看哪！此刻开战双方倾泻而下，蜂拥直入这些燃烧的大嘴中，撞在恐怖的牙齿上，化为乌有，而这野兽正在舔着它的嘴唇！阿周那的每根头发都立了起来，他哭喊：“您是何方神圣？”谁知天边竟响起了他的朋友——世界之主的声音：“吾乃黑暗之主（Black time），此行旨在歼灭异己。即使缺少了你，该毙命的注定不能生还。还是积极地参战吧！奋勇杀敌，履行责任，不得有误！”

在印度语中，“履行责任”即“毫不犹豫地去履行你所在的等级的职责”。王子阿周那是个名副其实的贵族，贵族的责任就是战斗。然而在西方人们却不这样认为，这也许就是在东方一贯正确的精神导师古鲁的观念在西方并没有真正起作用的原因。在西方人的理念中，一个成熟的个体指的并非对集体或长辈的命令或意见不加反思、唯命是从的人，犹如一个孩子对父母言听计从、唯唯诺诺。西方理想中的个体要经过亲身体验、仔细斟酌、严密思索之后（我指的是有经验的判断，而不是在某某老教授的经验体系的指导下，学舌鹦鹉般的一些社会学新生在课堂的报告），以明智的态度做人做事，不要屈从于权威，而要直抒己见且言之有理。西方的“责任”，并非意味着像孩子般循规蹈矩，而是要找到会思考、会判断、会成长的自我，也就是说，应该具有独立观察、理性批判、待人接物有道、审时度势、行必果、务必切的才能。这与过去的理想无关，而是与现在的可能性有关。但这种才能在东方却是被列入禁忌的。

如今我的诸多教授朋友们都在说，西方的学生期待的不是言传身教的教师，而是古鲁。在东方，古鲁不仅对学生的道德负责，还要帮助学生定位其人生目标。与此相应，学生必须与古鲁同一，如果可能，学生将来也会成为像导师一样的人。我也将自己的看法讲给学术好友们听。在我看来，我们的学生缺少了东方学生的第一大美德，也就是“shraddha”，即对崇高的古鲁的坚定信念。不过，我对西方学生批判的眼光和自我负责的能力寄予厚望，而且现在看来我们的确是卓有成就的。事实上，学生们的这些成就已经达到可以教授其老师的程度了，这真是再好不过了。但西方学生需要向东方学习的内容，也正是眼下很多学生极力模仿的东西，我不会对这些内容做详尽的阐释，只是强调它将会是——至少在第一步或者第二步——朝向他们自身的神秘的内在旅程。如果能和当代生活密切相连，这将会使人们在生活、文学和艺术领域重开历史新纪元。

下面，就是我要讲的第三件事，这也算是东西方宗教的又一次冲突吧，但说的是东方人把宗教的魔力变成了艺术。事情发生在1958年的夏季，那时我正在日本参加第9届宗教史的国际会议。其中有位纽约的社会哲学家确实是人群中引人瞩目的焦点，他博学多才、和蔼可亲而且魅力十足，然而无论是对东方文化还是整个东方宗教，他都无知得可怜（事实上我也在怀疑他能出席此次会议真算得上是个奇迹）。在和我们一起拜访了很多日本神道的神庙和美丽的佛寺之后，最终他竟要问几个至关重要的问题。有许多日本人出席此次会议，其中有不少还是神庙的主祭，他们在美好的日式花园里举行了一个愉快的聚会，这位社会哲学家走向他们中的一个，说：“我参加过许多这样的神圣仪式，而且也参观过许多神庙，但我不了解你们的意识形态，不了解你们的神学。”

这位日本友人（也许读者已经知道是谁）根本就不想令观光者失望，对这位外国学者的精辟问题稍做思考之后，他咬了咬嘴唇，摇了摇脑袋，彬彬有礼地回答道："我想我们没有意识形态，我们没有神学，我们跳舞。"

对我来说，这就是会议给我的教训。在日本，在这片土地上的地方神道教里，仪式是极其庄严和令人难忘的，具有音乐性，人们不会尝试把它们的"感动意象"变成文字。它们以最本真的形式——即仪式和艺术，向人们诉说。人们要学会聆听，要学会专心聆听。我认为这就是西方的宗教仪式应该借鉴和学习的。问一位艺术家他作品的含义，这种情况是不允许再次发生的。重要的意象带给人们的领悟超越任何语言文字，也非任何语言文字所能诠释。如果它们没有向你言说，那是因为你所积蓄的力量还不足以去理解它们，而语言文字所能做的只是使你认为你已经理解了，这样一来，你理解的通道就完全被切断了。

你不会去问一个舞姿意味着什么，只因你陶醉其中；你不会去问世界意味着什么，只因你乐在其中；你不会去问自我意味着什么，只因你活在其中；甚至你根本就不会去问自己什么时候会死。但是，要享受这个世界所需的，远远超出了健康的体魄和美好的心灵，因为我们现在都深信不疑，世界是可怕的。佛陀说："众生皆苦。"的确如此啊！生命消耗生命，这才是生命的本质所在，但是生命永远都在孕育新的生命。佛陀说："世界犹如一团永不熄灭的火。"的确如此啊！这就是人们用一个"是"或"舞姿"去肯定的事实！大彻大悟、庄严神秘、超脱任何苦难的神圣狂喜（mystic bliss）是每一个神圣仪式的中心宗旨。

让我来讲述一个十分奇妙的印度传说作为结束语吧！这个故事的中心人物是有着大量传奇事迹的世界主神湿婆（Shiva）和他荣耀的妻子世界女神帕尔瓦蒂（Parvati）。

有一个恶魔推翻了众神的统治，突然有一天，这个胆大妄为的恶魔来到至上神面前挑衅。他用毫无商量余地的语气命令神将妻子让给自己。湿婆镇定自若地睁开了额头中间的第三只神眼，顷刻间一个霹雳劈到了地面上，一个比这个恶魔还要庞大的恶魔冒了出来。他身体又大又长，长着一颗狮子般的脑袋，他的头发在世界的每一个角落里飞舞，极度的饥饿是他的天性。他诞生的目的就是吃掉第一个恶魔，显然他稳操胜券。第一个恶魔想："我现在该怎么办呢？"幸运的是，他决定恳求湿婆的宽恕。

在神学中有一个著名的法则是：当你完全仰仗神的仁慈时，神是不能够拒绝保护你的。所以，湿婆不得不保护第一个恶魔免受第二个恶魔的吞噬。那么留下的第二个该如何是好呢？没有东西吃，他实在饥饿难忍，便痛苦地问湿婆："我能吃什么呀？"答曰："为何不将自己吃掉呢！"这句话刚一落地，效果便产生了。首先消失的是他的双脚，继而牙齿也脱落了，腹部也消失了，胸膛和脖颈也无一幸免，他的身体自下而上沿着一条直线都被依次吃掉了，最后仅剩那张脸。湿婆心满意足了，因为现在留下的只是这个恶魔的完美面庞了，而且这个生命能够自食其力。这个耀眼的面具现在就是那狮子般的饥饿形象，湿婆欣喜地说："我叫你'光荣之脸'吧，克尔提姆哈（Kirttimukha），你尽可以把自己悬得高高的，照亮我所有寺庙的大门，任何拒绝尊敬和崇拜你的人都无法接近我。"

所有这些给我们一个深刻的教训，那就是：若想洞悉生命的奇妙和奥秘的最高神圣的象征，我们必须首先承认生命残忍的本质，以及这种本质中所蕴含的光彩夺目的特色——认识到生命就是这样的，不可能也不会被改变。很多人自认为他们知道如何将世界变得更加美好，并宣称如果他们是造物主，这个世界将没有痛苦，没有忧伤，没有残酷的岁月，也没有变化无常的生命。这都是一派胡言。也有很多人发出这样的心声："先改变社会，再抽时间改变我自己。”遗憾的是，这些人永远无法进入神的宁静世界。其实，所有的社会都充满邪恶、忧伤和不平等，它们一直都是这个样子。如果你真的想有所作为，那么你首先要学会怎样在这个世界中生存。倘若你根本就不能适应这个令人悲喜交加、无可奈何的社会，那么你终将无所作为。这就是“光荣之脸”传递给我们的信息：他在通往瑜伽神（湿婆）的圣殿之门上，门内是湿婆和他的新娘生命女神。因此，只有心怀敬意朝那面具鞠躬并谦恭地在它下面穿过的人，才能见到湿婆和生命女神。

MYTHS TO LIVE BY

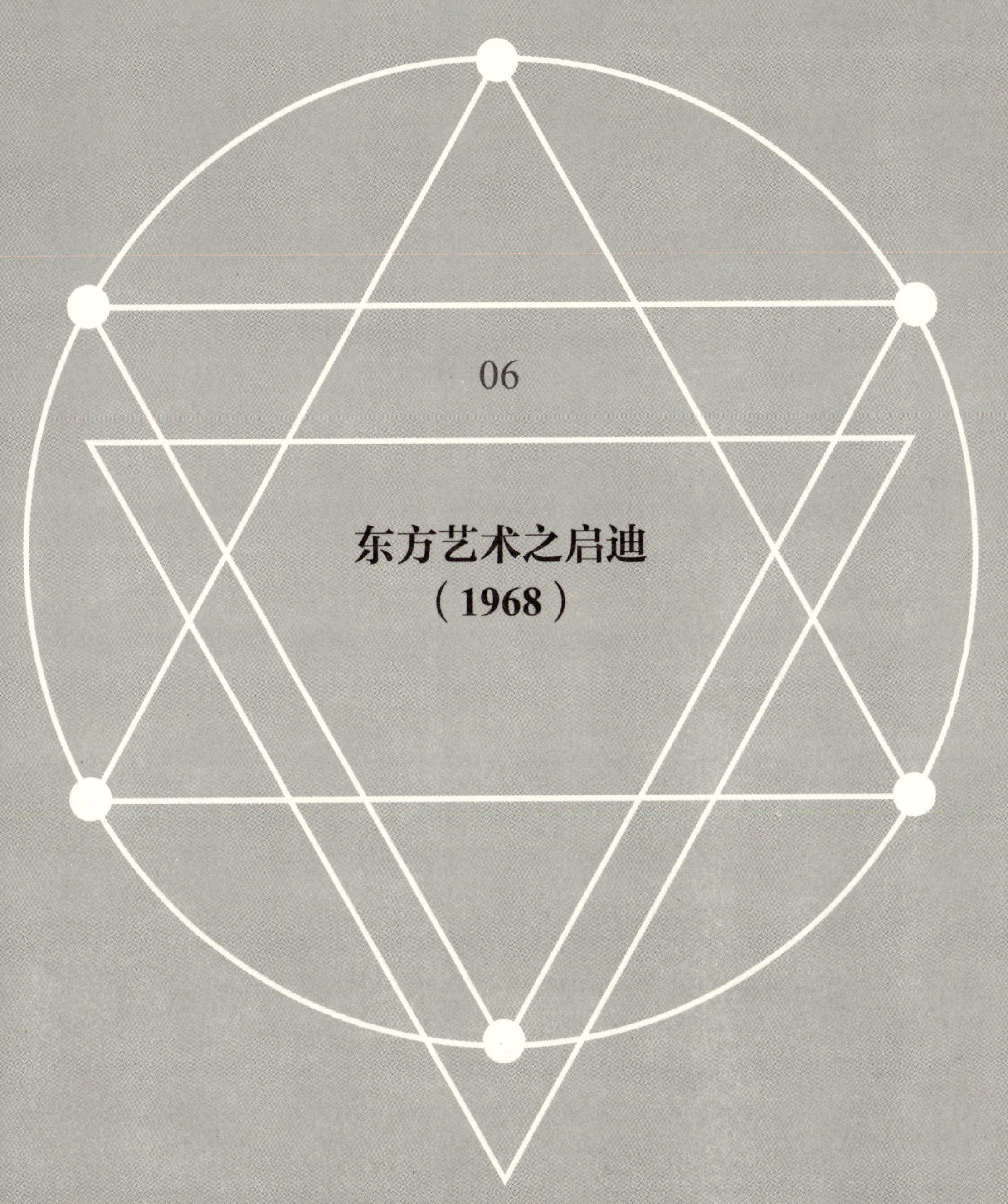

06

东方艺术之启迪
（1968）

东方艺术家提倡“无我”。印度人的心灵和艺术翱翔在超出万物世界的想象中，而中国的艺术家们则更倾向于和自然在一起，与自然所创造的奇迹和谐共处。

在印度的美学教材中，有四类主题被认为适合进行艺术分析。第一是抽象概念，如真、善、美等；第二是行为和情绪的类型，如杀死敌人或怪物，以及坠入爱河而产生忧郁或狂喜的情绪等；第三是人的种类，如婆罗门、乞丐、圣洁或邪恶的王子、商人、仆人、情人、流浪者、罪犯等；第四是诸神，我们会发现他们都是抽象的。由于在东方，人们并不关注个体，也不关注独一无二无先例的事实或事件，所以东方艺术的瑰丽画面所展现的，主要是对特定的、真实可靠的主题和母题的一再重复。

当把它们和文艺复兴时期及以后的欧洲杰作相比较时会发现，东方传统最明显的特点是没有人物描写这类作品。伦勃朗（Rembrandt）和提香（Titian）的作品为例，其中体现出对个体存在的性格、人格和独一无二的特质（既有身体层面的，又有精神层面的）等的关注。这种对非永恒的个体的关注与东方艺术中的启迪精神是完全不同的。我们尊重独一无二的个体，不是让他在其独有的个性中受到抑制，而是要努力将他塑造成一份礼物送给世界，一个在地球上从未出现、也永远不会再出现的礼物。这不仅仅与东方艺术相反，而且与东方人的生活方式也截然相反。由于持有这样一种独特的思维模式，东方的个体并不被期待去革新或创造，而是在一系列规范和对规范的展示中来完善自己。

因此，东方艺术家不仅要致力于标准化的主题，而且对任何所谓“自我表现”都不感兴趣。在西方艺术大师的传记中，我们常常看到他们为了在作品中展示独特的个人风格，苦苦寻找自己独特的语言。然而，如果在东方艺术的历史长河中搜寻这种记述，可能会一无所获。对东方的生活、思想和宗教信仰来说，这种自我取向的思维方式是完全陌生的，因为，确切地说，他们是在压制自我，并抑制任何对这一转瞬即逝的梦境中的“我”的关注。

从其负面效果来看，这种提倡“无我”的做法已经导致了一系列学术陈规的出现。这些显然不是我想要谈论的话题。我关注的主题是完美艺术中的秩序和杰作，它们确实能够使凡人了解万物中不朽的存在。当一个人在读《薄伽梵歌》时，他的心灵之耳会听到不朽的精神之歌，这种不朽精神不生不灭，存在于必然会消亡的万物中，而万物正是不朽精神的外在表现实体，万物也因其光辉而增荣。这不朽之歌不仅在印度艺术中被广泛吟唱，也存在于远东人们的生活中。我关注的正是这一点。

首先，（先从印度艺术开始，然后转到远东艺术）印度艺术就是瑜伽艺术，艺术大师即瑜伽修行者。当一位艺术家以学徒的身份，通过多年的认真修炼，最终成为一位大师并得到认可，受托建一座寺庙或塑一座神像时，他首先要在内心构思这座寺庙的轮廓或神像的形象。的确存在以这种方式建成整座城市的传说，圣贤的帝王会在梦境中看到要修建的寺庙或城市的整体轮廓，如同得到启示一般。我想知道这能否解释为什么即使在今天，东方的一些城市中仍有人会觉得他是在梦境中穿梭——城市如同梦境一般，是因为事实上它首先出现在梦境中，而后才用石头建造而成。艺术工匠准备塑造一尊神像时，比如说毗湿奴，他首先要了解所有相关的经文文本，在思想中产生这座神像的标准手势、姿态、比例等。然后他会静下心来，在心中逐个音节默念这个神的名字。如果幸运的话，在适当的时候，这个神的形象就会浮现在他心灵之眼的面前，这就成为他艺术创作的模型。

因此，印度最辉煌的时期产生的最伟大作品实际上都是启示的产物。我们应该将他们作为潜存于我们体内并需要我们在现实生活中识别、实现的自然力量的启示，而不是作为假定的超自然实体的启示来认识。要做到这一点，我们只需要借助非凡的心理学教科书——《关于蛇力量延伸的六个身体中心的描述》(*A Description of the Six Bodily Centers of the Unfolding Serpent Power*)。约翰·伍德罗爵士在 1919 年就已将其翻译成极好的英文译本。

这部重要作品阐述了，昆达里尼瑜伽（Kundalini Yoga）体系的要旨是“六加一”，即人的身体从底部到头顶共分布了七个心理中心。通过瑜伽，它们可以被一一激活，因此人的精神意识和狂喜会得到更高层级的释放。它们也被称作“莲花”或“脉轮”[①]，人们认为通常情况下它们处于虚垂状态。然而，当被昆达里尼触摸并激活时，它们就会获得生机，焕发光彩。昆达里尼是沿着脊椎中心的一条神秘通道上升的精神力量，它是梵文中的一个阴性名词，意思是“蜷曲着的”，在这里指一条盘蛇，它沉睡于这七个身体中心的基底。在东方神话中，蛇通常象征着摆脱死亡的重要力量，因为蛇蜕皮就是再生。这一力量在印度被认为是阴性的，即阴性的、塑造外形的、给予生命和养育生命的力量。也正是这一力量赋予了宇宙和万物以生命。她盘睡在身体七个中心的基底，其他六个中心都未被激活。所以这种瑜伽的目标就是激活这条蛇，使她抬起头，通过脊椎这一神秘的内部通道向上攀升，这一神秘通道即中脉（Sushumna），意为“富于乐趣”。然后她在令人兴奋的上升过程中穿过每一中心的莲花。瑜伽修行者盘腿而坐，躯干笔直，心中思索着，嘴里念着神秘的音节。他首先要调整自己的呼吸节奏，深深地吸入，屏住，再呼出，从而集中精力——右鼻孔吸入，左鼻孔呼出等。这样使得全身充满“气”（prāṇa），意为“精神”“呼吸”，即生命的气息。不久，盘蛇开

① 脉轮学说认为人体是由五大元素组合成的，并由不同的脉轮支配。人体内的七个脉轮分别控制身体的某个部位，通过修炼，可以使身体充满能量。——译者注

始慢慢蠕动，整个过程就开始了。

据说，当盘蛇到达第 1 个莲花中心时，修行者的特征是呈熟睡状、精神迟缓，他的世界是充满不快的、意识清醒的世界。然而，他对这种未被赋予灵感的存在充满了贪婪之念，不想让它离去，而是悬在那里。这会让我想到传说中龙的一些习惯，比如它们如何在洞中贮藏并看守东西。美女和黄金等珍宝是它们通常看守的，当然，虽不能真正享用两者中的任何一个，可是它们还是将其通通留在那里，一直守着。现实中这样的人被叫作卑鄙小人，上帝知道这种人不在少数。第 1 个中心叫海底轮（Muladhara），即“根基”。它的元素是土，有四片深红的花瓣，其位置处于人体的会阴部。

第 2 个中心在生殖器的位置。因此，任何一个人的能量攀升至这一阶段时，从心理学上来说，他绝对是一个弗洛伊德主义者（Freudian）。对于他来说，不管怎样，一切都意味着性。就像事实上对弗洛伊德本人而言，人只是为了性而活。现在，我们有一大批思想家自称是哲学家，他们用“性”来解释整个人类历史、思想和艺术：被压抑的性、受挫的性、得到升华的性或被满足的性。这一中心的名字叫腹轮（Svadhishthana），即“她最喜欢的胜地。”它是一朵有着 6 片朱红色花瓣的莲花，其元素是水。

第 3 个中心在肚脐的位置。这一中心的名字是脐轮（Manipura），即“灿烂的宝石之城”。它是一朵有着 10 片花瓣的莲花，其颜色如同重重的暴风云。它的元素是火。任何修行者在这一层主要关心的是毁灭、征服、拥有一切或迫使一切都按自己的想法来，他体内伸展开的蛇的力量在这一层面已经建立起来。他属于阿德勒[①]（Adler）型，其心理被永不满足的动力所控制。因此，可以认为弗洛伊德和阿德勒及他们的追随者只是单纯地用第 2 个和第

① 奥地利心理学家，“个体心理学”创始人。——编者注

3 个脉轮来解释精神现象学，这足以说明他们无法使人类的神话象征或人类的渴望变得更为有趣。

只有第 4 个中心才是人类特有的，不同于低等动物。在这一层面，目标和动力可以被想象和激起。根据印度人的看法，宗教象征、艺术形象、哲学问题等所涉及的正是这一中心及其以上的中心（与第 1、第 2 和第 3 个中心无关）。这一中心的莲花在心的位置，它的元素是气，由 12 片橙红色的花瓣组成（正是午时花的颜色）。它有一个很奇特的名字——心轮（Anahata），即“没有碰撞”之意，完整的解释就是“此声并非由两个物体碰撞所发出”。我们在任何时间、任何地点听到的任何声音都是由两个物体碰撞而发出的。比如说，我的嗓音是由呼吸引起声带振动而发出的。同样，我们听到的其他任何声音，不管我们能否看到，都是由物体碰撞发出的。那么，不以这种方式发出的声音到底是什么呢？

答案是：不由两物碰撞而发出的声音属于原始能量，宇宙本身就是这种能量的表现。它先于万物而存在。有人可能将它比作发电站的嗡嗡声，或者一般情况下听不到的原子中的质子和中子发出的声音。也就是说，振动状态下原始能量的内部声音，在其间，我们自己和我们所知道的、看到的都是幻影。据说，我们能听到的与它最相似的声音是“唵”（OM）。

据说这一用于祈祷和沉思的神圣音节由 4 个象征要素组成。首先，由于在梵文中 O 被认为是 A 和 U 这两个音的混合，这一神圣音节可以写成或念成 AUM，并且当它以 AUM 这种方式表现出来时，4 个要素中的 3 个是可见的。第 4 个要素是围绕整个音节的沉默。整个音节从中升起再落回到其中，沉默作为音节出现的背景支撑着它。

当发这个音的时候，AUM 中的 A 听起来是从口腔的后半部发出的；当向前发 U 的时候，气团会充满整个口腔；发 M 音的时候，声音止于双唇之间。据说，当这样发音的时候，这一音节包含了语言中的所有元音。由于辅音只作为那些元音的停顿，所以，得当地发出这个神圣音节时，它完全包含了所有词汇的元音，因此也包含了所有事物和关系的名字。

《蛙氏奥义书》（*Manduka Upanishad*）非常有趣，也极其重要，在这本书中，神圣音节的四个象征要素 A、U、M 和沉默（the Silence）被极富寓意地解释为四个层面、四种程度和意识的四种模式。A 音回荡于口腔后半部，代表清醒的意识。在这里，知识的主体和客体是作为相互分开的事物来体验的。主体是关于一般的物质，他们无法自我显现，而且要改变自己的形态需要一个漫长的过程。有一种亚里士多德派的逻辑很流行：a 不是非 a（a is not not-a）。这一层面的思想本质像机械科学、实证主义的推理，其生活的目标就如同在第 1、第 2 和第 3 脉轮中所展现的一样。

接着是 U 音，发 U 的时候发声气团前移，好像充满了整个头部。《奥义书》将其联想为梦境的意识。这里的主体和客体，即做梦者和梦，尽管他们看似分离，事实上两者是一个整体，因为梦境中的意象正是做梦者的意志。而且，它们非常微妙，即可以自我显现，并迅速改变形式。他们有神的属性。事实上，所有神和魔鬼、天堂和地狱等都是梦在宇宙中的对应物。再者，由于在这一微妙的层面，看的人和被看到的是统一的，众神和魔鬼也是统一的。地狱和天堂就在我们内部，就是我们自己。所以如果你要寻找一位神的形象作为模范，就要转向自己内部。因此，东方艺术中呈现的正是这一意识阶段的体验。

紧接着，第三个字母 M 发音时，双唇紧闭，整个声调在上升中终止。《奥义书》把它和无梦的沉睡联系起来。在此，既没有看的主体也没有被看的客体，只有潜意识，更确切地说是不易察觉的、潜在的、无差别的、被黑暗所掩盖的意识。神话学将这种状态称为循环间的宇宙，所有的事物都回到宇宙的夜里、宇宙母亲的子宫中，即希腊语中的“chaos”，或《创世记》中的第一篇“地是空虚混沌，渊面黑暗”。没有任何有意识的主体，无论他清醒还是处于梦境，只有不受任何约束和干扰的意识，它处于最初的原始状态，沉寂在一片黑暗中。

瑜伽的最终目的，可以说仅仅是进入那种被唤醒的境地，即将一个人清醒的意识与它在意识中的源头进行“连接”（join）或“结合”（yoke，梵语里“yuj”是动词词根，其名词形式为“yoga”）。无论是沉睡还是清醒，这时意识都不是集中于任何主体或包裹在任何客体中，而是处于一种完全的、不具体的、不受限制的状态。由于所有的话语都涉及客体或与客体有关的思想或观念，我们不能用任何词语来形容第四阶段的体验。甚至像“沉默”（silence）或“虚空”（void）这样的词语，也只有在与声音或事物相联系的时候才能够被理解，可以将其理解为“没有声音”或“没有东西”。然而在这里，我们感受到了先于声音而存在的原始的沉默，它包含着潜在的声音；我们也感受到了万物之前的虚空，它包含着潜在的整个时空及其星系。没有词语可以说得出我们周围和我们内在的沉默告诉了我们什么，这种沉默不是静默，而是从万物中听到的声音的回响，不管在清醒时、睡梦中，还是在无梦的夜晚，它都在那里——就像它无时无刻不在围绕着、支撑着并充满着音节 AUM 一样。

倾听城市的声音。倾听邻居家的嘈杂声或是野雁在空中的鸣叫。倾听任何声音或沉默而不阐释它们。心轮将会听到虚空、世界、沉默和音节。虚空是存在的始基，世界是存在的身体。此外，当这种声音被“听到”，就像一个人听到自己的心跳和所有生命的声音，这个人就会静止下来，进入安详的境地。没有必要去寻求更多，因为它就在这儿或那儿，它在每一个地方。东方艺术的巨大功能就是让人们知道上述状态是确实存在的，或者，像西方诗人盖哈特·霍普特曼（Gerhart Hauptmann）[①]所说的，所有诗歌真正的目的是一样的："让世界听到语言背后的回响。"神秘主义大师埃克哈特（Meister Eckhart）用神学的术语告诉他的会众同样的思想："任何一个自身在上帝中存在的跳蚤，都比最高的天使高贵。其他在上帝中的事物也是如此：他们是上帝自身。"总之，以上所说的就是在心轮，即第四个心理中心的体验，在这里，事物的本质不再被隐藏，但是却体验到了奇迹。英国诗人布莱克（Blake）在他的诗中写道 ："假如知觉之门被打扫干净，人便可以用本来面目看待所有事物"。

那么，接下来，第五个中心是什么呢？

第 5 个中心在咽喉的位置，称作喉轮（Vishuddha），意为"净化"。这朵莲花有 16 片烟紫色花瓣，代表元素是以太、空间。修行者在这个阶段把艺术、宗教、哲学甚至思想都通通抛于脑后。就像基督教义中的炼狱一样，灵魂把对地球残余的留恋全部剔除，为体验荣福直观[②]做准备。这种印度式修行的目的是消除所有干扰，为了让自我即刻倾听到 AUM，或者从视觉的角度来说，为了让自我能够直观到"神"。

这个阶段的理想和原则与其说是一种艺术和文明的生活，不如说是遁世者的屋子和修道院，不雅致，而且极端的自制与简朴。最后，到第 6 个中心时，神秘的心灵之眼完全睁开，神秘的心灵之耳也彻底打开。刹那间，修行者体验到神的整个形象和声音，神的形象是所有形式的形式，神的光辉在世间回荡。这朵莲花称作眉心轮（ājñā），意思是"权威、控制"，它有两片花瓣，颜色是最纯洁美丽的白色。它的元素是头脑，它在两眉之间稍稍朝上的

① 德国剧作家、诗人，1912 年诺贝尔文学奖得主。——编者注

② 荣福直观是指圣徒灵魂在天堂对上帝的直接认知。——编者注

位置。人在这儿就是天堂，灵魂守着它完美的对象——神。

然而，在这一阶段仍有最后一个障碍。在 19 世纪，伟大的印度圣徒和导师罗摩克里希那曾经告诉他的追随者们，即使技法熟练的瑜伽修炼者已炼到可以看到他最心爱的意象这种境界，在他和他所知道的永恒的寂灭之间，仍然横亘着一道看不见的玻璃墙。这样，他的最终目的并不是第 6 阶段的极乐，而是一种绝对的非二元对立的状态，这种状态是超出所有范畴、想象、情感、思想和感情之外的，这就是第 7 个，也是最后一个脉轮，名为顶轮（Sahasrara），意为“千片花瓣”，它位于头的顶部。

因此，让我们把那道玻璃墙取掉。灵魂和它的神，以及心眼和它的对象都消失了。现在，这里既没有对象也没有主体，也没有任何东西被认知或命名，只剩下唯一的沉默，即音节 AUM 的第 4 个也是最后一个基本元素。我们曾听到过这个音节，但是现在再也听不到了。

当然，此刻个体已经超越了艺术，甚至超越了印度艺术。我想说的是，印度艺术旨在向人暗示并使其达到与上述第 4 到第 6 个脉轮息息相关的经验：在第 4 个脉轮，这个世界的对象和生物都“属于神”（in God）（再一次引用埃克哈特的话）；在第 5 个脉轮，在他们自我不安（ego-shattering）的角色里，宇宙力量中的恐惧、毁灭的维度幻化为愤怒、可恨、可怕的魔鬼的象征；在第 6 个脉轮，是他们那赐予幸福的、驱除恐惧的、美妙的、安详而英勇的形象。因此，人们看到的这些作品是真正伟大的、有真知灼见的艺术作品，它们或者以生物作为永恒的代表，或者以人类所知道的神秘化身来象征永恒。

所以，在印度艺术里，只有少之又少的经验世界，即人们肉眼所能看到的世界。因为艺术家们的眼光总是远离真实世界，他们投向了神和神学的意象。当你走近印度庙宇时，无论是哪个年代或哪种风格，你都会发现它们呈现出某种十分显著的特点，它们与远东的花园式漂亮庙宇是完全不同的。它们或者像一幅从地下喷薄而出的风景画，或者像天上诸神充满魔力的宫殿或战车降临在地面上。确实如此，随便进入其中的一个寺庙，你会看见寺庙深深嵌入山的边缘，经过能工巧匠们的精心雕琢，它已经成为十分完美的洞穴庙宇。在这里，我们不仅遗忘了日常的体验，进入了守护神在地球的居所，而且把平常的现实感都抛在了脑后，并发现这些形象比我们日常生活中已经习惯的启示更加真实，与我们的关系更加亲密。这就是说，印度艺术所关注的已远远超出了我们平常生活中用肉眼所能观察到的一切，它意味着打开我们额头中间的第三只眼睛，通过修炼给予我们启示，这样甚至在我们醒着的时候，睡梦般的天堂或地狱的意象也能变为眼前的石像。

以上提到的印度艺术中的要素与东方其他地方大相径庭，如中国、朝鲜和日本，虽然这些国家的佛教源于印度——公元 1 世纪佛教传入中国，6 世纪时通过朝鲜传入日本。除了佛教外，这些地区同时也借鉴了精彩绝伦的印度艺术对上至天堂下至地狱的力量的描绘。然而，与印度人相比，远东人心灵的自然倾向更为关注世俗，更为实际，更关注存在的视觉性、当下性和现实性。

正如日本著名禅师铃木大拙在许多关于佛教教义历史的文章中所指出的，印度人的想象力极为丰富，包括令人眼花缭乱的诗意的飞翔、忽略时间的特性、高高地在无限的空间和时间中翱翔，这些完全不同于中国人务实的思维特征。在中国人的思想中，他们常用“万物的世界”来描述广袤的宇宙。这个数字足以让人把目光和心思放在时间上而不是永恒上，即沉浸在现实中流逝的时间和地面可测量的空间中，而不去推测超越肉眼的事物。所以，在远东的佛教文化中很明显有一个普遍的兴趣转移，即从第 6 个脉轮转移到第 4 个脉轮，从有着两片皎洁如月般花瓣的莲花转移到属于这个美丽世界自己的丰实花园——在莲花上，神性一览无余；而在那座丰实的花园里，事物就在它们自己的位置上，它们从自身的特质中发现神性。正如我所听到的，“甚至在一根头发中，也有一千只金狮子”。

因此，在远东的艺术中，我们可以发现两种不同的艺术法则。一种是佛像的法则，尽可能保持印度睿智的灵性精神，然而却降低到第 4 个脉轮；另一种法则存在于最具代表性的中国和日本不可超越的风景画传统中。这些作品具有完全不同的精神气质，表现了远东本土哲学，即“道”的哲学。“道”是汉字，大体可以翻译为“方式，自然的方式”。这种自然的方式是指所有的事物从黑暗中产生并到达光明，然后穿过光明重回黑暗。这两个原则——光明和黑暗——处于永恒的相互作用之中，通过改变组合，它们共同构成整个“万物”的世界。

这种思想体系下的光明和黑暗分别被称为“阳”和“阴”，这两个字与河流的向阳面和背阴面有关。“阳”指的是阳光照射的一面，“阴”指的是背着阳光的一面。阳面是明亮温暖的，并且太阳的热量是干燥的；而在阴面，土地是寒冷潮湿的。黑暗、寒冷且潮湿，光明、温暖而干燥——大地和太阳在相互关联中此消彼长。这些相互关系更进一步与两性中被动和主动的法则相关联。这里没有道德评价的标准，也没有什么这个法则比其他法则“好”，或比其他法则“强”。它们是有着平等力量的基本法则，万物在此基础上生息，在它们的相互作用中形成、构建、再分解。

现在，当我们观赏一个国家的风景，也就是由山、瀑布和湖泊等构成的风景时，我们看到的是明和暗——无论人们转向哪里，看到的都是明与暗的千变万化。因此，一个艺术家用他的画笔，把黑与白、明与暗混杂，以此来表达这种观点。事实上这也是他艺术训练的第一个法则：通过描绘明和暗的外在表现形式，展现作为本质的“阳”和“阴”的力量。作为外在形态，明与暗是内在事物的一种显现。因此在创作时，艺术家根据自然特有的法则来绘画，艺术作品因而向人们展现了世界的本质，使人们认识它。这个本质就是“阴”“阳”之间通过无止境的变化而相互作用。在这种相生相克的沉思中所产生的愉悦，使人不想突破此世的界限，而更愿意停留在这个世界，沉醉于不断交替的普遍二元性之中。

中国和日本艺术家们的眼界是对世界敞开的。你想画竹吗？那就先与竹一起生活，在生活中观察竹、了解竹、感受竹，甚至品尝竹，以此来感悟蕴涵于其中的阴阳节奏。我们知道中国有经典绘画创作之“六法”，这些法则在日本也同样适用。第一个法则是气韵生动。当观察竹子时，画家要用心感受竹子的气韵；当观察对象是鸟时，画家要感受它的活动行为（行走、盘旋和飞翔的气韵）。创作任何作品，首先要了解和感受它的气韵，所以气韵是第一法则，它是艺术处理中不可缺少的首要工具。第二个法则是骨法用笔。也就是说，画中的线条必须是一个有声音、持续不断、拥有生命的线条，它自身的组织并不仅仅是某些活物的模仿，在它的生命中必须含有所表现对象的气韵。第三个法则是应物象形。艺术家的视野不能远离自然。他必须怀有一种自然感。但是，这并不是说要艺术家像照相机那样把画面复制出来，而是说艺术家要保持对象生命气韵的真实性。如果画的是只鸟，这只鸟就应像真实的鸟一样；如果鸟栖息在竹枝上，鸟和竹子应该自然地融为一体。第四个法则是随类赋彩。它囊括了明与暗在内的整个神秘学问。明与暗分别象征动与静的本质。第五个法则是经营位置，我注意到这是当今日本摄影中非常推崇的一个原则。例如，日本有种绘画称为“单视角绘画”（One-corner Painting），画家往往把一些相对较小的对象放置在一个很大的空间内（如雾霭中的一艘渔船），它们往往被放置在画面的一角，这种方式会影响整幅画，为整幅画赋予活力。最后一个法则是作品风格。风格的运用，诸如画法用力的大小、粗糙程度以及精炼文雅与否等都应该体现对象的气韵。

当然，现在为了感受摆在面前的对象，艺术家首先必须观察它，而观察是一种没有攻击性的行为。一个人不会对自己的眼睛说，“去对那东西做点什么吧”。一个人在长时间的观察后，这个世界就会出现在他的眼前。中国有一个重要的术语叫作“无为”，它的意思不是“什么也不做”，而是“不强施于物”，因为事物按照它们的本性来表现自我。所以，就像神可以在处于冥想中的印度艺术家面前展现自己那样，这个世界以它内在的形式展现在远东艺术家们的眼前。“道在迩而求诸远”，这是中国古代哲学家孟子的一句名言。宇宙由于本身的自发性而产生，这种自发性最终与艺术家自然的自发性一致，并且艺术家用他的画笔通过黑白交融来表达万物之道。这种观念是道家最核心的观念。

李约瑟（Joseph Needham）在其著作《中国科学技术史》第 2 卷引用和论述了两个彼此相对并与法则相关的词语——“理”和“德”。“理”最初指的是一块玉上自然的纹理，后来词义扩大，指生命中的自然法则。而第 2 个词“德”，看起来最初指的是人们用尖笔刻在鼎上的纹理，相应地，它涉及的是社会的法规。与自然法则相反，它是人发明并颁布的，是人的主观愿望形成的，与那些可以感受到的自然的运行法则不同。但是，人们认为艺术的功能是认识“德”或者使“德”广为流传，也就是说，“德”是自然的法则和模式，也是自然运行的方式。知道了这些，艺术家就不能把自己的意愿强加在自然之上。因此，一件完美的艺术作品应达到这样一种“为”（doing）与“无为”（not doing）的平衡：艺术家要使他自己对自然的概念、对作品创作的理解以及他的创作原则与自然真实的运行方式保持一致。

这种顺其自然的原则贯穿于远东具有积极作用的每一个原则。我上次去日本时，正逢东京相扑锦标赛，那些相扑运动员们确实高大，就像有人说的，他们展示了最胖的人的生存法则。在每场比赛的大多数时间里，比赛双方都稳稳地蹲着，互相打量着对方。他们蹲了一会儿，然后散开，走到场边抓一把盐，随便地撒在地上，然后再次蹲下。他们重复这个动作许多次，同时，台下的日本观众变得疯狂起来，开始呐喊，期待看到那令人心惊肉跳的一刻。只听“砰”的一声，比赛双方开始撕扯起来，其中一个被打倒。比赛结束了。那么，他们为什么会在如此多的回合中仅仅保持这一个预备姿势呢？他们都相互估量着彼此的能力，并在静止中找到他们自身产生的所有动作的中心，这个中心与其他动作处于平衡之中，这是一种微妙的阴阳相克相生的关系；偏离自己中心的一方将会成为输者。

有人曾经告诉我这样一个故事：从前，有个年轻人非常渴望学习日本剑术，但老师总是把他扔在一边不予理睬，只是让他为学校做一些诸如洗盘子之类的杂事。老师常常不知从哪里冒出来，并用棍子打他。这样过了一季，挨打的年轻人学会为突如其来的棍子做准备，但是一点用处也没有。因为当他准备应付来自前面的袭击时，他的后面就会受到袭击，接着，他会受到根本不知来自哪个方向的袭击。最后，这个困惑的年轻人终于意识到，他最好不要准备应付来自任何一个具体方向的袭击，因为一个人如果一旦持有哪里有潜在危险的观念，他所关注的方向就会是错误的方向。那么，唯一的保护方式就是保持不偏向任何方向的、持久的警觉状态，时刻准备应对突然的袭击并迅速做出反应。

还有一件有趣的轶事，这是一位校长讲给他学校的年轻人的。这位校长会向意外碰到的任何人鞠躬，无论他是谁。日子一天天过去，校长从未放松警觉。但是，一天下午，他从花园回来，要了些水来泡脚，给他端水的是一个 10 岁的小孩。水有些凉，他让小孩加点热水。小孩就又把加热了的水重新端了过来，校长想也没想就把脚放了进去，很快又拿出来，在学校最小的男孩面前深深地鞠了一躬。

漫不经心、不警觉、并不十分清醒的过失会导致错过生命中的某个时刻。然而，无为而无不为的艺术需要不间断的警觉。一个人在所有时刻都要保持完全的意识，因为生命本身就是意识的表现，就像它曾经做的那样，生命依靠自己生活。没有必要为生命引导或是指明方向，生命自己会向前走，自己会生活、会说话、会行动。

因此，在整个东方世界，包括印度、中国和日本，艺术的典范从来没有——如同近年来大量出现的艺术那样——与生活分离，它没有被限制在雕塑、绘画、舞蹈、音乐或是表演的工作室里。在古老的东方，艺术就是生活的艺术。

已故的库马拉斯瓦米（A.K.Coomaraswamy）博士曾在波士顿美术博物馆做了长达30多年的馆长，他在自己的作品中说："在古代，艺术家并不是某种特殊的人，每个人都是某种特殊的艺术家。"在所有的生活和工作中，正如在所有的工匠那里一样，工作中的完美表现是最受关注的，同时也是规定的目标。这与我们现代人渴望获得更高的薪水和更短的工作时间恰恰相反。（难道不是吗？）"如果一个成年工匠做的任何东西都达不到杰作的标准，那么他应该感到惭愧。"这是库马拉斯瓦米针对这个话题论述的一个观点。的确，我必须要说，在研究了数年的古代艺术作品之后，无论它们来自埃及、美索不达米亚、希腊，还是来自伟大的东方，我常常觉得，创造那些难以置信的作品的能工巧匠们一定是精灵或者天使。当然，无论如何，这些是我们今天所没有的。我也在想，如果我们能在喝咖啡的空闲时间保持全神贯注，那么也许会发现，在我们身上也存在着天使的才能、力量和技巧。

就像我已经说过的，印度人的心灵和艺术翱翔在超出万物世界的想象中，而中国的艺术和道家的艺术家们则更倾向于和自然在一起，与自然所创造的奇迹和谐共处。古老的文本告诉我们，中国古代道家的圣人也热爱山水，他们通常远离人间烟火，独自隐居在荒山野地，在那里与自然和谐共处。然而，在日本这是不可能的。因为日本每个地方都有很多人，你不可能独自感受自然，至少不能很长时间地这样做。甚至当你爬上高不可攀的山峰时，你也会发现已经有人捷足先登，在那里举行欢乐的野餐聚会了。在日本，没有可以躲开人群的地方，也没有可以避开社会的地方。所以，即使日语和中国汉字关于“自由”的观念在形式上是完全相同的（日语是“自由”，汉语也是“自由”），但汉语中暗含的意思是从人类的相互联系中解脱并独立出来，而在日语中的意思却是通过献身于世俗生活而获得自由。在中国，自由意味着远离社会，在广阔的苍穹下，在薄雾霭霭的高山之上，采着蘑菇（“没有人知道我在哪儿”）；在日本，自由仍存在于特定世界不可否认的纽带之中，一个人在这个世界的社会规则中成长并服务于这些社会规则。如果一个人怀着完全的认可和善意的力量屈从于社会生活，那么他也会体验和获得“自由”，因为，毕竟去山顶采蘑菇的生活也在社会人的心中。

在日本，有个奇怪却非常有趣的术语，它是一个非常特殊的礼貌用语，是被称为“表演语言”（Asobase Kotoba）的贵族式用语。举个例子来说，当看到某人来东京时，不会有人说“你来东京了”，而是通过说“你在东京玩哪”来表达一种观念：对方如此轻松地控制他的生活和能力，因此对于他来说，每件事都是一场表演，一场游戏。他能够游刃有余地融入他的生活，就像一个人可以自由地参加一场游戏一样。这种观点甚至会被引申得更远，不会有人说“我听说你父亲去世了”，而是说“我听说你父亲在玩死亡游戏呢”！

现在，我认为，这是一种真正崇高而光荣的生活方式。个体必须要做的是怀有这样一种意愿，在表演中一个人是真的在“演戏”。这种态度被尼采明确地称为“Amor fati”，意为“热爱自己的命运”，这也是古罗马哲学家塞涅卡（Seneca）一句经常被引用的格言，“无论你是否愿意，命运总是在左右着你，拖着你走”。你能够驾驭自己的天命吗？这是令哈姆雷特感到困惑的难题。生活的本质就是辛苦与安逸并存，悲伤与欢乐同在。但是，将个体带入光明的意志，同时也是即使经历苦痛也要将人带入此世的意志，否则个体不可能来到此世。这是东方的轮回观念。因为你在此时此地来到此世，你就被赋予了这个特定的命运，所以，这个命运确实是你想要的，并且是你要想找到属于自己的终极启迪所必需的。于是，你所经历的是一件伟大得让人叹为观止的事情。当然，这里的“你”并不是假设的自己，而是在你出生之前已经在那里的“你”，那个“你”现在使你心跳、呼吸以及确保你生命内部所有复杂的功能正常运作。现在你不必惊慌失措！通过那个“你”，你将继续在自己的游戏中玩下去！

当然，参加过游戏的人都知道，无论输还是赢，最有趣的人是那些最努力的、要完成最复杂甚至最危险的任务的人。所以无论是在东方还是在西方，艺术家通常不安于做那些极为简单的事情——对艺术家来说很快就变得非常简单的事情，对于我们来说却是困难的。艺术家专挑有挑战、有困难的事情去做，因为对于他们来说，通向生命的基本方式不是工作，而是游戏。

因此，总的来说，这种态度将艺术看成生活游戏的一部分，并且生活本身也是游戏的艺术，在面对好坏参半的生存时，这是一种令人高兴和振奋精神的方式。这与我们以基督教为主的西方观念大相径庭，我们的观念基于原罪的神话。由于伊甸园中的堕落，从那以后，所有的人都是与生俱来的罪人。自然，人的每个行为都是邪恶的，人也意识到这种罪恶感。然而东方人却认为，一切与生俱来纯洁无瑕，甚至在我们眼中和情感里最残忍的侧面也是纯洁的。在印度人眼中，世界是神的“游戏”，一场令人意想不到的没有精心布置的游戏，是最粗鲁、最残忍、最危险、最困难的游戏，没有任何人可以抵挡得住。在这场游戏里，好像常常是最优秀的人输了，最差的人却赢了。但是，赢不是最终目的，因为我们已经在攀登充满极乐的昆达里尼之峰的过程中学会了：日常意义上的赢和输只是在较低层次心理中的体验。上升的盘蛇的目的是为了阐明和提高内在意识的光亮，获得这一恩赐的第一步——《薄伽梵歌》和许多其他文本对此都有所提及——是完全放弃对行为结果的关注，无论是在此生还是来世。正如黑天在战场上对勇士阿周那王子所说的，“只管全身心地投入到你所做的事情中去，不管它的结果如何……他知道放弃和行动本是一体的，他确实知道”。

生活就像艺术，艺术则像一场游戏，如同矢志于目的的行动，从未考虑得失和褒贬。这才是把生活本身融入瑜伽、把艺术融入生活的关键。

有一则佛教小故事，在这个故事中有一个有趣的意象，我认为能够透彻地说明这个问题。

> 有一个中国的书生朱和一个朋友上山散步。在那里，他们意外见到一座已经废弃的寺庙，在那些倒塌了的墙壁中间，一个老僧修建了自己的居所。看到两位走来，这位老僧理了理自己的僧袍，晃晃悠悠地走上前来并带着他们四处游览。在那些残留下来的墙壁上有一些佛像，还有很多零散的画，画中描绘的人、动物、花草等都栩栩如生。朱和他的朋友完全陶醉了。
>
> 高高的墙上有一幅特别的画引起了他们的注意。在一个美丽小镇的街上，一位可爱的姑娘手捧着鲜花站在前景。长长的头发垂在她的肩上，说明她是个未婚女子。朱一看到她，就已经完全坠入了爱河。他呆呆地站在原地，想着那位姑娘唇角甜蜜的微笑，不知不觉已站在了那条街上，和那位美丽的姑娘在一起。但这其实是因为狡猾的老僧对他使用了法力，他想给楚一些教训。
>
> 姑娘非常高兴地欢迎朱的到来，并将他带到自己的家中，他们很快便坠入了爱河。这样过了好几天，女孩的朋友们发现了他们两个竟然生活在一起，都取笑她说：“噢！噢！你的头发怎么还披着呢？”于是，她们拿来琳琅的发夹，将女孩的头发整齐地盘起来，

可怜的朱比以前更加爱她了。可是，好景不长，有一天突然从街道传来令人恐慌的声音，有嘈杂的人声，铁链当啷当啷的响声，还有重重的皮靴踩在地上的声音。他们从窗口往外偷看，发现皇帝的一列侍卫正在驱逐那些未登记的外来人口。吓坏了的女孩让朱赶紧藏起来，朱就藏到了床底下。但是过了一会儿，外面的嘈杂声越来越大，朱从床底下爬了出来去窗口偷看，然而他却感到自己的袖子在飘动。他发现自己已经从那幅画里出来了，正从空中飘向他的朋友和老僧，他们还站在片刻之前三人站立的地方。朱走下来，站在他们中间，朱和他的朋友都感到很奇怪，便去向老僧请教。

“意象的有无取决于看到它的人”，老僧简单地答道，“一个老和尚还会说些什么呢？”他抬头看那幅画，朱和朋友也抬头看。你知道发生什么了吗？那个女孩的头发盘起来了！

MYTHS TO LIVE BY

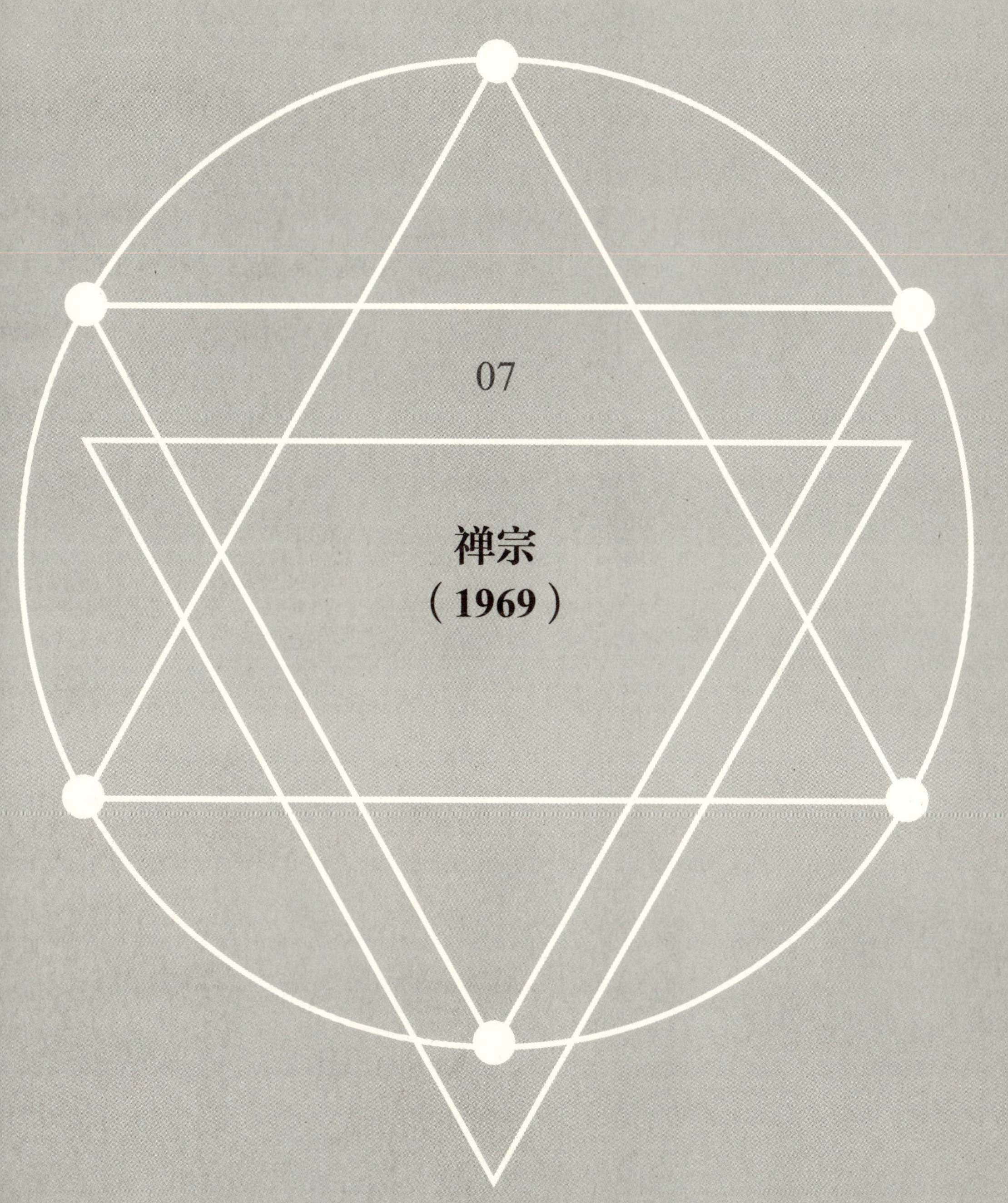

07

禅宗
（1969）

禅宗主张让生命自然而至，呈现其本色，而不是为其命名，添加意义。禅宗让你返回真我——探寻你从何而来，而非你从何得名。

在印度，有两种主要的宗教态度，人们用两个有趣的形象来描述它们。一种是“小猫类型”，另一种是“猴子类型”。当一只小猫喵喵叫时，它的母亲就会赶来，叼住它的脖子，把它带到安全的地方。当一群猴子从树上跳下来并穿过马路时，骑在母猴背上的小猴子们都是自己紧抓着母亲的脖子。与此相应，对宗教的两种态度就表现为：持第一种态度的人祈祷“主啊，主啊，来救救我吧”；而持第二种态度的人既不祈祷也不呼救，而是自己采取行动。在日本，反映这两种态度的词语分别是：他力，即“外在的力量”或“他助”；自力，即“自身的力量”或“自助”。同时，在日本的佛教里，这两个达到大觉的根本对立的途径，相应地也是以两种截然相反的宗教生活和思考方式呈现出来的。

两者中首要的、也是较为流行的是净土真宗（Jodo and Shinshu）。在该派别中，有一位超验的、纯粹神话中的佛陀，他的名字在梵语中被称作Amitabha（阿弥陀佛），因为Amitayus意为“无量光”，Amida在日语中意为“无量寿”，是用来念诵以求从重生中获得解脱的，如同基督教信徒念诵Christ以求获得救赎一样。

相反，自力则代表自助。它强调自食其力，凭借人内在的力量，而非乞求和期盼任何神（佛）的援助，全部靠自己的努力实现应有的目标。在日本，最具代表性的就是禅宗。

在印度，有一则关于宇宙保护之神毗湿奴的寓言。一天，毗湿奴突然召来了迦楼罗（Garudu），即他的坐骑金翅太阳鸟。他的妻子、吉祥天女（Lakshmi）便询问毗湿奴原因，他回答说自己注意到一个信徒遇到困难了。然而，他刚刚飞走就又飞回来，走下了坐骑。妻子再次问其原因，他解释说，他发现那个信徒已经可以自己解决问题了。

如今在日本，自力的代表是大乘佛教，在日本被称为禅宗（Zen）。禅宗是这样一种宗教形式（如果有人要这样称呼），它不恃帝神，也无最高之神的说法，甚至也不需要佛陀。事实上，它根本无须借助任何超自然的参照物。禅宗被描述为：

> 以心传心，不立文字；
> 直指人心，见性成佛。

Zen 这个字其实是日语中对中国汉字“禅”的读音“chan”的误读，而这个汉字的读音又是对梵语中 dhyana（禅那）的误读，意为“沉思，冥想”。冥想什么呢？

想象一下，我们现在正在我讲演本章内容的讲堂里。我们看到会场的上方有无数盏灯。每盏灯都区别于其他的灯，所以，我们也可以把它们看作各自独立的灯。这样想来，它们就可被看作众多的经验事实，而整个宇宙就可以被看作日语中的 ji hokkai，即“宇宙万物”。

现在，让我们思考得更远一些。每一盏灯都是光亮的载体，而且这光亮不是很多束，而是一束。也就是说，这光亮是通过所有的灯呈现出来的，我们也可以认为它是通过许多盏或是一盏灯呈现出来的。此外，如果这盏或那盏灯灭了，会被其他的灯代替，我们又会得到同样的光亮。这光啊，只一束，却由无数盏灯散发出来。

同样，从我所站的讲台上看过去，我看见我面前听众中所有的人，就如同是高高举起的、被看作传递光亮的每一盏灯一样，每个人都是知觉的持有者。对一盏灯来说，重要的是它的亮度怎样；对我们每个人来说，重要的是我们的知觉力如何。尽管每个人都依照其个人的身体和弱点来定义自己，有一种观点却认为，每个人的身体都是知觉力的载体，知觉力通过我们所有人体现出来。这种观点也有道理，这只不过是解释和体验同一现实事物的两种不同方法罢了，任何一种都不比另一种更真实。

第一种，是呈现独立事物的无数个复本；在第二种方法中，一种事物通过这些复本展现出来。用日语来说，第一种是ji hokkai，第二种是ri hokkai，即“绝对宇宙”。

ji hokkai这种意识很容易理解，并且，我们通常也正是这样理解万物的，在这种意识中，个体被牢牢禁锢住了，如同灯泡的光线被束缚在这易碎的玻璃容器内。而在ri hokkai这种意识中就没有这样的限制。因此，所有东方神秘教义的主要目的都可以归结为促使我们转移自我定义的重点，也就是说，从灯泡转移到光线上来；从肉身转到知觉上来，而肉身是知觉的载体。事实上，这就是印度《歌者奥义书》（*Chhandogya Upanishad*）中名句的全部意义，tat tvam asi，意思是“你就是它”，“你自己就是拥有所有事物、所有意识和所有福佑的大同之源”。

这个“你”并不是一般意义上的“你”，不是被税收人员命名、编号并管理的对象那种一般意义上的“你”。且一般意义上的“你”并不是“它”，却是使你成为独立的一盏灯的外在条件。

然而，将一个人的感受重点从身体转移到他自己的知觉上来，再从个人的知觉转到所有的知觉上来是不容易的。

在印度，我有幸见到德高望重的导师埃特曼拉达（Atmananda）先生，并与他有过简短的对话，他来自特里凡得琅（Trivandrum，印度南部港口城市）。他给我提出了一个值得思考的问题，他问我同意这两种思想中的哪一个。《何故奥义书》（*Kena Upanishad*）说：“眼睛无所用，言语无所使，思想无所及……为了探求已知，更或是未知。”反复思考两种思想之后，你会发现所有的话语——当然，这些话语可以用来描述想法、事物、名号与形式——也只不过是误导而已。如《何故奥义书》中再次申明的那样：“我们无法得知，我们也不能领悟，它是如何被传授的。”

事实上，我认为每个人在他的有生之年都会发现，不是所有的经验都可以通过言语和他人进行交流，除非交流的对象享有和自己相同的经验。

对此，我试着举个例子解释一下。这就好比，你不可能和一个从来没见过雪的人交流从雪山上滑下来的经历。此外，这些想法和定义会使一个人在他亲身经历之前就代替了真切的体验，这就像询问：“我所感觉到的就是爱吗？”“这是允许的吗？”“方便吗？”当然，这类问题还是不免要被提出来的，但事实仍然还是——唉！它们在被提出来的时候，自然性就减弱了。被定义的生命必然成为过去，不会再奔向未来。并且，可以预见，如果一个人不断地将自己的生命编织成一个目的和意义之网，并且将这些意义加以分类识别，那么他最终将失去体验生命的意义。

禅宗的首要目的就是打破我们的概念之网，这也就是为何有些哲学流派把它称为“无思”。众多西方心理学学派都认为，我们迫切需要并一直在追寻的就是生命的意义。对某些人来说，寻找生命的意义可能有所帮助，但这种帮助，归根到底，只是停留在启迪智慧的层面。当实际生活中的智慧被命名分类、确认关系、界定意义时，其中最为内在的东西就已经丢失了。与此相反，禅宗认为，生命以及对生命的知觉都是先于意义而存在的，并主张让生命自然而至，呈现其本色，而不是为其命名，添加意义。禅宗让你返回真我，探寻你从何而来，而非你从何得名。

这里有一个禅师极其推崇和称道的佛家故事。佛陀立于灵山之顶，以一手拈花的简单手势向众弟子布道的全部内容。然而看了大师的手势后，众弟子中只有一人展颜一笑。此人就是被后人视为禅宗创始人的圣人摩诃迦叶（Kashyapa）。佛陀注意到了迦叶，向他点头示意，并当众宣布：“吾有正法眼藏，涅槃妙心，实相无相，微妙法门。”（该教义是为苦苦寻求生命意义、饱受思想枷锁之苦的人准备的。祈求摆脱这枷锁的众生能够寻找出口，终有一天，他们将参透其义。）

据说，佛陀本人也是经历了数年的艰难探索和苦苦修行之后才冲破藩篱，修成正果的。当他最终来到菩提树下，来到这棵位于宇宙中心、能够启迪心智的树下时，他便进入了自己内心原始寂静的中心。诗人艾略特（T.S. Eliot）在《烧毁了的诺顿》（*Burnt Norton*）里将其描写为“在旋转的世界的静止”。诗中提到：

> 我只能说，我们到过那里，说不上是什么地方。
> 也说不上时间多长，因为那将把它放在时间里计算[①]。

① 译文引自［英］艾略特：《荒原：艾略特文集·诗歌》，汤永宽译，上海译文出版社，2011年。——编者注

在那棵树下，还有威力无比的欲望与死亡之神，世界正是在他的力量下运转的。他化身欲望之王来到释迦牟尼禅定的圣座前，想破坏他的修行。他猜想释迦牟尼平静的气色下仍有对欲望的渴求、对美色的眷恋，便派自己三个美丽动人的女儿“欲望”（Yearning）、“满足”（Fulfillment）和“懊悔”（Heartache）一同上阵，在圣座前诱惑释迦牟尼。只要禅坐不动的修行者动了尘念，想到了“我”，他就一定会想到“她们”，那么他就会陷入困扰之中。然而，释迦牟尼已经丢弃了所有的具象和小我，即 ji hokkai（宇宙万物），所以他纹丝不动。他的第一次诱惑失败了。

接着，欲望之王又化身为死亡之王，带领气势汹汹的众魔冲向圣座袭击释迦牟尼。然而，释迦牟尼仍稳稳禅定，脑中没有任何念头闪过，既没有“我”也没有“他们”。第二次骚扰还是失败了。

最后，考虑到释迦牟尼修行前乃一国王子的身份，对手再次来到圣座前，来到这“在旋转的世界的静点”上，对释迦牟尼“好言相劝”。对手以身为皇家王子，理应肩负治国救民的重责为由，挑战释迦牟尼的修行信念。对此，王子给予了这样的反应：他简单地改变了打坐时右手的姿势，让手指滑过膝盖接触到大地，即所谓的“触地势”。而大地女神，这位在人类社会之前就存在的、具有预言本领的自然之母，由此得到旨意，以巨大的雷声回答对手，向世间昭明，经过了无数次生命轮回，在此禅定修行的释迦牟尼已经将自己奉献给了这本无一物的世间。

这时，连摩罗乘坐的大象“欲望”“死亡”和“责任”之神都下跪向圣座朝拜，对佛陀示以敬意，而摩罗和他的魔军都消失得无影无踪。于是，释迦牟尼当晚在树下完成了自我修行，获得了真谛。这也就是我所提到的，摒弃了“自我”“假我”，拥有了 ri hokkai，这种超越了所有名号等具象的真谛，正如我们在《何故奥义书》中读到的那样，它是“不可言说”的。

而当佛陀看破红尘、尽享内心与灵魂的解脱之乐时，他被顿悟的一刹那出现的巨大颤动和光亮震住了，于是他又在树下生根似的坐了整整七天；接着又起身站在离他禅定之地七步之遥的地方，凝视着他获得顿悟的地方又是整整七天。他在禅定和站立的两地之间徘徊又徘徊了七天，然后他在第二棵树下坐了七天，思考自己刚刚经历过的与禅定无关的各种经历。在第三棵树下，他深沐于解脱之乐中，又是七天；接着他又来到第四棵树下，一股巨大的暴风雨袭来，将佛陀包围，整整七天。世界之蛇沿着宇宙之树攀缘而上，轻轻缠绕在释迦牟尼周围，展开它巨大的外颚叶，遮住佛陀的头部，为他遮风挡雨。暴风雨渐渐逝去，世界之蛇也消失了。在第五棵树下，佛陀又思索了七天，认为真谛"无法传教"。

的确，觉悟（illumination）是不能交流的。

佛陀刚刚有了这种念头，来自天堂最高处的神，梵天、因陀罗（Indra）和他们的天使就降临人世，来到圣座前，请求佛陀为了普度百姓、解救众生而布道。佛陀答应了，然后便开始了在世间长达49年的传道之旅。但是他始终没有，也不能教授人如何觉悟。由此说来，佛教也只是一种道路（Way）。而这个道路，就是一种运载工具，被叫作"乘"（yana，音译为"衍那"），是渡我们到彼岸的工具。它将我们从此岸 ji hokkai（独立的事物，无数盏灯，独立的无数束光线）带往彼岸 ri hokkai（超越概念和意识的罗网）。而在彼岸，寂静之后的沉默在泛滥的经验面前变得更真实了。

那么，释迦牟尼是如何传教的呢?

他化身治病救人的医生来到世上，为病人看病。

他首先问道："世人疾病的症状是怎样的？"

答案是："痛苦！"

圣谛第一义："众生皆苦"。

我们听到了吗？我们理解了吗？"众生皆苦"这里的关键字是"众"，而它不能被理解成我们所谓的"现代"生活，或"资本主义制度下的生活"（我最近听说过这种说法），如果社会制度改变了，人们可能会有幸福的生活。佛祖教导的不是变革，他的圣谛教义的真相是生命——所有生命——都是痛苦的。因此，无论病人处于何种社会、经济、地域条件之下，佛祖都可以给予他抚慰。

因此，佛陀的第二个问题就是："可以全部治愈吗？"

答案是："可以！"

圣谛第二义出来了："痛苦可以化解。"

解脱并不是所谓的生命的解脱，弃世、自杀或任何类似的形式，因为这些都不能使病人恢复健康。当佛教被解释为生命的解脱时，佛教便被误传了。佛陀的问题是寻求痛苦的解脱，而非生命的解脱。

佛陀曾设想并已达到的健康状态的本质又是什么呢？答案便是他的第三个圣谛："痛苦的解脱便是涅槃。"

梵语名词 nirvana 的字面意思是"熄灭"，在佛教教义中指自我主义的消失。自我主义消失后，享受的欲望、对死亡的恐惧以及社会赋予的责任感也都会随之消亡。因为这种释放来自内心，而不是来自外部的权威，这种发自内心的动力不是出于责任感，而是出于对受苦受难的芸芸众生的怜悯。释迦牟尼并没有选择死亡，也没有逃离尘世，而是在充分学习和体验 ri hokkai 的过程中完成顿悟，并逐渐进入 ji hokkai，讲经布道直至 82 岁高龄。

那么他到底传授了什么呢？他讲授了从痛苦中寻求解脱的道路（Way）。八圣道分就是他解说的教义：正见、正思维、正语、正业、正命、正精进、正念、正定。

然而，如果你要问佛陀所谓的“正”究竟指的是什么（梵语中是 samyak，意为适当的、全部的、完整的、正确的、合适的、真实的），在各种权威的解答中，你会发现佛陀的信徒对其教义的理解并不总是一致的。

最早的教义就实实在在地体现在释迦牟尼的生活方式中。他淡出尘世当了和尚，深入丛林或进入寺庙苦行修炼。这些做法就是自力，“自助”，他们离开尘世，凭借强大的精神力量消灭对各种物质的欲望、对死亡和失去的恐惧、对社会的责任感，尤其是消灭所有关于“我”和“我的”的念头。在其一生中，佛陀自己仿佛都代表着这种消极无为的生活，而这种寺庙生活方式延续至今，已成为遍布佛教世界的主导力量。

但是，释迦牟尼（据现有记载，大约从公元前 563—公元前 483 年）之后大约 500 年的时间，西方基督教纪元到来了，北印度佛教中心出现了解释教义的新趋势。倡导者自然是佛主的某些晚期追随者，他们自己得到了启示，并能够领悟那些在早期教义中所遗失的含意。他们认为人其实不用真的抛弃俗世生活，不必通过当和尚或尼姑来获得启示。人可以继续其俗世生活，无私地完成俗世任务，这样无疑也可以达到目标。

这一伟大的觉悟将我们带入佛家思想和意象的中心，我们看到一个全新的、理想的形象，不是一个远离了尘世劳苦和喧嚣的光头和尚，而是一个王者的形象，他身披黄袍，头戴华冠，手持一支象征世界的莲花。他以此向众生昭明，这个形象就是菩萨。也就是说，他就是这样一位神，他“正在”（sattva）“觉醒”（bodhi），因为Buddha这个词意为“觉醒”，所以bodhi就是“觉醒中、觉悟”的意思。最有名的觉醒形象还要数有着无数美好传说的美丽的圣观音，梵语为Avalokiteshvara，这个名字通常被理解为“我佛慈悲”。这个人物在印度艺术中总是以男性的形象出现，然而在远东，例如在中国，却变身为大慈大悲的女神形象——观世音菩萨（日语为Kwannon）。因为这样的存在超越了性别的限制，而女性形象确实要比男性形象显得更有怜悯之心。

有关菩萨的传奇告诉我们，正当他要从我们的尘世，也就是从轮回的漩涡中获得彻底解脱时，他听见了包括岩石、树木在内的万物的悲鸣声，当他询问这声音的意义时，他被告知，他的存在给了众生发自内心的涅槃般的喜悦，而这一切，在他离开这个世界时，将随之消失。由于对众生的无私奉献和无限怜悯，他放弃了经历无数次轮回才找到的解脱之道。因此，他继续留在世上，以一个导师的身份为众生服务和帮助众生。在商人中间，他就是商人的形象；在王子中间，他就是王子的形象；甚至在昆虫堆里，他就是一只昆虫的形象。无论我们在何时相互交谈，他总是出现在我们当中，给予指导或无私的帮助。

有一个迷人的中国传说讲述了伟大菩萨的无限拯救力。

> 黄河上游的一个偏远村庄里居住着一些质朴的村民。他们从未听说过宗教，他们只关心射箭和良马。然而，一天清晨，一位非常美丽的年轻姑娘出现在村庄的小路上。她手里提着一只用绿绿的柳枝叶儿编成的篮子，篮子里装满了河里的金鲤鱼。她大声叫卖，鱼

很快就卖完了。鱼卖完后，她就消失了。第二天清晨，她又来了。就这样过了一些日子。这个村子里的年轻男子自然都注意到了她，开始观察起这位美丽的姑娘。一天早上，大伙儿拦住了她，纷纷请求她嫁给自己。

“哦，亲爱的年轻人，”她回答道，“我当然希望嫁给你们，但我只是一个女人，我不可能嫁给你们所有的人。所以，如果你们其中有谁可以背诵《南无大慈大悲观世音菩萨心经》（*Sutra of the Compassionate Kuan Yin*），我就会嫁给他。”

年轻男子们从来没有听说过这样的东西，但当晚他们就开始行动了。第二天早晨当年轻姑娘出现时，有30个青年来向她示爱。“哦，亲爱的年轻人们，我只是一个女人，”她再次回答道，“如果你们当中有谁可以解释《心经》，我肯定会嫁给他。”次日，只来了10个人。“如果你们当中有谁能够在三天内悟出《心经》的意思，我一定会嫁给他。”姑娘许诺道。三天之后的早晨，姑娘再次出现了，这回只有一位青年站在那里向她问好。他叫马郎。当她看见他时，美丽的姑娘笑了。

“我想，”姑娘说，“你确实已经悟出了《南无大慈大悲观世音菩萨心经》的意义，所以我非常高兴能够成为你的妻子。今晚在河边，你会找到我家的房子，我爹娘会在那里迎接你。”

马郎按照姑娘的吩咐于当晚来到河岸边寻找，果然在岸边岩石中找到了一座小房子。一对年迈的夫妇站在门口召唤他。当他赶到时，老人唤着他的名字，说：“我们在这里等候你多时了。”老妇人则领着青年来到他们女儿的房间。

老妇人把青年一个人留在了房间里，然而，房子里却空空如也。从打开的窗户向外望去，青年看见一片沙滩远远地延伸到岸边。沙滩上有一位女子的脚印，于是，青年便沿着脚印向前寻找，在水边发现了两只金色凉鞋。他环顾四周，一片茫茫暮色，岩石中

> 的小屋也不见了。只剩下河岸边的一丛芦苇，在夜晚的微风中沙沙作响。突然间，青年明白了，渔民姑娘不是旁人，正是菩萨本人。这时，他完全感受到了大慈大悲观世音菩萨的无限仁慈。①

故事到这里就结束了，这是一则讲述“他助”之道的寓言，即他力，也就是之前提到的“小猫类型”。然而，这并不是禅宗的方式。我已经提到了佛陀一手拈花布道，而众弟子中只有一位领悟其义的传说。试想我现在手持一只莲花，询问你们它的意思。或者试想，不是莲花，而是大家所熟知的参照物，试想我举起一枝毛茛并且询问这毛茛的含义吧！又或者是举起一枝枯干，询问其含义是什么。再或是，试想你们问我佛教或是佛陀的意义，然后我举起了一枝枯干作为回答。

佛陀又被称为“如来”（Tathagata）。他并不比一枝花、一棵树拥有更多的意义，也不比宇宙拥有更多的意义，也不比你或我拥有更多的“含义”。无论何时何物经历这个过程，都只是其自在和自为，不涉及任何概念、关联或实际关系，这样一种纯美的吸引刹那使观者回归到没有含义的自身的存在，因为他只不过是“如来”，是一种意识的载体，就如同一堆火中溅出的一个火星儿。

公元1世纪时，佛教从印度传到中国，僧人们受到了当时的皇家礼遇。朝廷兴修寺庙，投入大量人力翻译印度经文。尽管将梵文译成中文的工作确实艰巨，这项事业仍声势浩大地进行着，经历了硕果累累的500年，一直到公元520年。那一年，一位得道高僧，也就是大家熟知的菩提达摩（Bodhidharma），来到了中国。他很快来到皇宫参见当朝圣上梁武帝。据史

① 在明朝宋濂的《鱼篮观音像赞》中，写的是鱼篮观音让人们背《普门品》，然后是《金刚经》，最后是《法华经》，与作者的讲述有一些出入。——编者注

料记载，梁武帝问固执的达摩："朕称帝以来，译经卷、建寺庙、渡僧徒，是否积了不少功德呢？"

达摩祖师回答："无功德可言！"

"何以无功德？"皇帝问道。

"此乃下等修行。"祖师回答道，"这些行为都是有求而作，如影随形一样，虽有却华而不实。真正的积德是拥有智慧，是本源心性清净，自证自悟自得圆满，不必向俗世迷界去求。"

"那么，好吧，"皇帝追问道，"何谓圣谛第一义？"

"皆空。"达摩答道，"廓然无圣。"

皇帝龙颜不悦："那么，站在朕面前的僧人又是谁？"

达摩回答："我不知道。"接着便离开了大殿。

此后，菩提达摩在一座寺庙安顿下来，过上了隐居生活。在那里，他面壁坐禅，一坐就是九年。正如我们所知，祖师要以此教导众人，真正的佛教不是追求表面的工作，也不是翻译佛经、拜祭佛祖之类的事情。

一天，一位儒家弟子来拜访祖师，名叫慧可。慧可满怀对祖师的崇敬之情，见面即叫"师傅"，欲拜达摩为师。然而，祖师根本不理睬他，依然面壁坐禅。慧可就立于原地，朝夕侍奉数日。后来天气骤变，大雪纷纷而至，菩提达摩仍然纹丝不动。最后，为了表明自己拜师求教的诚意，慧可挥剑斩下自己的左臂并将其呈予祖师。见此，达摩终于转过身来。

“诸佛法印，可得闻乎？”慧可说。

“匪从人得。”传来祖师的回答。

“我心未宁，乞师与安。”

“将心来，与汝安。”

“觅心了不可得。”慧可说。

“我与汝安心矣。”祖师说完又转过脸面向墙壁。慧可突然间顿悟，超越了所有的常识和觉念，成为日后中国第一位禅宗大师。

另一位中国禅宗中的重要宗师是慧能大师（Hui-neng）（公元 638—713 年）。据传，慧能本是一个目不识丁的樵夫。他的母亲是一个寡妇，全靠儿子卖柴为生。一天，慧能站在一家私家大院门口等候主人吩咐。他听到院里有人在诵读大乘佛教经文《金刚经》（*Vajracchedikā-Prajñāpāramitā Sūtra*），当听到“应无所住而生其心”一句时，突然心明神会，顿悟其义，从此便触动了机缘，彻底被佛法征服了。

为了增进对佛法的理解，慧能来到黄梅寺院求学。这里的老住持弘忍（Hung-jen）是该时期的禅宗祖师，他接受了这个未受教化的青年，并安排他去了厨房。8 个月之后，弘忍意识到自己选择传人的时候到了，便向众弟子宣布，如果谁可以写出一首简单的诗偈，最准确地概括禅宗的教义，谁就可以得到象征最高权力的住持的衣钵。当时有大约 500 名和尚参与竞争，他们中间有位弟子天资聪慧，是大家公认的衣钵继承人，他就是神秀。神秀的四行诗被选出来题在了斋堂门旁的墙上：

身是菩提树，心如明镜台。
时时勤拂拭，莫使染尘埃。

这首诗的主旨是，佛教的禅定精髓在于勤奋努力，从而保持心灵的纯洁。

然而，慧能这个大字不识一个的厨房伙夫，在听说这场竞争之后，请求一个朋友当夜随他来到墙前，为他诵读神秀的诗。听完，慧能请求同伴将他的诗附在了神秀的诗之后，也是4句：

菩提本无树，明镜亦非台。
本来无一物，何处染尘埃！

第二日，老住持听到了弟子们热烈的讨论，便来到墙前，在这首匿名诗前伫立了一会儿，接着便脱掉鞋，生气地擦掉了那首匿名诗。但实际上，住持此刻心里已经猜到了诗的作者，并于当晚召来了那个在厨房里做事的青年，随后传予他衣钵。住持对他说："来，我的孩子，这是最高权力的象征，拿着，现在就走，快跑！立刻消失！"

后来，神秀的教义成为中国禅宗北派的宗义，该派强调"渐悟"和学习的循序渐进。与此相对，慧能成为中国禅宗南派的创始人。南宗强调"顿悟"，认为佛教教义直指人心、顿悟成佛。然而，这种佛法思想对传统教义不仅没有发扬，还有可能成为绊脚石。老住持正是意识到了这一点，明白新想法会破坏甚至最终毁掉整个僧院制度，因此他警告慧能尽快消失。

“洞悉内心”，慧能这样教导道，“佛法藏于汝心。”

但是，不经过对教义的学习，怎样才能洞悉佛法呢?

在日本禅宗寺院里，首选的修行方法是冥想，比如我们知道的公案（Koan），就是有意利用一系列荒谬的思考题来指导和启发修行者。大多数情况下，冥想会用到中国古代禅师的一些名言，例如：“让我看看还没有父母时你是什么样子！”“何谓一只手鼓掌的声音？”这些令人迷惑的问题是很难解释的。修行者首先需要集中精神，然后是困惑、思考。寺庙中寻求教化的弟子们常常接受师父的指令思考诸如此类的难题，并给出答案。他们一次又一次地失败，被打回去继续深思，直至某一刻突然间灵光乍现，答案自现。据说（有人告诉过我）终极的公案就是宇宙本身，当这个谜被解开后，其他的问题便都迎刃而解了。

铃木大拙说：“公案是某种精神状态的表现而非逻辑命题。”[①] 这种超验的颇具洞察力的精神状态看似荒谬，实际上却是经过了大脑反复思考和仔细组织后才提出的。公案存在并发挥作用已数个世纪了，这就是对一个挑剔的批评家关于其意义或价值提出的任何问题的答案。

让我来讲述一个现代西方关于佛教“彼岸的智慧”的说法：彼岸是无由可寻的，是“言语无法穷极的”。我第一次接触这个说法是 30 多年前，是从我非常要好的密友、海因里希·齐默尔的口中听到的。

正如我们已经说过的，佛教是通向彼岸的工具或渡船。那么让我们想象

① Daisetz Teitaro Suzuki, *Essays in Zen Buddhism* (Second Series), (London: Rider and Company, 1950), p. 87.

自己正站在此岸，或者，想象自己站在曼哈顿岛上，腻烦了现有的生活，受够了它。我们向西远望，目光越过哈德逊河，接着，看！我们看见了新泽西州。关于那个花园之州，我们听说了很多很多，那里与纽约污浊的道路相比简直是天差地别！但我们没有通向对岸的桥，如果谁想过去就必须乘坐渡轮。因此我们坐在码头上，充满无限期待地凝视着远方的新泽西州，时刻想着它，而忽视了其真正的本质，对它的思念日益加深。直到有一天，我们发现一只从泽西岸边驶出的船，它越过重洋，向我们靠近，最后靠岸泊在了我们脚下。船上有位船夫，他喊道："谁想去新泽西州？""我！"我们高呼起来。船夫伸过手来接我们。

我们跨上他的船，然而，他却问道："你们十分确定吗？"他警告道："这儿可没有回曼哈顿的返程票。一旦你离开了此岸，你们就永远离开纽约了。你们将远离你们所有的朋友、事业、家人、姓名、声望，远离你们所有的一切。你们还是十分肯定吗？"

我们或许有一丝害怕，但我们仍然点头并声明我们确定了，十分肯定，我们的世外桃源近在咫尺。

我的朋友们，这就是出家当和尚或尼姑的方式，佛教寺院修行的方式，佛祖早期信徒的方式，以及如今斯里兰卡、缅甸以及泰国佛教的方式。我们由此登上了所谓的"小渡船"，或"小乘"（Hinayana）。之所以这样称呼，是因为只有准备好放弃尘世成为僧尼的人才可以乘坐此船到达彼岸。芸芸众生，不愿就此踏出这关乎命运的一步，只好继续等待下一艘渡轮，直到他们明白追求奢华生活是多么徒劳无用。渡船是狭小的，船舷是坚硬的，船舷边上刻有名字：上座部（Theravada），"古代圣人的神示"。

接过船夫递过来的桨，我们出发了，船离开了岸。船啊，走喽！我们在海上航行，但是旅途远比我们所想的还要漫长。事实上，此次航行可能会持续数生之久！尽管如此，我们已经在享受这个过程了，而且也已经感到无比优越了。我们是虔诚的航海家，是穿越无边无际海洋的一群人。

当然，事实上，关于花园之州，我们并不比此岸那些生活在如老鼠迷宫般的纽约市的傻子们（如今我们这样称呼他们）知道得多，但我们在朝着正确的方向前行，而且我们和家乡人的生活方式也大不相同了。按照昆达里尼的脉轮学说，我们正处在第 5 轮，喉轮（Vishuddha），是“净化”、苦行的中心。

一开始，我们觉得这一切有趣且吸引人。但逐渐地，我们却吃惊地发现它变得令人沮丧，甚至令人绝望。所有的目的是摆脱自我意识，我们越是努力，反而越是增强了自我意识，真的，除了我们自己，我们什么都不想:“我在干什么？”“我今天有什么长进？这一小时里？这一个月里？这一年里？这十年里呢？”这是些深深沉浸于自省的人，因此他们想做的最后一件事情就是下船。在某些忘记自我的时刻，奇迹可能真的发生了。我们的小船在古代圣贤思想的指引下抵达了彼岸，来到了花园之州新泽西，到达了涅槃。我们跨上岸，离开了小船，也抛开了所有的清规戒律。

但是现在让我们认识一下我们到底站在了哪儿。我们来到了 ri hokkai，即统一性认知的岸边，在这里没有二元对立，没有分离。而当我们怀着这一绝对观念转身遥望曼哈顿岸边的情景时，真让人大吃一惊！那里根本没有所谓的“彼”岸，没有分流，没有渡船，没有船夫，没有佛教，也没有佛陀。之前那个尚未觉悟的观念在束缚与自由之间，以及生活的痛苦与涅槃的喜悦之间加以区分，并认为需要从此岸世界航行到彼岸世界的观念只是一种幻觉，是错误的。在 ji hokkai（万物宇宙）的意识层面中，世界是漫漫时间长河里流淌着的你我的痛苦，而从 ri hokkai（绝对宇宙）的意识平面里观察这一层面，世界则是涅槃的极乐。所以我们所需要的仅仅是改变观察和体验的重心。

但是，那难道不是佛祖在25个世纪以前的教导和承诺吗？消除利己主义，消灭欲望和恐惧，涅槃将立即属于我们！我们已经到达了那里，如果我们知道的话。整个宽广的大地就是那艘渡船，它早已漂浮在这无限空间的岸边。每个人都在船上，就好像他已经到了家。这就是一个使人突然惊醒的事实，即“顿悟”。因此，它的名字Mahaysna，即“大乘”或“更大的运载工具”，在佛教中是“终极不二”的意思，也是在中国古代、韩国和日本最广为人知的佛教。

现在我们发现，世界相互区别的万物，即ji hokkai和ri hokkai其实没有什么差别，两者之间没有分歧。日语中将大乘阶段称为“ji-ri-mu-ge”，“个体和整体：没有分割”。虽然游走于变化多端的世界里，我们也依然明白，“这是一个整体”。我们正在体验一个作为万物统一体的现实世界，它不仅仅包括我们人类，还包括这天花板上高挂的明灯，这古老伟大的演讲大厅的墙壁，以及外面的城市曼哈顿。对了！还有泽西州的花园，它同样包含了过去，包含了我们数不清的不同的历史以及未来，它已经在那里了，就像一颗橡树从橡子生长而来。漫步于知识的海洋，体验所有的一切，就仿佛是生活在一个奇妙无比的梦境里。

但这也不是最终所有的一切，因为还有一个可能发现的更高的认知程度，日语里称ji-ji-mu-ge，“事与事之间无分割”。这可以用一张缀满宝石的网来比喻：宇宙就是一张巨大的张开的网，每个联结处都缀有一颗宝石，每颗宝石不仅映衬着所有其他的宝石，也在其他宝石中映衬出自己。另一个比喻是花圈。在这个花圈中，没有哪朵花是任何其他花存在的“原因”，它们放在了一起，全部花朵就构成了花圈。

通常我们会考虑各种原因和结果。我推一下这本书，书就会动。它之所以会动是因为我推了它。原因产生结果。然而，橡子生长的原因又是什么呢？橡树还是长成了！未来将要发生的事是现在发生的事的原因；同时，过去所发生的事也正是现在所发生事情的起因。另外，在每个方面，周围的大量事物造就了现在所发生的一切。所有事物每时每刻都在导致其他事物的产生。

佛教教义中将对这一现象的认知称作缘起（Mutual Arising）。这意味着没有任何人和事可以被确定导致了其他任何事物的发生，因为所有事物都是在相互作用中产生的。这也是为什么在日本，甚至是第二次世界大战后不久的日本，在我遇到的日本人中，没有发现有任何人互相怨恨的原因之一吧。仇敌因为彼此的存在而产生，他们只是一个事物的两个部分而已。一位领导和他的下属也只不过是同一事物的两部分。你和你的敌人，你和你的朋友，都是一个整体的各个部分，一个花环的各个部分而已，即“事与事之间无分割”。

毫无疑问，这是一种崇高的思想。此外，这种鼓舞人心的思想深藏于远东佛教艺术中。例如，当你观看一幅画有仙鹤的日本绘画时，这就不仅仅是你和我所理解的一只仙鹤了，而是整个宇宙，是 ri hokkai 的反映，是万物中的佛陀意识。此外，任何事物都可以立刻被拿来用这种方式解释和体验。

一个和尚找到齐安禅师（Chi’i-an of Yen-kuan）①，问道：“毗卢遮那佛（Vairochana）是谁？”

① 指盐官齐安，唐末著名禅师，因曾住在杭州盐官的海昌院，故有“盐官之称”。——译者注

齐安师傅说："麻烦你把那个水罐拿给我，好吗？"

和尚把水罐递给师傅，师傅又吩咐他将其放回原处。和尚按照指示做了，并再次请求师傅回答他的问题。

齐安回答道："他很久以前就离去了。"

这就可以用大乘佛教中的式子表示出来：禅（Zen）<禅（chan）<禅那（dhyana）=“沉思”。它是一种沉思的方式，就像用莲花姿势打坐，看着墙或什么都不看，也就像菩提达摩的修行方式那样，人在走路、工作或在这个世界到处活动时都可以享受这种沉思。这是一种参与方式，快乐地生活在这尘世间，无论是出世还是入世，依靠我们的劳动养活自己就是我们的原则。它还表现在养活家人，表现在我们和熟人的交往中，还表现在我们的欢乐与痛苦中。艾略特在剧作《鸡尾酒会》（*The Cocktail Party*）中就直接引用佛教典籍中的大量语言，把这种观念应用到现代社会的语境中。在中世纪的日本，这曾是武士的佛教。从日本的防御艺术，比如摔跤、击剑、射箭和其他运动中，我们至今仍可以感受到它的影响。在园艺、插花、烹饪，甚至是包装和送礼这些艺术中也可以感受得到，这种佛教思想都在起作用。

它的方式是“猴子类型”，即自力，“自身的力量”。这种方式不仅与在我们的世界里被认为可能是宗教的东西有关，甚至还有意地、时常地关系到我们生活中的各个领域。事实上，这也铸就了最难以置信的、美丽的日本文明。极度的贫困、痛苦、残酷和不公平，常常伴随着生存在尘世中的人们，它们随处可见，并且将继续在这没有尽头的世界中存在。但这里也有解除痛苦的方法。摆脱痛苦的方法就是涅槃。当不再有绝望和恐惧时，涅槃就是这个世界本身，也就是：ji-ji-mu-ge。它就在这里！就在这里！

罗摩克里希那曾经喜欢讲述一则著名的印度寓言，用来说明要在脑中同时达到两种意识层面的困难，以及拥有多重性和超越性的困难。

一位有抱负的青年在古鲁的指导下刚刚清晰地领会到，他自己的本质和维系宇宙的力量是相同的，而这种力量在神学思想中被我们人格化为“神”。

青年深受震动，兴奋地沉浸在与神和宇宙的存在相同一的观念中。他完全陷于沉思中，并以沉思的状态穿过村庄，走上村子后面的一条路。他看到前方有头巨大的象正向他走来，象背上驮着象轿，轿里坐着象夫。象夫高高地坐在大象脖子上，处于象头的上方。这位年轻的准圣徒还在沉思“我为神，万物皆为神”这一命题，当看到朝他走来的雄伟的大象时，他加上了一个很明显的推论“大象也是神”。

这头象摇晃着叮当响的铃铛，迈着沉重的脚步向青年稳稳走来。坐在上面的象夫开始大喊：“闪开！闪开！你这个傻子！闪开！”那个青年仍沉浸于喜悦里，继续沉思着，“我是神，那头象也是神”。而当他听到象夫的叫喊声之后，他又想：“神应该害怕神吗？神应该给神让路吗？”象的主人不停地叫喊，但这种想法还在青年脑海中徘徊。他专注地思考着，站在原地纹丝不动，继续他那超验的深思，直到获得真理的时刻。那头大象轻易地用它巨大的鼻子卷起了这个疯子，把他抛出去，扔到了路边。

青年摔到地上，没有大碍。他的身体受到撞击，精神也受到震撼。他站起身，甚至连衣服都不整理一下转身就跑，衣衫褴褛地来到古鲁面前寻求解释。

“您曾告诉我，我是神。”

“是的，”古鲁说，“你是神。”

“您也曾告诉我，万物都是神。”

“是的，”古鲁又回答道，“万物皆为神。”

“那么，那头大象也是神喽？”

“它是。那头大象是神，但你为什么不倾听神的声音，倾听那来自象头上的神的叫喊声，给他让一让路呢？”

MYTHS TO LIVE BY

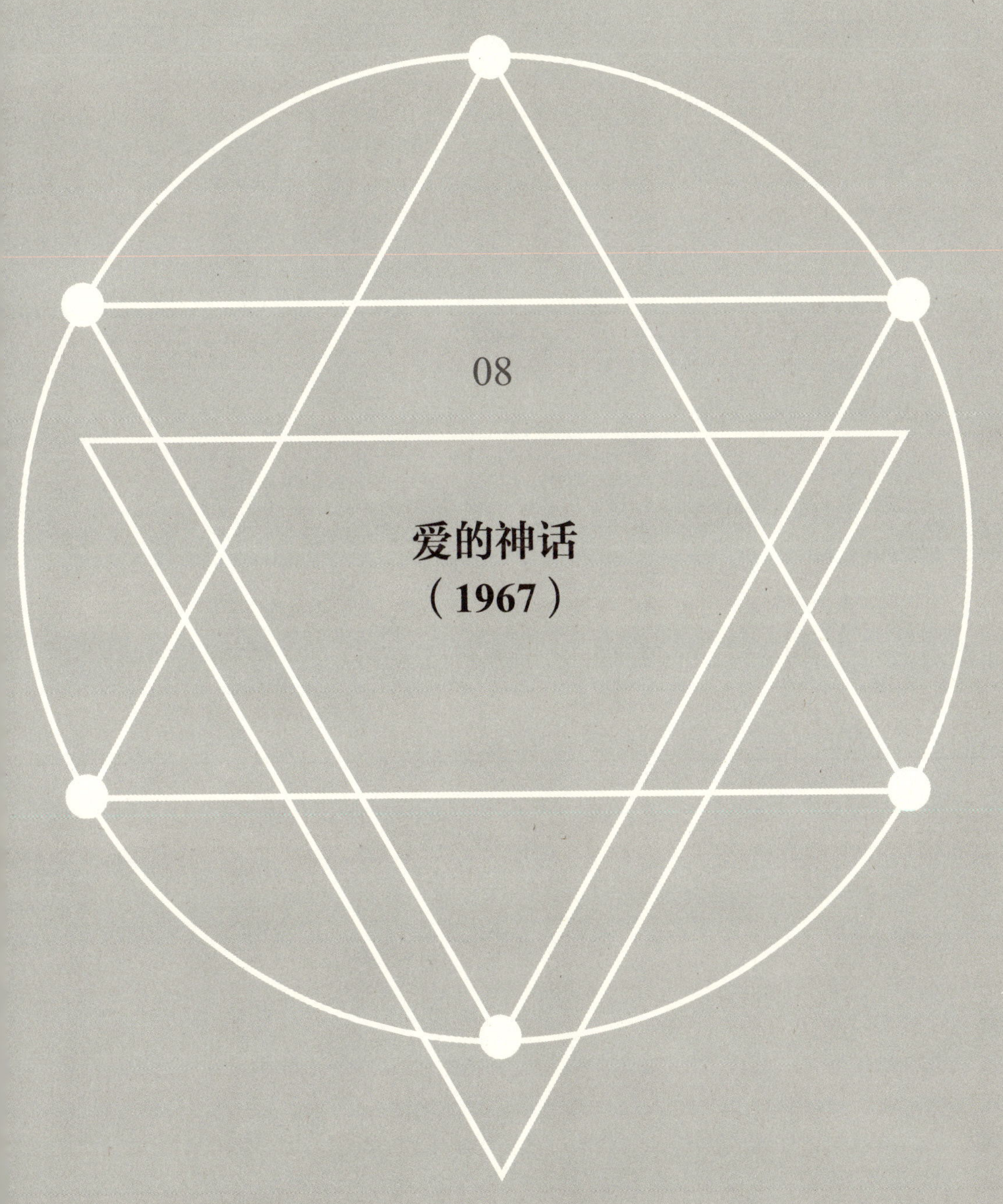

08

爱的神话

（1967）

激情和怜悯是爱的主题的两个极端。它们常常由两个绝对相反的方面，即肉体和精神所代表。在这两个极端中，个体从自身中脱离出来，并在一种更大、更宽容的形式中，重新发现自己。

爱，这是一个多么奇妙的主题！在赞美这一无所不在的神秘时，我们又会发现这是一个多么奇妙的神话世界！这让我们想起希腊人把爱神厄洛斯（Eros）视为最年长的神，同时也是最年轻的神，因为他诞生在每一颗爱心之中，单纯天真并且充满活力。根据这位神的不同表现方式，爱共有两种：人间的爱和天堂的爱。但丁仿效古希腊的做法，发现从高高在上的三位一体宝座到地狱的最深处都充满着爱，爱遍及宇宙并改变着万物。

我所知道的最令人惊异的爱的形象就是波斯人，一个神秘的波斯的撒旦形象是上帝最忠诚的爱人。你也许听说过，上帝创造天使时，要求他们只信仰自己；但在上帝创造出人类后，他又要求天使向人类鞠躬，向他最珍贵的作品致敬。路西法（Lucifer，又译作撒旦）拒绝向人类致敬，据我们所知，这是由于他的骄傲。但是根据穆斯林的经典，这是因为路西法对上帝的爱和敬仰太深厚、太强烈了，无法再向上帝之外的任何事物鞠躬致敬。因此，他被贬到了地狱并永远留在那里，从此远离了他的爱——上帝。

现在，据说在地狱的所有痛苦中，最折磨人的不是地狱的烈火，也不是腐肉的恶臭，而是被永远剥夺看到上帝光辉的机会。对这位伟大的爱人来说，这种流放是多么大的痛苦！而导致如此巨大痛苦的，只是因为路西法不愿向上帝之外的任何事物鞠躬致敬，即使上帝命令他！

波斯的诗人们曾追问：“是什么力量让路西法如此固执？”他们找到的答案是：“怀念上帝对他说：‘去吧！’时的声音”这是一个多么优美的精神痛苦的形象，在一瞬间同时体验爱的狂喜和悲伤！

来自波斯的伟大的苏菲神秘主义者哈拉智的生命和语言也体现了这样的爱。公元 922 年，因为宣称他和他所爱的上帝是一体的，哈拉智备受折磨并被钉死在十字架上。他把自己对上帝的爱比喻成飞蛾对火的爱。飞蛾绕着燃烧的灯火飞舞，直到黎明，然后带着灼伤的翅膀回到朋友面前，告诉它们自己发现的美好事物。次日夜晚，因为渴望完全融入那美好的事物中，它飞进了火焰，与火焰融为一体。

这些隐喻表达了一种狂喜。我们每个人都以不同的方式、在不同的时间、强烈或不那么强烈地经历或者至少想象过这种狂喜。但是爱还有另一面，这一面也在波斯经典著述中有所表现，有些人也许体验过。这个故事源于拜火教（Zoroastrian，又称琐罗亚斯德教）关于人类最早父母的古老传说。人类最早的父母像一支芦苇一样破土而出，他们两个结合得如此紧密，实在难以分开。刚一分开又立刻合在一起，又生下了两个孩子，他们对孩子的爱是那样的温柔而不可遏制，竟至将孩子吃掉了。母亲吃了一个，父亲吃了另外一个。上帝为了保护人类，就把人类爱的能力减少了 99%。后来，他们又有了七对孩子，感谢上帝，每个孩子都活了下来！

古希腊人认为爱神是最老的神他们的这一观点与印度古老神话的观点是相似的。这就是前文提到的来自《广林奥义书》（*Brihadaranyaka Upanishad*）的神话。在这个神话中，最初的生命是一种无名无形的力量。一开始，它并没有自我意识，但是后来它想到了“我”，立刻就感到害怕，担心这个脑海中的“我”也许会被扼杀。然后很自然地，它又想:“既然我就是这里的一切，我害怕什么？”它想：“我希望能再有一个我！”说完，它就开始膨胀，并分裂成两个人，一男一女。从此，地球上出现了各种生命。当一切都创造完毕时，男人环顾四周，看着他所创造的世界，想了想说：“这一切就是我！”

这个神话的首要意义在于：意识产生之前就存在的最初生命的“我”，然后感到恐惧，接着是渴望。这就是在无意识的生活中，激发每个人的动力的本质。这个神话的第二个意义是：因相爱而结合的经历，使我们参与了一切生命本源的创造活动。根据印度人的观点，我们大部分人在时间和空间上与爱人的分离是真理具有迷惑性的次要方面。而这真理就是，本质上，我们和爱人是一个生命、一个本源。在爱的狂喜中，我们知道并体验到这个真理——跳出自我，打破自我的外在界限。

伟大的德国哲学家叔本华在《论道德的基础》(*The Foundation of Morality*)这篇出色的文章中讨论过这种超验的精神体验。一个人如此忘我，忘了自己的安危，把自己的生命置于危险之中，只为从痛苦或死亡中挽救另一个人，好像那个人的生命就是自己的生命，那个人的危险就是自己的危险。这是怎么回事呢？他的答案是：忘记自我是出于对真理的本能的认知，即他和另一个人事实上是一体的。使人们忘记自我的，并不是我们与他人是分离的这一低级、次要的认知，而是更伟大、更真实的真理：从生命的本质上来说，我们与他人是一体的。

叔本华称这种与他人合为一体的动机为“怜悯”(Mitleid)，而且，他认为，怜悯是与生俱来的道德行为的唯一动力。在他看来，这种动力只能以真正的形而上的深刻理解为基础。在一刹那，一个人是无私的、无限的、无我的。当我看到电视新闻里那些英勇的官兵冒着枪林弹雨冲出直升机拯救陷入敌境的受伤战友时，我反复思考叔本华的这些话。他们忘记了自己的安危，将自己年轻的生命置于危险之中，好像那等待救援的生命就是自己的生命。我想说，如果要在我们的时代找一个代表叔本华观点的真实例子，他们的行为就是为爱而为的真实演绎。

印度的宗教传说中，爱分为五个层次。通过这五个层次的爱，信徒能够更好地侍奉神、认识神。在印度人的理解中，爱源于认识到自我与万物的存在是同一的，而万物的起源就是那个开始说“我”、后来又认识到“我就是整个世界！”的存在。

爱的第一个层次是仆人对主人的爱：“噢，主人，你是我的主人，我是你的仆人。命令我吧，我必遵守！”根据印度的宗教信仰，无论在世界的什么地方，对大多数神的信徒来说，这都是合适的精神态度。

第二个层次的爱是朋友间的爱，在基督教信念中，这种爱被典型化为耶稣与十二使徒的关系。他们是朋友，可以讨论问题甚至争辩。但这种爱暗示了更深的理解，它是一种比第一层次的爱更高的精神发展。在印度经文中，这种爱体现在《薄伽梵歌》中般度族（Pandava）王子阿周那和化身为他车夫的黑天之间的著名谈话。

然后是第三个层次的爱，即父母对孩子的爱。在基督教中，这种爱以圣诞马槽的意象为代表。在这一层次的人在内心深处培养自己清醒的精神生命的内在神性之子。神秘主义者埃克哈特大师对会众讲话时说道：“对上帝来说，耶稣在圣母纯洁而美好的灵魂中以精神的方式出生，强于他从圣母的身体中诞生”，他接着说：“上帝的目的是降生。直到他将自己的孩子降生到我们之中才满意。”印度教存在对调皮的“奶油小偷”的普遍崇拜。黑天就是生活在牛群中并被牛喂养大的“奶油小偷”。这个故事写得引人入胜。而现代也有一个我们前面已提到的困惑的妇女的例子。这位妇女来到印度的圣人罗摩克里希那面前，说：“哦，圣人，我发现我不爱神。”圣人问道：“难道就没有什么东西是你所爱的吗？”那妇女答道：“我爱我的小外甥。”圣人就告诉她：“你对外甥的爱和侍奉就是你对神的爱和侍奉。”

第四个层次的爱是夫妻之间的爱。戴着婚戒的天主教修女在精神上与基督结合。每个因爱而结合的婚姻都是如此。耶稣说：“夫妻不再是两个人，乃是一体的了”因为这“珍贵的一体”已不再是自我，不再是个体的生命，而是彼此生命的结合，是婚姻里的超我。在印度，妻子应把丈夫视作主人来崇拜，她对丈夫的侍奉就是衡量信仰的标尺。（但是我们没听说过丈夫对妻子有什么责任。）

好了，根据印度人的排列，终于到了第五个层次的爱，那么这最高层次的爱是什么呢？它是狂热的、不合法的爱。毋庸置疑，在婚姻里，个人依然拥有理性、物质享受，以及职位、财富和社会地位等带来的愉悦。此外，东方的婚姻是父母之命，和我们西方现在所想的爱情一点关系都没有。在这种背景下，激情之爱的爆发只能是不合法的，如同一场毁灭性的暴风雨，打破了一个人在道德方面恭敬顺从的生活秩序。

这种爱的结局只能如哈拉智比喻中的那只飞蛾：在爱的火焰中消亡。在黑天的传奇中也有这样的例子。化身为年轻男子的神对他在凡间的情人、已经嫁人的拉达充满渴望，拉达亦如此。我们再次引用神秘主义者罗摩克里希那的例子。他奉献于女神迦梨（Kali），他用这种方式来爱神，牺牲所有的一切只为看到神的形象。“哦，我的神，”他会说，“现在请显身吧！”神必回应。

印度神话中也有这样的形象。夜晚，黑天在沃林达文的森林中吹笛。听到那无法抗拒的旋律，年轻的妻子们从丈夫的床上悄悄溜出来，偷偷来到月光下的树林中。她们在极致的喜乐中与年轻俊美的神整晚地跳舞。

这里有一个潜在的含义：在爱的狂喜中，个人置身世俗的法律和关系之外，而这些法律和关系仅与表面分离却又与多样的次要世界相关。

12 世纪，克莱尔沃的圣伯纳德（Saint Bernard of Clairvaux）在对《雅歌》（*Song of Songs*）的布道中表达了同样的思想，即灵魂对上帝的渴望超越了法律和理性。理性与狂热的爱之间的分离和剧烈冲突从一开始就是基督徒焦虑的根源。例如，圣保罗（Saint Paul）在写给加拉太人的信中说道："情欲和圣灵相争，圣灵和情欲相争。"

阿伯拉尔（Abelard）与圣伯纳德同时代。上帝把圣子降生到人世，耶稣的肉身之躯被钉死在十字架上，亚伯拉德从中看到了上帝对人类之爱的最高体现。在基督教的诸多阐释中，救世主耶稣被钉死在十字架上一直是一个重大的问题。根据基督教的信仰，耶稣是自愿受死的。为什么呢？在阿伯拉尔看来，并不是那个时代的人所认为的那样，耶稣的死是作为给撒旦的赎金，把人类从撒旦那里拯救出来；也不是像另一些人认为的那样，耶稣的死是给上帝的报答，为亚当的堕落而"赎罪"。

实际上，耶稣的死是一种基于爱的自愿的牺牲，他这样做的目的是恳求人们把他们对尘世的爱转化为对上帝的爱。或许耶稣并未经历那种爱，那种爱我们可以从神秘主义大师埃克哈特所说的话中体会到："若不是因为爱而受苦痛，苦痛将难以承受；若为爱而受苦痛，则不再痛苦，且在上帝的眼中，那苦痛亦是成功。"

事实上，上帝降临人间，以爱恳求人类对上帝的爱。在我看来，这一观点与我所引用的圣保罗的思想完全相反。我认为这里暗示着这样一个观点：

人类渴望上帝的恩宠，上帝亦渴望人类的敬仰。两个渴望是相互呼应的，既是神又是人的耶稣被钉死在十字架上的形象引发了人们对彼此牺牲（mutual sacrifice）之类术语的关注，这种彼此牺牲不是刑罚意义上的赎罪，而是婚姻意义上合为一体的结果。

进一步说，耶稣被钉死在十字架上的形象不仅代表着耶稣在各各他（Calvary）受难的历史瞬间，而且也代表着上帝在所有时空中出现并参与了一切生灵的痛苦。此时十字架这一符号被作做一种对万物——现在的、过去的和将来的万物永恒肯定的符号。想一想耶稣在《多马福音》中的话："劈一块木材，我就在那里。举一块石头，你会在那里找到我。"还有，柏拉图在《蒂迈欧篇》（*Timaeus*）中说时间就是"永恒的流影"。或者威廉·布莱克（William Blake）的话："永恒爱上了时间的产物。"还有托马斯·曼作品中一段值得纪念的话，他颂扬人就是"灵魂与自然相互渴望的高贵结合"。

因此，我们可以肯定地说，也许某些道德家认为把肉体和灵魂、瞬间和永恒做出区分是可能的，但当爱出现时，这些区分就消失了，生命的感受也随之苏醒，在生命中，所有这些对立面都融为一体。

有这样一个广受尊崇的东方象征，他对世界持肯定的态度，在他那里，所有对立面都被超越了。他就是我们用相当长的篇幅讨论过的大慈大悲的形象——观世音菩萨，在中国和日本称为观音。观音与佛祖不同，佛祖在他一生教化的最后时刻涅槃，再也没降临到世间；而观音却充满无限的怜悯之心，宣布放弃自己的永恒解脱，永远留在这个生命的轮回之中。他代表了在尘世中穿越一切时间的、关于永恒解脱的知识的神秘。

看起来有些自相矛盾，这里所倡导的解脱不是从轮回中跳出，而是因同情的感动而自愿坠入轮回的悲苦之中。事实上，一个人可以因怜悯而忘我从而从自我中解脱。有了这种自我解脱，一个人也就可以从欲望和恐惧中解脱。正如菩萨的解脱一样，根据所经验的怜悯的程度，我们也可以解脱。

据说，从观世音菩萨指尖流出的仙露甚至到达了地狱的最深处，给那里的灵魂带去了安慰，尽管那些灵魂仍无法摆脱令人折磨的情感枷锁。进而，我们又被告知，在一切的相互往来中，无论知道与否，我们都是观世音菩萨的代表。改变，或者用我们喜欢的说法，改善这个世俗世界不是观音菩萨的目的。冲突、紧张、失败和胜利是事物固有的本质，观音菩萨要做的事就是参与到事物的本质中，他的慈悲没有任何目的。因为众生皆苦，且必然如此，所以解脱不可能存在于从生命的一种形式向另一种形式的转变或“发展”中，只可能存在于痛苦自身本体的化解。正如我们所见，这个本体是一种将被保留的自我意识，是产生好坏、真假、对错这些强制性观念的自我意识。然而，我们同样看到，这些一分为二的观念在形而上学的怜悯的冲动中得到化解。

激情和怜悯是爱的两个极端。它们常常由两个绝对相反的方面，即肉体和精神所代表。在这两个极端中，个体都从自身中脱离出来，并在一种更大更持久的形式中重新发现自己。这两个极端都是厄洛斯这位众神之中最年长又最年轻的神的作品。同时，我们必须认识到，他也就是那位我们一开始在古印度神话中提到的、将自己投入到创世活动的天神。

在西方，令人印象最为深刻的激情之爱，无疑可以在特里斯坦（Tristan）和伊索尔德（Isolt）的爱的毒药的传奇中找到。在那个传奇中，有一个著名的神秘悖论：爱之快乐的痛苦，和在痛苦中的恋人的快乐。在高贵的心灵中，那痛苦被体验为生命中的佳肴。戈特弗里德·冯·斯特拉斯堡（Gottfried von Strassburg）是伟大的特里斯坦诗人的最杰出代表，瓦格纳（Wagner）从他的传奇版本中为自己的歌剧找到了灵感。

他这样写道："我曾承受着痛苦，这痛苦源自对世界的爱和对那些高贵的心灵的抚慰。对那心灵我如此珍视，而那世界正是我心之所依。"但是他又说："那并非普通的世界，（据我所闻）那里的人们，不能忍受悲伤和欲望，只能沐浴在快乐之中。（愿上帝让他们沉浸在快乐中吧！）我的故事并不关心他们的世界和生活方式，他们的生活和我的不同。我心中有另一个世界，在那世界中，同一颗心忍受着苦涩的甜蜜和珍爱的悲伤，以及心的快乐和渴望的痛苦，面对珍爱的生命和悲痛的死亡，珍爱的死亡和悲痛的生命。在这世界中，我拥有我的世界，和它一同受罚或被拯救。"

在这里，难道我们没有认识到同样的形而上学意义的回应吗？那种对二元对立的超越和同一，我们已经在地狱中的撒旦、十字架上的耶稣和火中逝去的飞蛾这些象征形象中找到了。

但是，中世纪欧洲对爱的体验和理解，不但有戈特弗里德和特里斯坦的诗人的解释，而且有 12 世纪和 13 世纪早期的吟游诗人和恋歌诗人的解释。这与东方的解释完全不同，无论是远东、中东还是近东。佛教徒品质的核心"慈悲"和基督教的"大爱"相对。在基督教的教义中，这种"大爱"被概括为：爱你的邻居如同爱你自己！我认为有一条基督教义超越了这种境界，它是最高层次的、最崇高的也是最勇敢的基督教义，即"要爱你们的仇敌，为那逼迫你们的祷告。这样，就可以作你们天父的儿子，因为他叫日头照好人，也照歹人；降雨给义人，也给不义的人。"

在一切伟大的慈悲或者大爱的传统善行中，善行被认为是普遍的，与个人感情无关，并且超越了差别甚至忠诚。与这个高层次的、精神层面的爱不同的，还有一整套与之相反的爱。它是低层次的、关乎欲望的，即通常所说的"兽欲"。这种爱也同样是普遍化的，与个人感情无关，超越了差别乃至忠诚。实际上，我们可以更准确地描绘后一种爱。也许可以简单地将它描写成器官的刺激、雌性和雄性的相互吸引。关于这种爱的讨论，弗洛伊德的作品堪称现代权威文本。

然而，在12世纪和13世纪早期的欧洲，先是普罗旺斯的吟游诗人，然后是恋歌诗人，将爱的体验方式用新的腔调表达了出来。这种表达方式完全不同于传统的那两种对立的爱。这种欧洲所特有的典型乐章不仅是人类情感的突变，更是人类在精神意识上的突变。在结束本章之前，我将对此做一点详细的叙述。

首先，在中世纪，婚姻几乎只与社会和家庭相关。当然，亚洲一直如此，西方的很多家庭今天也依然如此。个人根据家庭的安排而结婚，特别是在贵族社会中，年轻的女性几乎还在孩提时就被当作政治棋子嫁出。同时，教堂里神父用他那不恰当的神秘话语为这样的结合举行圣礼：这两个人通过爱和上帝的恩许结为一体，任何人不得拆散这对已被上帝结合的夫妻。任何对爱的真正体验都可能成为灾难的先兆。渗入到这样的婚姻中，一个人不但会因通奸而被施以火刑，而且，根据现在的信仰，他还会在地狱中永受烈火焚身之苦。

但即便如此，爱情依然降临到了戈特弗里德所赞美的高贵的心灵中，不，不是降临，而是被邀请进入。这就是吟游诗人作品中所称颂的激情。在吟游诗人看来，这种激情极其优雅，比教堂中的圣礼还要庄重，比婚姻的仪礼还要崇高。如果天堂容不下这激情，它将在地狱获得批准。AMOR（爱，也作“爱摩尔”）这一词倒过来拼写就是Roma（罗马），看起来正是对这种相反意义的绝妙表现。

但是这个爱的新秩序的特殊品质是什么呢？这个爱既不是灵性之爱，也不是厄洛斯，而是爱摩尔。

围绕这个主题进行的争论成为吟游诗人偏爱的诗歌主题。游吟诗人对此所做出的最恰当的定义，保留在最受人尊敬的诗人吉尔霍特·德·博尔内尔（Guiraut de Borneilh）的诗作中，爱摩尔是有差别的爱，是个人的，具体的，源自眼睛与心灵。

所以，爱从眼睛，触及内心：
因为，眼睛是心灵的斥候，
于是眼睛四处侦察，
那能让内心喜悦去拥有的事物。
而当它们一致和谐
且心意坚决时，
完美的爱便诞生了。
从那由眼睛让恋着的事物而生，
除了一恋倾心之外，
爱不会诞生，也不会开始。

需要特别注意的是：这样高贵的爱情不是不加区别的爱，不是那种“无论他是谁，爱你的邻居如同爱自己”的爱，也不是灵性之爱、仁爱或慈悲。它也不是对性的普遍渴望的表现，后者同样是无差别的爱。

爱不是来自天堂或地狱，而是来自现实世界。它基于某个具体生命内心的偏好，特别是他眼睛的偏好，基于对另一生命的认识和她那倩影与他心灵的交流。那心灵（我们在当时其他文献中获知）是一个“高贵”或者“温柔”的心灵，有能力生发爱的情思，而不仅仅是肉欲。

那么，如此产生的爱的本质是什么呢？

在东方性爱神秘主义的各种语境中，无论是近东还是印度，女性被神秘地解释为恋人逐步体验那种超然觉悟的载体。这很像但丁对比阿特丽斯（Beatrice）的赞赏，而不像吟游诗人理解的那样。他们所爱的是女人，而不是某种神圣原则的体现。并且他们爱的是那个特定的女人，爱就是给她的。那被称颂的爱的体验是尘世爱情带来的痛苦，是爱的结合从未在现实世界中完全实现的结果。爱的欢乐是它永恒的味道。爱的痛苦就是时间的消逝。因此（正如戈特弗里德所言），“苦涩的甜蜜和热恋的悲伤”是它的核心。

而对于那些“不能忍受悲伤和欲望，只能沉浸在快乐之中的人”来说，生命中最伟大的礼物——爱的圣酒，是一杯过于强烈的饮料。戈特弗里德甚至将爱奉为女神，而我将他那意乱情迷的情侣带到女神隐秘的荒野圣地，即我们所知的“恋人的洞房”，在那里，代替圣坛摆放着的，是高贵的爱的水晶床。

而且，对我而言，在戈特弗里德作品的描述中，以下是最感人至深的一段（瓦格纳的歌剧就是从这一幕开始的）：当船驶离爱尔兰，一对年轻人无意间喝了爱的圣酒，从而逐渐感受到了爱。那爱在他们的心中已经悄悄地滋长了一段时间。忠实的仆人布兰甘特（Brangaene）碰巧没有看管好那极为重要的酒。她严肃地警告这对年轻人：“那酒瓶里的东西会害死你们两个。”对此，特里斯坦回答：“既然如此，上帝自有决断，无论是生还是死。因那美酒已经让我神魂颠倒，我已不知你所说的死为何物，但是这死亡却很适合我，如果迷人的伊索尔德让我继续以这种方式去死，我愿高兴地追求永恒之死。”

布兰甘特所谓的死只是肉体之死。然而，特里斯坦所说的“死亡”是他爱的狂喜。他接着说的“永恒之死”，则指的是地狱中的永恒，对中世纪的天主教而言，这不仅仅是言辞的华丽繁盛。

我想到了撒旦的穆斯林形象，那个被上帝打入地狱的伟大爱慕者。考虑到特里斯坦的这些话，我又想到了但丁《神曲》中的一幕。在描述关押奸淫罪人的那层时，但丁说他看到他们被架在熊熊燃烧的火上，那些历史上有名的恋人的灵魂旋转着、尖叫着。有沙米拉姆（Semiramis）、海伦（Helen）、克里奥佩特拉（Cleopatra）、帕里斯（Paris），是的，还有特里斯坦。但丁在那里和弗朗西丝卡（Francesca da Rimini）谈话，问她是什么将她和保罗两个人带到那可怕的永恒之中。弗兰西斯卡偎依在丈夫的哥哥保罗的怀抱中，告诉他，有一天他们两人一起阅读关于桂妮维尔和兰斯洛特（Guinevere and Lancelot）的故事。突然，他们四目相对，亲吻，战栗。那一天，那本书就再也没有读下去……

当我回忆这些，一想到特里斯坦对“永恒之死”的乐观态度，我就禁不住会想，但丁对地狱中那些灵魂无尽的痛苦的描写是否正确。他的观点是局外人的观点，他的爱支持他前行，向上进入到天堂的最高处。而保罗和弗朗西丝卡的观点则是从内部，即从爱的更加激烈的方面来讲的。对这种可怕的欢乐，我们可以从另一部作品中找到只言片语的线索。在《天堂与地狱的婚姻》（*The Marriage of Heaven and Hell*）中，威廉·布莱克写道：“当我在地狱之火中行走，并沉浸在天才的快乐中时（这种快乐对天使们来说似乎是痛苦和疯狂）……”是地狱还是天堂，可以此做判断：当你处于一个适合你的地方，那个地方就是你最终真正想要去的地方。

萨特在作品《禁闭》（*No Exit*）中也阐释过同样的观点。作品的背景是地狱中一个宾馆的房间，房间被简单地布置为第二帝国的风格。壁炉上挂着厄洛斯的像。三个将永远住在这儿的房客被门童依次带了进来。

第一个人是一个中年记者，他是一个和平主义者，因为当了逃兵被枪毙。现在他最需要的就是别人告诉他，他逃到墨西哥并想在那里出版和平主义杂志的行为是英雄之举，而不是懦夫所为。第二个被带进房间的是一个女同性恋。一个被她引诱的年轻妻子悄悄地在公寓里打开了煤气，俩人一起在床上窒息而死。这个冷酷而聪明的女人一开始就鄙视那个将在这里和她永远为伴的懦弱男人，没有给那男人任何他需要的安慰。最后一个被带进房间的人也是如此。这是一个令男人着迷的年轻姑娘，她淹死了自己的私生子，然后和爱人一起自杀。

年轻姑娘立刻对这个男记者产生了兴趣。然而，这个男人需要的不是激情，而是怜悯。这两个人想要和谐相处的种种尝试都被那个女同性恋阻止了，同时，女同性恋还开始向年轻姑娘求爱。但年轻姑娘对她既不感兴趣，也不理解她的需要。三个人之间的联系如此紧密，使得他们越发渴望逃脱，这便是他们唯一的愿望。后来，锁着的房门打开了，他们看到了外面蔚蓝色的天空，但没人离开。门随后又关闭了，他们将永远被锁在自己所选择的房间里。

萧伯纳在他的戏剧《人与超人》（*Man and Superman*）第三幕中也描写了很多类似的情景。一个矮小的老妇人漫步在美妙的景色中，她是教会的忠实信女。有人告诉她，她快乐漫步于其中的美景不是天堂而是地狱。她愤愤地说：“我告诉你，我晓得我不是在地狱里”，她坚称，“因为我不觉得痛苦。”她被告知，如果她愿意，她可以轻易地翻过小山到达天堂。然而，有人警告她，天堂里的压力对那些地狱中的快乐者是不可忍受的。许多人留在那里并不是因为他们感到快乐，而是因为他们认为自己应当在天堂里。他们几乎都是英国人。那个人还说：“一个英国人，只有当他感觉不舒服的时候，才觉得自己是有道德的。”说着萧伯纳作品中人物的俏皮话，我将对本章的主题做最后的思考。

因为，正是在圣杯的传说中，如特里斯坦传说中所体现的那样，世界被荣誉与爱情所割裂，他必须在两者之间做出抉择，通过这种痛苦抉择的结束治愈工作得以象征性地表现出来。这一时期无法忍受的精神混乱通过高度象征性的故事以“荒原”的形象得以表现。艾略特的长诗《荒原》正是以此命名的，该诗发表于1922年，描写了我们这个时代的混乱状况。在那个基督教会专制的时期，任何本能的冲动都被打上“堕落”的烙印，而唯一被认可的“救赎”方式由专制者组织的圣礼授予，事实上那些专制者自己才是堕落腐败的。

人们被迫承认并依赖他们并不坚持的信仰，强加给他们的道德律令压制了他们对真理和爱的需要。地狱的痛苦在尘世间体现在淫妇、异教徒和其他罪犯所受的酷刑中，他们在广场上被分尸或烧死。所以任何试图做得更好的愿望都被高高挂起，到达天堂之境。而对天堂，戈特弗里德却如此鄙视，他说，在那里，那些既不能忍受痛苦，也不能忍受欲望的人，将沐浴在永恒的快乐里。

沃尔弗兰·冯·埃辛巴赫（Wolfram von Eschenbach）是堪与戈特弗里德相匹敌的同时代的文坛领军人物，他在《帕西法尔》（*Parziavl*）中，象征性地将年轻的圣杯之王安佛特斯（Anfortas）所遭受的巨大伤痛视为基督教世界毁灭的原因。安佛特斯，这个名字的意思是“身体虚弱”。圣杯骑士的使命就是治愈这个受到严重伤害的安佛特斯。重要的是，安佛特斯不是通过努力获得而仅仅是继承了保护精神生命最高象征的职权。也就是说，他并未证明自己是否胜任这一职责，恰恰相反，他是以年轻人惯常的方式接受自己的职责的。

正像那个时代所有贵族出身的年轻人那样，有一天，他高喊着“爱摩尔！”从圣杯之城骑马冲出。很快他就碰到了一个异教徒骑士，这骑士来自距离围着城墙的伊甸园不远的地方。这骑士将圣杯的名字刻在他的矛头上，骑马来这里寻找圣杯。两人手握长矛，冲向对方。最终异教徒死了，但他那长矛也使年轻的圣杯之王失去了性能力，折断的矛头留在了疼痛剧烈的伤口中。

按照沃尔弗兰的意思，这样重大的不幸是基督教内在精神与天性分离的象征，视天性为堕落并拒绝它。这种强加于人的道德律令被普遍认为是超自然的权力所赋予的。这实际上导致了天性和真理的毁灭。因此，治愈受重伤的圣杯之王的任务，只能由一个自然赋予的、纯洁的年轻人来完成。这个年轻人将通过他毕生的工作和经历得到最高王权，受到无所畏惧的高尚的爱的激发，坚持着忠诚和怜悯。这个年轻人就是帕西法尔。尽管在短短的几页文字中，我们不能回顾整个过程，但我们完全可以挑选四个主要情节来说明诗人的治愈思想要点。

这位高贵的年轻人生活在远离宫廷世界的森林中，由寡居的母亲抚养。当他偶然看到一小队探险的骑士骑着马经过他的田地时，才知道自己的骑士称号和身份。于是他离开了自己的母亲，启程寻找亚瑟王的宫廷。在一位年长的贵族古纳曼茨（Gurnemanz）那里，他接受了骑士礼节和格斗技巧方面的训练。古纳曼茨欣赏帕西法尔杰出的品质，并打算将自己的女儿嫁给他。但是帕西法尔想："我决不能轻易地接受，我必须赢得我的妻子！"他礼貌而委婉地谢绝了老人的好意，再一次独自骑马离开。

他信马由缰，被他的坐骑带到了一座被包围的城堡。城堡主人是一个与他同龄的失去双亲的女王康德薇拉慕斯（Condwiramurs，意为"驾驭爱"，conduire amour）。第二天，帕西法尔从一个国王的突袭中英勇地将她拯救出来。那国王想要掠夺女王的领地，并娶她为妻。最后，帕西法尔赢得了可爱而年轻的女王。并没有神父为他们的婚礼举行宗教仪式，因为依照诗人沃尔弗兰对治愈的理解，高尚的爱情本身就是神圣的，同时，对婚姻的忠诚就是爱的证明。

诗人的第二个主张是：应该满足人类的天性，而不是克服或超越天性。圣杯正是这一至高无上的精神目标在中世纪的象征。恰恰是在帕西法尔完成了他那个时代常规的世俗任务，即骑士的功绩和婚姻之后，他才开始了以圣杯之城和神奇地治愈圣杯之王为象征的、更高层次的精神历险。对于这场意料之外的精神历险，他既未曾得到事先的警告，也未曾有过刻意的打算。历险的神秘法则就是：需要在英雄不了解任务和规则的前提下，在自然本能冲动的促使下完成任务。

城堡像幻影一般出现在他的眼前。吊桥放下，他骑马穿过吊桥，受到热烈的欢迎。当身负重伤的圣杯之王躺在担架上，被抬到雄伟的殿堂时，帕西法尔只是简单问了一句："是什么伤到了国王？"伤口立刻愈合，荒原变成绿地，为人解除痛苦的英雄立刻被尊为国王。但是，在初到城堡并受到款待时，尽管他被感动而心生怜悯，他仍然优雅地保持着沉默。因为古纳曼茨曾教导过他，骑士不应该问问题。骑士的身份抑制着他的本能冲动。当然，在那个时代，这种冲动确实是世界上每个人都有的，并且是一切错误的根源。

好吧，让我们把这个又长又美好的故事讲得简单些吧。帕西法尔因违背内心的指令而产生的结果就是，这个被误导的年轻骑士遭到鄙视、羞辱、诅咒和嘲笑，并被驱逐到圣杯之城的疆域之外。他非常羞愧，并对所发生的事情感到困惑，觉得自己受了欺骗，便生气地诅咒上帝。多年来，他绝望地行走着，孤独地寻找着，想再次来到圣杯之城解除国王的痛苦。他从一个森林隐士那里得知，圣杯之城的法则是：不刻意寻找它的人将找到它，失败的人没有第二次机会。但执着的帕西法尔仍然坚持着，因为他的失败使国王依然处于痛苦之中，对身负重伤的国王的怜悯之情激励着他。

出乎意料的是，帕西法尔的胜利最终到来了，不是因为他要再次寻找城堡的坚定决心，而是因为他对康德薇拉慕斯的忠诚和战斗时的英勇无畏。紧接着的场景是一场宏大而华丽的结婚盛宴。在五彩缤纷的帐篷里，许多漂亮的姑娘做着各种时髦的挑逗动作。帕西法尔从她们旁边走过时，并没有道德上的愤怒，因为康德薇拉慕斯的身影在他的心里（在不懈寻找圣杯之城的痛苦岁月中，他一直没有见到康德薇拉慕斯）。他不愿加入那美丽场景的快乐中，于是他骑着马独自离开。还没走多远，就在附近的树林中，一位杰出的伊斯兰骑士向他猛冲过来。

前不久帕西法尔已经知道了自己有个同父异母的哥哥，是位穆斯林。碰巧的是，这位骑士就是他哥哥。他们兵刃相向，战斗激烈。“对此我深感悲痛，”沃尔弗兰写道，“因为他们是同一个人的儿子，但他们却在争斗。然而，这两个人是一体的：‘我兄弟和我’是一体的，正像优秀的男人和高尚的妻子那样。基于内心忠诚的搏斗，一个血肉之躯正极大地伤害着自己。”战斗的情景宛如安佛特斯与异教徒的冲突与重演。帕西法尔的剑被对方的头盔碰坏了，穆斯林便也扔掉了他的刀，他不屑于杀一个没有武器防卫的骑士。于是俩人坐下，这场景证明他们认出了对方。

显然，这场关键的相遇暗含着对当时两个对立的宗教的讽刺性指涉——基督教和伊斯兰教。“两个高尚的儿子，”也就是说，“一父所生。”绝妙的是，当兄弟俩发现他们的关系时，圣杯的信使出现了，邀请他们去圣杯之城，这在十字军东征年代的基督教著作中确实是一个引人注目的细节！身负重伤的圣杯之王痊愈了，帕西法尔代替他成了新的国王。而那个穆斯林，则娶了守护圣杯的少女为妻（只有她那纯洁之手才能拿这个具有象征性的器物）。穆斯林和他的妻子离开了圣杯之城，回到了东方，他们用真理和爱统治那里，确保（像经文所宣告的那样）“他的子民将获得他们的权利”。

沃尔弗兰·冯·埃辛巴赫的伟大作品《帕西法尔》必须读一下。它在精神和意义上的诙谐和欢乐完全不同于理查德·瓦格纳作品的沉重，它是欧洲中世纪最富有内涵、最伟大、最雅致的作品之一。而且，作为所有形式中爱的救世力量的丰碑，这部作品或许是有史以来最伟大的爱情故事。

最后让我转向托马斯·曼的作品，早在他的第一部中篇小说《托尼奥·克律格》（*Tomo Kröger*）中，他就声称爱是他艺术创作的主导性原则。

这个故事的主人公是德国北部的一个青年托尼奥，他的母亲是拉丁后裔。他发现自己和那些金发碧眼的同伴不同，不仅体貌不同，性情也不同。在夹杂着鄙视心理的忧郁情绪支配下，他敬重他们，但也有些嫉妒，其中还掺杂着钦佩和爱。其实，在他内心深处，他发誓永远忠诚于他们，尤其是魅力十足的蓝眼睛汉斯（Hans）和漂亮的金发姑娘英厄堡（Ingborg），对他而言，他们代表着生机勃勃的人性之美和年轻生命独有的无法抗拒的魅力。

成年后，托尼奥离开北方去探索他命中注定的职业——作家。他来到南方的一个城市，在那里遇到了一个名叫丽莎维塔（Lisaveta）的俄罗斯姑娘，以及她那些酷爱思考的朋友们。这些人对大众持批判和藐视的态度，托尼奥在他们中间同样感到不自在，就如同以前身处这群人所藐视的对象之中的感受一样。因此他夹在两个世界之间，称自己是“一个迷失的市民”。一天，为了离开那里，他给酷爱评判的丽莎维塔回复了一封书信，在信中宣布了自己作为一名艺术家的信条。

他已经认识到，恰当的词语能伤害甚至杀死人。而作家的职责是准确地观察并命名，即使这可能意味着伤害甚至是杀害。因为，作家必须以描述的方式对其进行命名的事物，这必然是不完美的。生命中的完美是不存在的。如果存在，它可能不是可爱的，而是可敬的，甚至是令人厌烦的。完美的事物缺乏个性。据说，所有的佛都是完美的，因为完美所以大体相似。他们从这个世界的残缺中获得解脱，离开这种不完美而不再归来。但是观音却留了下来，以慈悲的目光和泪水凝视着这个不完美世界中的众生和万物。

因此，我们必须清楚地认识到（这也正是托马斯·曼在这个主题上高明的观点）：准确地说，任何人的可爱之处就是他的不完美之处。作家就是要为这些不完美找到恰当的词语，然后带着爱的安慰，像箭一样射向每一个目标。因为这目标，这种不完美，准确地讲，就是人的情感和本性的东西，也是他生命的脐点。

托尼奥对他聪明的朋友写道："我佩服那些高傲和冷酷的人，他们在伟大而迷人的'美'的路途上探险，蔑视'人类'，但我不羡慕他们。[此处托尼奥掷出了自己的飞镖] 如果说，有什么使我从一个知识分子变成一个诗人，那正是我对人、对生活、对平常事物的中产阶级的爱，它是所有温暖、善良和幽默的来源。我甚至觉得它就是书上说的那个爱，如果没有它，一个人即便能说人类的和天使的语言，也不过是鸣的锣，响的钹一般。"①

"性欲的"或者"不自然的反讽"就是托马斯·曼对这一原则的命名。而且，在他大部分的创作生涯中，这就是他艺术创作的主导原则。用眼睛去发现，用智慧去命名，心灵倾注在怜悯中，无论眼睛看到的是什么、非凡才智命名的是什么，每一颗热爱生命的心将最终受到这种怜悯能力的考验、挑战和评测。如同我们在《罗马书》中读到的："因为神将众人都圈在不顺服之中，特意要怜恤众人。"

而且，我们确定，生命本身最终将对我们每个人进行这种爱的能力的考验，就像它及时考验了托马斯·曼。对于希特勒时代的蓝眼睛汉斯和金发英

① 译文引自［德］托马斯·曼：《威尼斯之死》，徐建萍译，陕西师范大学出版社，2008年。——编者注

厄堡，在托马斯·曼看来只能描述成堕落的恶魔……

在这样的考验下，人能做什么？

圣保罗曾说过："凡事包容。"我们也听耶稣说过："你们不要论断人，免得你们被论断。"还有赫拉克利特的话："对上帝而言，一切都是公正、善良和正确的，但人将事情分为错误的和正确的。善与恶是一体的。"

这里有一个深层次的可怕的神秘，我们或许不能或者仅仅是不愿去理解它。但是，如果我们遇到了这样的考验，我们必须彻底理解这一神秘。因为爱确实和生命一样强大。当生命中产生了智者所说的罪恶，我们也许会宣称"出于对心的忠诚"而参与到正义的战争中。然而，如果爱的原则（即耶稣所说"要爱你们的仇敌"）因此被抛弃，人性同样也会丧失。

"人，"美国小说家霍桑写道，"绝不应抛弃兄弟之情，即便他的兄弟罪大恶极。"

MYTHS TO LIVE BY

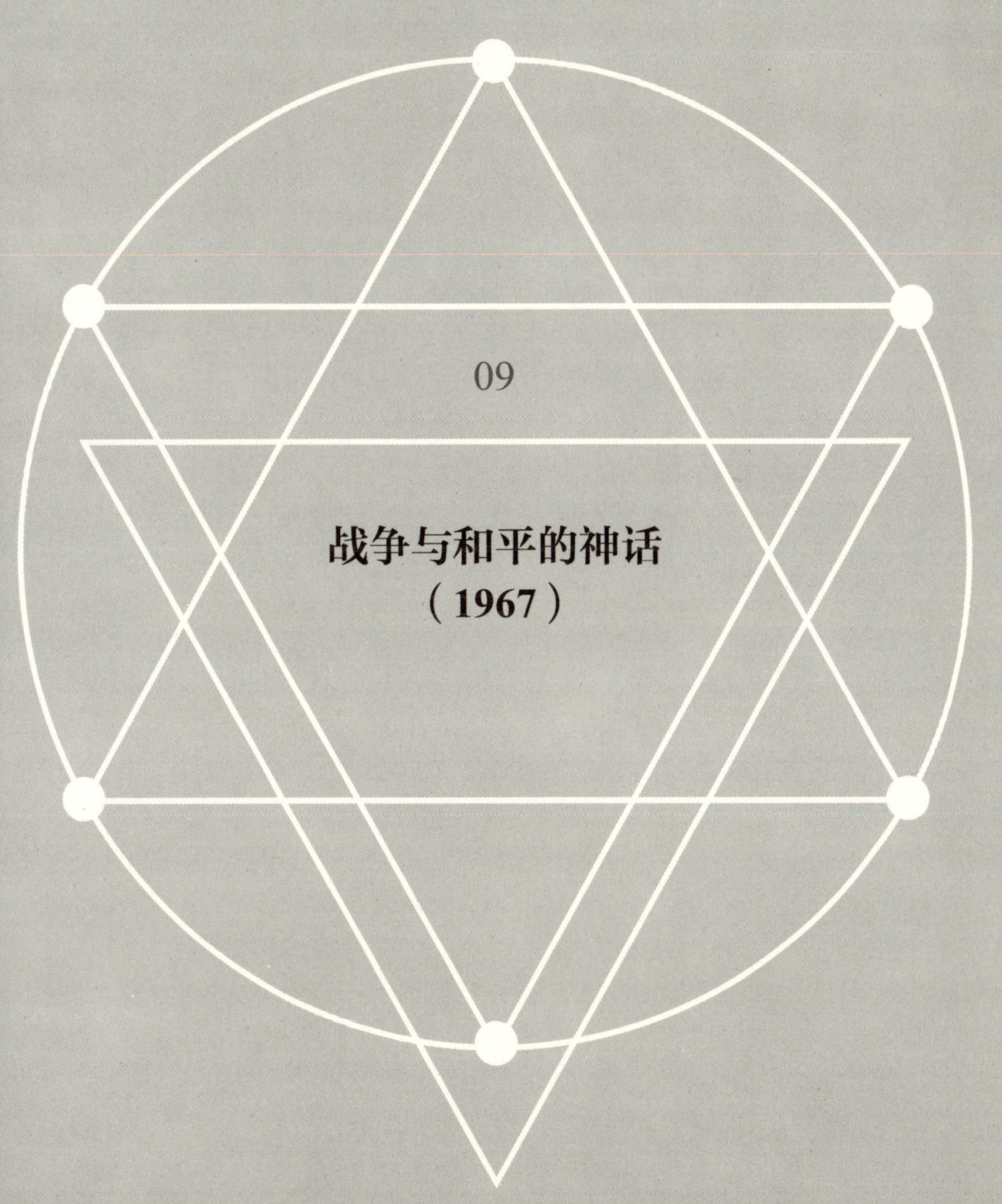

09

战争与和平的神话
（1967）

在整个人类历史中有两种完全对立的基本神话：战争神话认同“杀戮是世上所有生命得以生存的恐怖前提”，和平神话则否认这一前提。

很显然，举出与战争相关的神话比举出与和平相关的神话容易得多。这不仅仅是因为群体之间的冲突在人类活动中是常有的事，而且我们还要看清一个残酷的现实，即杀戮是任何生命存在的前提。一个生命的存在就意味着另一个的灭亡，要么毁灭另一个生命，要么毁掉自己。对某些人来说，这种残忍的生存规律是绝对不能接受的，于是这些人就经常编出一些神话故事，故事的结果总是永恒的和平。但是这些人并不是达尔文所说的生存斗争的幸存者，恰恰相反，他们是一群已经对地球上的生命本质妥协了的人。简而言之，是那些在战争神话中成长的民族、部落和人民，使他们维持生命的神话代代相传。

从最新的考古学研究和发现来看，在最早发现人类演化迹象的远古东非地区，至少在大约 180 万年前，那里已经有两种不同的原人或者说是类人物种出现在地球上。这两个物种的发现者利基博士把其中一种命名为东非人（Zinjanthropus），他们似乎是素食物种，已经灭绝了。另一种叫作能人（Homo Habilis），他们是肉食物种，可以制造屠杀的工具和武器。很显然，如今的人类是由这一支发展而来的。

奥斯瓦尔德·斯宾格勒（Oswald Spengler）曾经写道："人类是一种捕

猎的野兽。”这仅仅是一个自然事实。另一个事实是：纵观动物王国，食肉的野兽比它们素食的猎物整体上要更强大和更聪明。赫拉克利特认为战争创造了所有伟大的事物，用斯宾格勒的话说就是：“缺乏勇气去做锤子的人只能成为铁砧。”对这个并不受欢迎的事实，许多敏感的人发现自然是难以忍受的，把那些最适合生存的事物称为“邪恶的”“有害的”“可怕的”，并树立一个恰好对立的理想人类模型取而代之，这些人逆来顺受，而他们的王国并不属于这个世界。因而，最终这两种完全对立的基本神话出现在整个人类历史中：在一种神话中，肯定杀戮是世上所有生命得以生存的恐怖前提，而另一种神话则否认这一前提。

当我们看世上无文字民族的原始神话时，不难发现它们无一例外都是第一种，也就是肯定杀戮前提的那一种。我并不知道在某个地方有某个原始民族会反对或者鄙视斗争，或者把战争视为绝对的邪恶。强大的狩猎部落一直都在猎杀动物，由于可以得到的肉食有限，也就必然会与争夺猎物的竞争群体之间产生冲突和碰撞。总的来说，以狩猎为生的人就是战士，不仅如此，许多人会因为一场战斗而兴高采烈，并把战斗当作一种壮勇华丽的演习。这些部落的仪式和神话通常建立在死亡并不存在这一观念上。被屠杀的猎物的血流回土壤，它将把生命的原则带给大地母亲以求再生，当它再生时，还会像上次那样交出自己暂存的肉身。这样一来，人们就认为那些被猎杀的动物是自愿把自己的生命交给人类的，因为它们知道人类会举行适当的仪式使它们的生命回到它的本源中去。同样，每场战争之后，都会举行相应的仪式宽慰那些被屠杀的灵魂，并释放它们到精神的王国。

这些仪式还能够使战争狂平静下来，并淡化那些曾经参与杀戮的人对战争的狂热。因为无论是杀人还是杀动物，总是潜藏着未知的危险。一方面，被杀害的人或动物可能会进行报复；另一方面，猎手同样可能染上杀戮癖而发狂。所以，除了安抚灵魂的仪式外，也会举行一些特别的仪式使那些归来的战士回到曾经的生活当中去。

我以前有幸编辑过一本关于纳瓦霍人[①]战争仪式的书，里面有一些沙画的内容（更准确地说应该是花粉画，花粉是把花瓣捣碎得来的）。这个神话故事是关于纳瓦霍的两位孪生战神的，在第二次世界大战期间的美国印第安保留地，纪念这两位战神的仪式曾一度复苏以鼓励那些被应征加入美国军队的纳瓦霍青年。这场仪式叫作“寻找父亲的两兄弟”（Where the Two Came to Their Father），讲的是两个纳瓦霍英雄跋涉到他们的太阳之家，设法向父亲取得魔法和武器，并用它们来铲除当时在世上处处为害的野兽的故事。

几乎所有战争神话的基本观点都是：敌人是怪物，杀了它就等于维护了地球上真正有价值的人类生活秩序，这当然仅仅是指他们自己的民族。在某种意义上，纳瓦霍仪式的主角往往都与神话故事中年轻英雄的年龄相仿，他们也是在这个年纪铲除了处处肆虐的毒蛇、巨人和其他怪兽。我需要说明的是，在我们这个麻烦众多的社会中，有一个非常严重的问题：年轻人是在和平的、备受呵护的环境中长大成人的，如果突然派他们去履行战士的职责，他们连一点心理准备都没有。可以说，他们没有一丁点心理准备来完成这个古老人生游戏中应尽的义务，而且他们不合时宜的道德情感也于事无补。

但并不是所有的原始人类都是好战的人，如果我们把目光从广阔草原上生活的狩猎民族和好战的游牧民族转移到热带地区过着定居生活的村民身上，我们或许可以发现一个相对和平的世界，因为他们的主要食物一直都是植物而不是动物，所以也就不需要心理上或者神话中的战争念头。

然而，正如前几章所提到的那样，整个热带地区普遍存在一种奇怪的观

① 纳瓦霍人是美国印第安居民集团中人数最多的一支。——编者注

念。从对植物世界的观察中人们发现，新的生命从腐朽中产生，生命源于死亡，也就是说，新的植物的生长是以上一季植物的死亡为条件的。同样，这些地区多数民族的主要神话的主旨也是死亡使生命得以延续，而且事实上，正是在这些地区，一些令人恐惧的怪诞的人祭仪式一直沿袭至今，它们的灵感源于“通过杀戮来激发生命”的观念。猎取人头习俗在这些地区也很盛行，快要结婚的年轻小伙要想传宗接代，就必须在结婚前取另一个人的人头当作战利品，还要在结婚时拿出来供人们祝福。这种行为不但不会受人蔑视，反而会受到尊重，因为给予这对新婚夫妇的孩子生命力量的人已经来到这个世上了。

牺牲他人的生命来使另一个生命得到延续，这种残忍的做法在古老的阿兹特克文明中被发挥到了极致。阿兹特克人认为，除非人类不断地为各个祭坛贡献人祭，否则太阳将不再升起，时间会停止，而宇宙更会分离。不过，阿兹特克人从与邻近民族的持续战争中获取数以千计甚至是万计的祭祀品是轻而易举的事。他们的战士被奉为祭司。斗争的法则，包括自然界中各种基本成分之间的斗争，风与土、水与火之间的斗争，是他们世界的基本法则，被称为“荣冠战争”（Flowery War）的伟大的战争仪式则是他们最高级别的庆典。

在近东地区，公元前 8 世纪以后，以谷物种植为生的群落和最早的城镇开始出现，一种全新的人类生活方式逐渐形成。人类不再以觅食和狩猎为生，而是依靠耕种和收获农作物，伟大而善良的大地母亲是食物的主要供给者。正是在那个时期出现了丰收仪式，即与耕地、播种、扬谷和第一粒果实等相关的一些仪式。从那以后丰收仪式一直是所有农业文明的基本仪式。在这些最早的城镇形成的前 1000 年间，人们不需要筑围墙就可以生存下来。然而到了公元前 6 世纪，尤其是公元前 5 世纪，在这些文明生活的中心遗留下来的古迹中，围墙变得越来越多。这就使我们知道，经常迁徙的好战民族开始恐吓并时常侵犯和掠夺在田里长久默默劳作的、相对富有的农夫们。

在新兴的文明地区的西部，有两个最主要的掠夺民族，他们分别是雅利安人和闪米特人。前者来自东欧大草原，是牧牛民族；后者来自叙利亚和阿拉伯的沙漠地带，是牧羊民族。这两个民族都是极其残忍的好战分子，他们对乡镇和城市的洗劫骇人听闻。《旧约》中到处都是对平静居所被扰乱、被掠夺，甚至被完全摧毁的叙述。想象一下，从瞭望塔看见水平线上扬起一阵尘土，难道是暴风雨？不！那是贝都因军团。第二天早上，城墙内一个活人都没有了。

西方关于战争神话的两部伟大著作是《伊利亚特》（*Iliad*）和《旧约》。当亚摩利人（Amorites）、摩押人（Moabites）和早期的哈比鲁人（Habiru）或者说希伯来人（Hebrews）跨过迦南时，也正是青铜器时代晚期和铁器时代早期的希腊人统治古老的爱琴海的时候。这些侵略事件几乎发生在同一时代，与此同时，庆祝胜利的传奇故事也形成了。而且，引发这两种传奇故事的基本神话观念也很相似。它们都描绘出了一个被分为两层的世界，下面是大地，上面是神的居所。大地上正在进行战争，这些战争是我们战胜其他民族的战争。然而，这些战争受到了上天的指引。

拿《伊利亚特》来说，万神殿里的众神分别支持战争的各方，那里也有争吵，波塞冬（Poseidon）与宙斯（Zeus）意见相违，雅典娜（Athene）反对阿佛洛狄忒（Aphrodite），宙斯偶尔也会反对赫拉（Hera）。人类军队的命运就随着众神的争吵而改变。而事实上，关于《伊利亚特》最有趣的一件事是，它虽然是写来歌颂希腊人的，但它把最高的荣誉和尊敬都给了特洛伊人。尊贵的特洛伊斗士赫克托耳（Hector）是书中主要的精神英雄。相比起来，阿喀琉斯（Achilles）是个恶棍。第六卷中赫克托耳离开妻子安德洛玛克和小儿子阿斯蒂那科斯（“像一颗美丽的星星”般躺在保姆的怀抱里）的场景无疑是整部作品中最具人性、最温暖、最具男子气概的一幕。

“我亲爱的主人，”善良的妻子请求说，“您的坚强会毁了您的，因为希腊人（Achaians）马上就要向您进攻并杀掉您。”她那伟大的丈夫回答道：“亲爱的，请不要过度哀伤，没有哪个对抗我的人可以真的取走我的性命，只有命运才能。每个人无论勇敢还是懦弱，从一出生就无法躲避命运。”当小男孩因为害怕父亲那闪闪发亮的、带有马尾装饰的头盔而退缩时，赫克托耳哈哈大笑，把头盔拿下来放到地上，然后亲了亲他的儿子，并把他抱在怀中轻轻摇着。当赫克托耳离开妻儿去接受他的命运之前，他又为孩子向宙斯做了祈祷。

再来看一下埃斯库罗斯（Aeschylus）的伟大悲剧《波斯人》（*The Persians*），埃斯库罗斯在萨拉米斯抵抗入侵的波斯人不到二十年后，这部非凡的著作在希腊诞生了。故事的背景是波斯，女王和她的王公大臣正在讨论国王薛西斯战败归来的事情。故事是从波斯人的角度写的，显示了古希腊人对当时最具威胁的敌人所表现出的尊敬和同情。

但是当我们从《伊利亚特》和雅典转到《旧约》和耶路撒冷时，他们神话中的上界却有着截然不同的故事和权力结构：不再是不同的神支持战争的各方，而是有一个独断的神明，他的仁慈永远只惠顾其中一方。因此，被当成敌人的，不管他是谁，在这些著作中的描述与希腊的神话形成鲜明对比。《旧约》不把他们当作人类，用马丁·布伯的话说，不是“你”，而是“它”。我选出了一些具有代表性的文章片段，我相信我们都非常熟悉，这些片段或许可以帮我们看清，原来我们在有史以来诸多战争神话中最残酷的神话中长大。

首先，请看下面这段：

耶和华你的神领你进入要得为业之地，从你面前赶出许多国民，就是赫人、革迦撒人、亚摩利人、迦南人、比利洗人、希未人、耶布斯人，共七国的民，都比你强大。耶和华你的神将他们交给你击杀，那时你要把他们灭绝净尽，不可与他们立约，也不可怜恤他们；不可与他们结亲，不可将你的女儿嫁他们的儿子，也不可叫你的儿子娶他们的女儿；因为他必使你儿子转离不跟从主，去事奉别神，以致耶和华的怒气向你们发作，就速速地将你们灭绝。你们却要这样待他们：拆毁他们的祭坛，打碎他们的柱像，砍下他们的木偶，用火焚烧他们雕刻的偶像。因为你归耶和华你的神为圣洁的民，耶和华你的神从地上的万民中拣选你，特作自己的子民。(《申命记》第 7 章第 1 ～ 6 节)

你临近一座城要攻打的时候，先要对城里的民宣告和睦的话。他们若以和睦的话回答你，给你开了城，城里所有的人都要给你效劳，服事你。若不肯与你和好，反要与你打仗，你就要围困那城。耶和华你的神把城交付你手，你就要用刀杀尽这城的男丁。惟有妇女、孩子、牲畜和城内一切的财物，你可以取为自己的掠物。耶和华你的神把你仇敌的财物赐给你，你可以吃用。离你甚远的各城，不是这些国民的城，你都要这样待他。

但这些国民的城，耶和华你的神既赐你为业，其中凡有气息的，一个不可存留。只要照耶和华你的神所吩咐的，将这赫人、亚摩利人、迦南人、比利洗人、希未人、耶布斯人都灭绝净尽。免得他们教导你们学习一切可憎恶的事，就是他们向自己神所行的，以至你们得罪耶和华你们的神。(《申命记》第 20 章第 10 ～ 18 节)

耶和华你的神，领你进他向你列祖亚伯拉罕、以撒、雅各起誓应许给你的地。那里有城邑，又大又美，非你所建造的；有房屋，装满各样美物，非你所装满的；有凿成的水井，非你所凿成的；还有葡萄园、橄榄园，非你所栽种的，你吃了而且饱足。那时，你要

谨慎，免得你忘记将你从埃及地为奴之家领出来的耶和华。(《申命记》第 6 章第 10 ～ 12 节）

然后，读着读着，我们从《申命记》转到最伟大的战争著作《约书亚记》，其中最著名的一段便是关于耶利哥城的灭亡。号角吹响，城墙倒塌。“接着，”我们读到：

“又将城中所有的，不拘男女老少、牛羊和驴，都用刀杀尽……众人就用火将城和其中所有的焚烧了。惟有金子、银子和铜铁的器皿，都放在耶和华殿的库中。”(《约书亚记》第 6 章第 21 ～ 24 节）。

下一个就是艾城。

“于是以色列人击杀他们，没有留下一个，也没有一个逃脱的……当日杀毙的人，连男带女共有一万二千，就是艾城所有的人。”(《约书亚记》第 8 章第 22 ～ 25 节）

“这样，约书亚击杀全地的人，就是山地、南地、高原、山坡的人，和那些地的诸王，没有留下一个。将凡有气息的尽行杀灭，正如耶和华以色列的神所吩咐的。”(《约书亚记》10 ： 40）

然而，正是这个神告诫我们，正如今天我们的和平鸽使者频频引用的那句话：“不可杀人。”

还可以看看《士师记》，故事最后讲述了便雅悯人如何得到了他们的妻子(《士师记》第 21 章）。《圣经》中最早的圣歌底波拉的歌是战争歌曲（《士师记》第5章)。在《列王纪》中我们能看到十分残暴的血浴,是以利亚(Elijah)和以利沙(Elisha)借耶和华之名干的。接下来就是约西亚(Josiah)的改革(《列王纪下》第22.23章),之后没多久耶路撒冷就被包围了,并在公元前586年被巴比伦王尼布甲尼撒(Nebuchadnezzar)占领(《列王纪下》第25章)。

但在这所有的斗争之上有一种美丽的理想萦绕,那就是最后的天下太平,这种信念从《以赛亚书》开始,在西方所有主要的战争神话中隐约出现。比如,在《以赛亚书》第65章的末尾,有一个后来频繁被引用的、充满欺骗的意象:"豺狼必与羊羔同食,狮子必吃草与牛一样,尘土必作蛇的食物。在我圣山的遍处,这一切都不伤人、不害物。这是耶和华说的。"

然而就在前几章,我们就已经被告知了什么才是最理想的将要到来的和平。上面写着:

> 外邦人必建筑你的城墙,他们的王必服事你;我曾发怒击打你,现今却施恩怜恤你。你的城门必时常开放,昼夜不关,使人把列国的财物带来归你,并将他们的君王牵引而来。哪一邦哪一国不事奉你,就必灭亡,也必全然荒废。
>
> 黎巴嫩的荣耀,就是松树、杉树、黄杨树,都必一同归你,为要修饰我圣所之地,我也要使我脚踏之处得荣耀。素来苦待你的,他的子孙都必屈身来就你;藐视你的,都要在你脚下跪拜。他们要称你为"耶和华的城",为"以色列圣者"的锡安。(《以赛亚书》第60章第10～14节)

让人感到奇怪和恐怖的是,最近在6天的闪电战和第7天的安息日之后[1]，以色列人庆祝胜利时，仍能听到类似主题的回应。也就是说，与古希腊神话不同，这个神话现在依然活跃。

当然，阿拉伯人也有神授予他们的战争神话。根据他们的传说，阿拉伯人也是亚伯拉罕的子民，是他的长子以实玛利（Ishmael）的后代。而且，这段历史在《古兰经》里也有证明。在以撒（Isaac）出生前，正是亚伯拉罕和以实玛利在麦加建造了克尔白圣堂（Kaaba），后来成为整个阿拉伯世界和伊斯兰国家的标志和圣地。阿拉伯人和希伯来人尊敬同样的先知，并从这些先知那里得到信仰。他们尊敬亚伯拉罕和摩西（Moses），同样非常尊敬所罗门（Solomon）。他们也尊敬先知耶稣（Jesus）。然而，他们最伟大的先知却是穆罕默德（Mohammed），他本人在很大程度上是一个战士。他们那精彩的神话源于先知穆罕默德，那就是以上帝之名不屈不挠的战争。

代表圣战的责任的“吉哈德”一词（Jihad）是从《古兰经》的某些章节里衍生出来的一个概念，在大征服期间（Great Conquests）（公元 7 ～ 10 世纪），这个词被理解为每一个自由、成熟、智慧、健壮的穆斯林男性义不容辞的使命。“战争已成为你们的定制，而战争是你们所厌恶的。也许你们厌恶某件事，而那事对你们是有益的；或许你们喜爱某件事，而那件事对于你们是有害的。真主知道，你们确不知道。”（《古兰经》第 2 章 216 节）

我在对这段话的一篇评论中看到，“为真理而战，是最高形式的仁慈。除了生命，你还有什么更珍贵的东西可以奉献？”所有“伊斯兰领土”（Dar al-Islam）之外的地方都要被征服，因此被称为“战争之地”（Dar al-harb）。据说先知曾这样说过：“我被召唤来战斗，直到人类都承认，除了安拉之外

[1] 坎贝尔此处指的是 1967 年，即本讲座当年发生的第三次中东战争（Six-Day War）。——编者注

再没有其他的神，而穆罕默德是安拉的使者。”他们的理想是每位穆斯林王子每年至少带领众人征伐非穆斯林一次。然而，事实证明这种想法是不现实的，只要有一支管理严格、操练刻苦的军队为吉哈德做好准备就足够了。

犹太人被称为“有经者”（the People of the Book），在这种观念中，他们有一个特别的地位，因为他们是第一个收到神谕的民族。但是根据穆罕默德的观点，后来犹太人多次违背神谕，阻挠、对抗甚至杀害后来的先知。在《古兰经》里他们经常受到谴责和威胁。我们仅以其中的一个章节为例，引自《古兰经》第 17 章第 4 ～ 8 节。（在英译《古兰经》中，任何地方出现的“我们”都指的是真主；“你们”是犹太人；“书”指的是《圣经》。）

> 我曾在经典里启示对以色列的后裔判决说：“你们必定要在大地上两次作乱，你们必定很傲慢。”当第一次作乱的约期来临的时候，我派遣我的许多强大的仆人［巴比伦人，公元前 685 年］去惩治你们，他们就搜索了住宅，那是要履行的诺言。然后，我为你们恢复了对他们的优势，我以财富和子孙资助你们，我使你们更加富庶。我说：“如果你们行善，那么，你们是为自己而行善；如果你们作恶，那么，你们是为自己而作恶。”当第二次作乱约期来临的时候，（我又派遣他们），以便他们使你们变成愁眉苦脸的，以便他们像头一次那样再入禁寺［罗马人，公元 70 年］，以便他们把自己所占领的地方加以摧毁。（如果你们悔改），你们的主或许会怜悯你们。如果你们重新违抗我，我将重新惩治你们。我以火狱为不信道者的监狱。

以上就是两种战争神话，即使是今天，在冲突不断的近东地区，它们依然相互对立，而且说不定会“引爆”我们的地球。

让我们的思想回到过去，我们的现在正是它的延续。《圣经》中有种古老的观念，在占领某个城镇后，杀掉城中所有的生命献给耶和华。这其实是早期的闪米特人（亚摩利人、摩押人、亚述人以及所有其他闪米特人）习俗的希伯来版本。

但是大约在公元前 8 世纪中期，亚述人提格拉特·帕拉沙尔三世（Tiglath Pilesar Ⅲ，公元前 745 年—公元前 727 年在位）似乎注意到了，如果把所占城市的人都杀掉的话，就没有人来做奴隶了。但是如果有任何人活了下来，他们就会聚集到一起，那样就将有一场暴动需要平息。因此，提格拉特·帕拉沙尔率先发明了一项将人口从一个地区迁徙到其他地区的制度：当一个城市被占领，它的所有居民都要被流放到其他地方去做苦工，而同时，另一个地方的居民将被转移过来。

这个想法确实很有效，也很流行。所以之后的两个多世纪里，整个近东地区一直动荡不安，几乎没有一个固定居民。当以色列沦陷时，它的人民并没有像半个世纪前那样被屠杀。他们被流放到另外一个地方，同时，另一个民族（后来称为撒马利亚人 [Samaritans]）被带到以色列曾经的国土上。同样，耶路撒冷在公元前 586 年沦陷后，它的人民被转移到巴比伦。我们从《圣经·诗篇》的第 137 篇中读到：

> 我们曾在巴比伦的河边坐下，一追想锡安就哭了。
> 我们把琴挂在那里的柳树上 。
> 因为在那里，掳掠我们的要我们唱歌，抢夺我们的要我们作乐，说：
> “给我们唱一首锡安歌吧！”
> 我们怎能在外邦唱耶和华的歌呢？
> 耶路撒冷啊！我若忘记你，情愿我的右手忘记技巧。

我若不纪念你，若不看耶路撒冷过于我所喜乐的，情愿我的舌头贴于上膛。

耶路撒冷遭难的日子，以东人说：“拆毁！拆毁！直拆到根基！”

耶和华啊，求你纪念这仇。

将要被灭的巴比伦城啊，报复你像你待我们的，那人便为有福。

拿你的婴孩摔在磐石上的，那人便为有福。

但是，突然之间，整个近东地区的神话故事迎来了一个巨大的变化。波斯突然出现了，除希腊之外，它战胜了从博斯普鲁斯海峡到尼罗河上游，再到印度河流域的所有古老国家。

公元前539年巴比伦沦陷于居鲁士二世（Cyrus the Great）的手中，他管理国家的方法不是大屠杀，也不是举城迁移，而是让各个民族的人们回到属于自己的地方，让他们信仰自己的神，并让同族中信仰相同的人做王来管理他们。因此，他成了第一位“王中之王”。这位伟大的波斯帝王的名号现在成为“以色列的上帝”的封号。正是这个帝王让上帝的子民回归故里，并鼓励他们重建自己的神庙。在《以赛亚书》第45章中，这位异教者被称为是一个真正的弥赛亚（virtual Messiah），耶和华选定的仆人。他让人们回到自己神圣的故乡，这一举动被认为是上帝借他之手所做的。如果我对这个章节没有理解错的话，先知预言的并不是波斯人，而是耶和华的子民，最终将以上帝之名来统治世界（《以赛亚书》第45章第14～25节）。

从另一方面来说，真正的波斯神话并不是《以赛亚书》里说的那样，而是拜火教的神话。因为它不仅影响了犹太教，而且影响了整个基督教的发展，我对它稍做介绍，然后再进行对和平神话的探讨。

根据这种观念，造世主是真理和光明之神阿胡拉·玛兹达（Ahura Mazda），他最初的创造物是完美的。然而一股对立的黑暗邪恶势力阿里曼（Angra Mainyu）给世界注入了各种邪恶，所以就产生了一种坠入无知的普遍堕落，而且现在光明和黑暗、正义与邪恶的力量之间仍有持续的冲突。在波斯人看来，这并不是针对某一个民族或者部落，而是宇宙的普遍力量。每个人，不管他属于哪个民族或部落，都必须由他的自由意志做出选择，要么与正义，要么与邪恶结合。如果是前者，他将通过自己的思想言行为世界恢复完美做出贡献；如果是后者，非常遗憾，地狱才是最适合他的地方。

随着胜利之日的临近，黑暗势力在做最后的垂死挣扎，世界将会迎来一场大规模的战争和普遍的灾难，在那之后，最终的救世主梭新亚（Saoshyant）[①] 将会到来。阿里曼和他的魔鬼们将被彻底消灭，死去的人将在洁净的阳光中获得重生。地狱将消失，经过净化的灵魂将被释放，随之而来的将是纯粹而永久的和平、纯洁、欢乐和完美。

古代的波斯帝王都认为，他们以一种特殊的方式代表着光明之神的意志和事业。于是我们发现，在波斯这个多民族、多文化并存的国家，事实上它也是历史上第一个这样的国家，有种上帝赋权统治帝国的推动力。最终，以真理、善良和光明的名义，波斯的“王中之王”将带领人类恢复真理。

这个观念特别受国王们的欢迎，而且一直被掌权的统治者所采纳。例如印度神话中的转轮王（Chakravartin）也是世界之王，他所到之处的人民会得到和平和幸福。这种神话形象很大程度上是受到了上述思想的启发。这种思想在大约公元前 262—前 248 年间印度第一个佛教帝王阿育王统治期间被

① saoshyant，是拜火教（启天教）对他们祭师的尊称。认为这些祭师能够为世界增加更多的公平、正义与公理，也可以延长和平的年限。——编者注

接受。而在中国，动乱的战国时期过后，第一个统一全国的秦始皇出现了，他宣称自己是受命于天来管理国家的。

所以，《以赛亚书》第 40 ～ 55 章的作者的思想也就不足为奇了。这位作者生活在居鲁士二世时期，见证了波斯人将圣城耶路撒冷交还给它的人民，这说明，他的预言受到了拜火教的影响。比如第 45 章的著名段落："我造光，又造暗；我施平安，又降灾祸；造作这一切的是我耶和华。"正是在所谓的"第二以赛亚"（Deutero Isaiah）的章节中，我们发现人们最初纪念耶和华并不只是把他当作众神中最伟大和最强大的一个，而是宇宙中唯一的神，无论犹太人还是异教徒都可以在他那里得到救赎。比如我们在《以赛亚书》第 45 章第 22 节读到："地极的人都当仰望我，就必得救。因为我是神，再没有别神。"

而且在犹太人被流放之前，救世主弥赛亚这种观念只是一个在大卫的宝座上的理想国王形象。《以赛亚书》第 9 章第 7 节写道："以公平公义使国坚定稳固，从今直到永远"。在流放以后的日子里，尤其是在亚历山大时代后期充满启示的著作中，有一种信念认为：在历史的末期，最终会有一个人出现，比如《但以理书》第 7 章第 13 ～ 27 小节，"使各方、各国、各族的人都事奉他……他的国必不败坏"。而且到了那时，"睡在尘埃中的，必有多人复醒，其中有得永生的，有受羞辱、永远被憎恶的"。(《但以理书》第 12 章第 2 节）

当然，拜火教的末世论对世界末日和死者重生这些观念产生了一定的影响。而且在公元前最后一个世纪的《死海古卷》(*Essene Dead Sea Scrolls*）中，波斯人思想的影响随处可见。事实上，这段时间本身就动荡不安，所以世界末日和救世主梭新亚的到来，成为每一个熟悉拜火教思想的人的期盼。即使是在耶路撒冷，也发生了教派分裂，双方争夺统治权，一个受到哈西德派即正统教派“虔诚的人们”的支持，遵从上帝的律法；另一个则支持希腊思想。

正如我们读到的马加比家族的故事那样，支持后者的人后来到希腊求见国王安太安条克（Antiochus），从他那里得到了在耶路撒冷建一个体育场的许可。“他们遵从外邦人的习俗，背弃主的约，不再行割礼，与外邦人结盟。”新的斗争又在圣城开始了。希腊人支持一个投机主义者赫莱尼泽（Hellenizer）得到了最高祭司的职位，摧毁了神庙，并让各地建立起异教徒的祭坛，斗争达到了白热化。

公元前 168 年，在一个叫作 Modein 的村子里，玛他提亚（Mattathias）和他的五个儿子（马加比家族）袭击并杀害了第一个走进异教祭坛、向外邦人的神献祭“执行王命”的犹太人，并且杀害了前去建祭坛的希腊官员。但是，后来马加比家族厚颜无耻地称他们自己为君王和最高祭司，这并不是他们的合法身份，那个家族的人后来为了争夺该继承权发生了许多丑陋的背叛和谋杀行径。

法利赛人（Pharisees）、哈西德派和其他仇恨这些不敬行为的人发动了起义，后来被统治者亚历山大·詹纳乌斯（Alexander Jannaeus）用极其残忍的手段镇压了下来。他一夜之间用十字架上钉死了 800 个敌人，并在他们面前杀死他们的妻儿。他自己则一边看着这些酷刑执行，一边喝着酒，甚至还公开和他的妃嫔们寻欢。“一种深深的恐惧笼罩着每一个人”，犹太历史学家约瑟夫（Josephus）在对这一残暴行径的总结叙述中说道，“第二天，8 000 个反对者连夜仓皇奔逃，离开了整个犹太地区。”

这一事件可能发生在库姆兰会社，其在死海岸边的荒野成立，于《死海古卷》写成的时期。它的创立者预见到了世界末日，并认真准备使自己可以熬过这一劫，并获得永生，上帝只会挑选一小部分人得到这样的命运。他们希望自己组成一支正义的军队，在上帝的帮助下，征服并净化这个世界。一场持续四十年的光明之子与黑暗之子间的战争将要爆发。(比较一下古老的拜火教的主题！)

这场大战以与近邻的如摩押人和埃及人六年的战争开始。在一年的安息日休整之后，又是一系列对较远地区民族的讨伐。盟约者在他们的号角和旗帜上写下鼓舞人心的标语，如“上帝的选择”“上帝的王子”“天父子民的统帅”“上帝之手攻击愚昧的人”“上帝的真理”“上帝的公正”“上帝的荣耀”等。但是，请注意，与此同时，在耶路撒冷，亚历山大·詹纳乌斯的两个儿子正在为争夺王位而战，其中一个请求罗马人帮助自己达到目的，那时正是公元前63年。

那个时期在犹太人的众多信仰中，世界末日正在临近的观念似乎自始至终都占了上风，现在来评价犹太人的这个认识是非常有意思的事情。拜火教人认为救世主梭新亚即将到来。在被放逐到巴比伦的犹太人那里，将会有救世主弥赛亚出现。各个国家都将彻底毁灭。即使在以色列也只有一小部分人能活下来。正是在这种紧迫的情境下，基督教诞生了。先知施洗者约翰在约旦河上游距离死海几千米的地方给盟约者洗礼，同时他也在等待着，为路上做准备。接着耶稣走向了他。随后耶稣在沙漠中斋戒四十天，并回来告诉人们世界末日的信息。

那么，耶稣的讯息和不远处库姆兰会社盟约者的信息之间到底有什么显著区别？在我看来，两者的区别是：盟约者认为自己是光明之子，将要参加与黑暗之子的战斗，也就是说，他们正准备去参加战斗。然而，耶稣的福音却是战争已经平息。“你们听见有话说：‘爱你的邻舍，恨你的仇敌。’只是我在告诉你们，要爱你们的仇敌，为那逼迫你们的祷告。这样，就可以作你们天父的儿子，因为他叫日头照好人，也照歹人；降雨给义人，也给不义的人。”（《马太福音》第 5 章第 43 ～ 45 节）我觉得这恰恰就是战争福音与和平福音的不同。

然而，我们稍后会看到《马太福音》第 10 章中惊人的言语：“你们不要想，我来是叫地上太平；我来并不是叫地上太平，乃是叫地上动刀兵。因为我来是叫‘人与父亲生疏，女儿与母亲生疏，媳妇与婆婆生疏。人的仇敌就是自己家里的人。’爱父母过于爱我的，不配作我的门徒；爱儿女过于爱我的，不配作我的门徒。”在《路加福音》第 14 章中我们听到与此相呼应的声音：“人到我这里来，若不爱我胜过爱自己的父母、妻子、儿女、弟兄、姐妹，和自己的性命，就不能做我的门徒。”

我认为理解这些话的关键就在刚才所引文字的最后一句，以及紧接着我们上面两段引文的话。《马太福音》中说：“不背着他的十字架跟从我的，也不配做我的门徒。得着生命的，将要失丧生命；为我失丧生命的，将要得着生命。”《路加福音》中说：“凡不背着自己十字架跟从我的，也不能作我的门徒。”再回到《马太福音》：“可去变卖你所有的，分给穷人……你还要来跟从我。”还有：“耶稣说：‘任凭死人埋葬他们的死人，你跟从我吧！’”

这种教义的目标是一种与世俗生活、家庭纽带、社会等完全脱离的苦行僧的生活，远离所有“死人”，也就是我们所说的活人，“埋葬他们的死人”。基督教最初的这些教义正是早期佛教和耆那教的要求，是一种“森林教义”。

对普遍存在的末日论，基督教从根本上把它的指涉由历史性的未来转到了心理的现在。也就是说，世界末日和上帝之日的到来不是我们在无尽的时间中可以等来的事情，而是现在、在静寂中、在内心深处发生的。与此相照应的是，我们在《多马福音》的最后几行中看到，当门徒问：“我们的天国什么时候才能来到？”耶稣回答说：“光凭希望它是到不了的；他们不会说

‘看这里’或‘看那里’，但是上帝的国度已经存在于大地上，只是人类看不到它。”

而且耶稣提到的剑的寓意不可能是指人类战争中的任何一种武器，在客西马尼园被捕的场景中，这种观点变得更为清晰。

> 说话之间，那十二个门徒里的犹大来了，并有许多人带着刀棒，从祭司长和民间的长老那里与他同来。那卖耶稣的给了他们一个暗号，说：“我与谁亲嘴，谁就是他。你们可以拿住他。”犹大随即到耶稣跟前说：“请拉比安”，就与他亲嘴。耶稣对他说：“朋友，你来要做的事，就做吧！”于是那些人上前，下手拿住耶稣。有跟随耶稣的一个人，伸手拔出刀来，将大祭司的仆人砍了一刀，削掉了他一个耳朵。耶稣对他说：“收刀入鞘吧！凡动刀的，必死在刀下。”（《马太福音》第 26 章第 47 ～ 52 节）

足够清晰了吧，不是吗？强壮的持剑者在《约翰福音》里被认为是彼得（《约翰福音》第 18 章第 10 节），他和犹大一样，不是耶稣追随者中最后一个背叛他的老师及其教义的人。从公元 4 世纪君士坦丁胜利的时代开始，以彼得命名的教堂大规模地扩建了。中世纪鼎盛时期，在教皇英诺森三世（Pope Innocent Ⅲ，1198 年—1216 年在位）的指挥下，彼得狂热的剑的火花在阿比尔十字军的战火中达到炽热的顶峰。其中遭受重创的是异教的卡特里派（Cathari），即自成一体的清洁派（Pure Ones），为了过禁欲而纯洁的平静生活，他们曾经明确拒绝挥刀舞剑的生活。

禁欲、放弃尘世的生活，甚至泯灭求生的意志，都被认为是为人类所设的广为人知的和平信条。如果有人要以它最初被提出时的历史环境开始判断，那么它开始于，至少盛行于对事物瓦解的普遍绝望感的回应。最初的神话观念是关于一场大战的，那是最后的一场圣战，通过这场战争，世界性的和平将在历史时刻的末尾到来。但是这并不能算一个和平神话，而是一个对持久战争的召唤。讽刺的是，基督教的苦行训言刚从耶稣之口传入他最亲密的追随者耳中，便成了（并且一直被解释为）另一种仅仅像伊斯兰圣战、十字军之类的教条。所以现在，让我们对其他著名的禁欲的和平神话的思想和信条做一番简要的回顾和对比。

毫无疑问，最严酷无情的莫过于印度的耆那教。他们的布道者摩诃毗罗（Mahavira）与佛陀是同时代的人。摩诃毗罗的教义在当时已经相当流行，他也是史前时期以来的众多布道者中最后一位被称为耆那教的“蒂尔丹嘉拉”（Tirthankaras，“开路者”的意思）的人。根据众多智者的绝对非暴力教义，想要摆脱轮回的人一定不能杀害或伤害任何生物，更不能吃动物的肉，甚至不可以在晚上喝水，以免误吞浮在水面上的小昆虫。他必须发誓，限制自己日间走路的步数，因为每走一步，小昆虫之类生物的性命就将受到威胁。

耆那教的瑜伽修行者在森林中行走时总是带着一个小扫把，迈出每一步之前都要先用它扫地。即使在今天，你仍能在孟买看到耆那教的僧尼，他们戴着粗棉布口罩挡住口鼻，就像手术室里的医生一样，以确保他们不会吸入任何生物。他们不能吃从树上摘下来的水果，只能等着水果自己掉下来，也不能用刀砍任何活着的植物。从逻辑上来说，耆那教僧人的目的就是早早地死去，但是在他们求生欲望完全熄灭之前却不能死亡。只要带着一点对生存、享受和保护自己生命的冲动，就一定会获得重生，又一次回到可怕的世界，继续伤害其他生物。

佛教的原始形式与印度耆那教联系紧密，但强调的重点已从摧毁人的生命转向了摧毁人的自我。人们要忘记“我”和“我的”，摆脱保护自我、财产和生命的冲动。因此，佛教强调的是心灵而不是肉体，然而从这里我们也能看出，如果一直坚持彻底的美德原则，可能会最终导致人对生命的完全舍弃。

例如，有一个关于虔诚佛教徒毘湿饭怛啰王（King Vessantara）的故事。

> 有一天，邻国的国王向毘湿饭怛啰王借他的大白象。大白象能引来白云，而白云能带来雨水。无私的毘湿饭怛啰王不假思索地把大白象送给了他，却引起了国民的愤怒，大家认为毘湿饭怛啰王不关心他们的福祉，就把国王和他的家人一起驱逐出王国。
>
> 于是，毘湿饭怛啰王和他的家人坐着马车离开了。但是，当他们即将进入森林时，碰到了一队婆罗门向他们借马车和马，无私的毘湿饭怛啰王根本没有“我”“我的”之类的思想，他心甘情愿地把这些珍贵的东西送给了那些婆罗门，自己和家人步行进入危险的森林。接着，他又碰到一个年老的婆罗门要求他把孩子送给他，孩子的母亲反对这样做，但是没有“我”“我的”思想的毘湿饭怛啰王心甘情愿地把自己的孩子送给了那个婆罗门当奴隶。然后又有人要他的妻子，他也同意了。

读完这个故事我们就明白了耶稣的用意，他告诫我们要跟随他就要放弃我们的父亲、母亲、儿子、女儿，还有生命；当别人要我们的外衣时，我们要连同斗篷都给他；当别人打你左脸，你还要转过右脸让他打。在虔诚的佛教徒故事中，发生的所有事情其实都是出于善意，那些婆罗门只是众神派来考验国王的，他的孩子和妻子以及其他东西都被安全地带到了孩子祖父母的宫殿中。这和《圣经》中亚伯拉罕的故事很像，作为祭品的以撒要被上帝杀死，而上帝这么做只是为了考验亚伯拉罕。

然而，这两个神话传说的问题是一样的：在如此虔诚的冒险中，美德是在什么地方结束，罪恶又是从什么地方开始的。比如，仅仅为了维护精神上的纯洁，绝对的和平主义者能走多远？这个问题和我们这个时代不无相干。

现在，让我们来到更远的东方，中国和日本。让我们来看一看另一些关于和平的神话，特别是老子和孔子的神话。许多人称这些神话的思想基础很浪漫，因为它简单地认为自然万物都充满了精神上的和谐统一。在人的一生和所有生命之间，在所有历史和所有历史体制之间，有两种原则或力量，积极和消极、光明和黑暗、冷和热、天与地都有序地相互作用着，它们称为"阳"和"阴"。"阳"的力量在年轻时占优势，"阴"的力量则在年老时逐渐增加。"阳"的力量在夏天、南方和中午最强大，"阴"的力量则在冬天、北方和夜晚最强大。阴阳交替就是万物的存在方式，亦称作"道"。当一个人的时间、世界和自我都遵循"道"，那么他就达到了生命的极致，与世间万物和谐相处。

众所周知，这些最能激发人灵感的话语可以在著名的、长胡子的圣人老子的《道德经》中找到，全书共 81 章。

在这本充满智慧的典籍的第 30 章中，我们可以读到：

> 以道佐人主者，不以兵强天下，其事好还。师之所处，荆棘生焉；大军之后，必有凶年。善者果而已，不敢以取强。果而勿矜，果而勿伐，果而勿骄，果而不得已，果而勿强。物壮则老，是谓不道，不道早已。

第 31 章中：

夫兵者，不祥之器，物或恶之，故有道者不处。君子居则贵左，用兵则贵右。兵者不祥之器，非君子之器，不得已而用之，恬淡为上。胜而不美，而美之者，是乐杀人。夫乐杀人者，则不可得志于天下矣。

但是，众所周知，中国悠久的历史进程中最突出的正是在惨无人道的暴君统治下连续出现的几个世纪的混战，至少在战国之后，大规模军队的作战战略对中国政治进程的影响，要远远大于老子所倡导的“道”。事实上，正是在这段动乱时期，出现了两部关于夺权和维权的无懈可击的马基雅维利式著作，一部是《商君书》，另一部是《孙子兵法》。我们先从《孙子兵法》中引一段：

兵者，国之大事，死生之地，存亡之道，不可不察也。故经之以五事，校之以计，而索其情：一曰道，二曰天，三曰地，四曰将，五曰法。

道者，令民与上同意也，故可与之死，可与之生，而不畏危也；天者，阴阳、寒暑、时制也；地者，远近、险易、广狭、死生也；将者，智、信、仁、勇、严也；法者，曲制、官道、主用也。凡此五者，将莫不闻，知之者胜，不知之者不胜。

另一段节选自《商君书》：

凡人主之所以劝民者，官爵也；国之所以兴者，农战也……诗、书、礼、乐、善、修、仁、廉、辩、慧，国有十者，上无使守战……国去此十者，敌不敢至，虽至必却……国好力者以难攻，以难攻者必兴；好辩者曰以易攻，以易攻者必危……今世主皆忧其国之危而兵之弱也，而强听说者。说者成伍，烦言饰辞，而无实用。

> 农、商、官三者，国之常官也。三官者生虱官者六：曰“岁”；曰“食”；曰“美”；曰“好”；曰“志”；曰“行”。六者有朴，必削……
>
> 国以善民治奸民者，必乱，至削；国以奸民治善民者，必治，至强……
>
> 重罚轻赏，则上爱民，民死上；重赏轻罚，则上不爱民，民不死上……
>
> 事兴敌之所羞为，利。

在印度，这种有关治理国家和作战技巧的思想也流传已久。现在学习《薄伽梵歌》的学生可能会忘记，他们所读的那本宗教册子是印度战争史诗《摩诃婆罗多》（*Mahabharata*）的一部分，这部史诗记载了婆罗多王（Bharata）儿子们之间的伟大战争。下面的段落节选自这本史诗第 12 篇（《薄伽梵歌》是第 6 篇）中的一些精彩部分：

> 一个了解自己实力和军队部署的君王，会以先发制人的方式来保护自己的城市：在给出明确的进攻目标之前，就向没有盟国，或刚经历过战争，或比它实力弱的国家发出进军的命令。
>
> 一个君王不能总是在更强者的统治下生存。即使实力不强，他也应该与强者抗衡，基于这点，他就应该继续努力安邦治国。他可以利用武器、火和毒药去攻打强者，也可以通过离间计……
>
> 君王的统治依靠他的财富和军队，军队也以财富为基础。国家的宗教价值来自他的军队，而宗教价值是民众的精神支柱。要增加国家的财富，只有靠剥削压迫民众。要维持王国的军队也只能用这种方法。因此，在艰难时期，君王剥削压迫他的臣民来扩充财富是没有罪过的……通过财富，两个世界都能获得，当然还有真理和宗教价值。一个穷人是生不如死的。

> 当形势不利时，君王应对强敌毕恭毕敬，但当时机成熟时，就要势如破竹地消灭他们……
>
> 一个寻求国家兴旺繁荣的君王，要不惜杀死自己的儿子、父亲或朋友，只要他们妨碍了他的统治……
>
> 不击中别人的要害，不做出残忍的行为，不像渔夫杀鱼一样的杀生，一个君王是不能让自己国家繁荣昌盛的……
>
> 世界上没有永远的敌人，也没有永远的朋友，这都由所处的环境决定……
>
> 屠城、毁路、烧杀抢掠，做尽这些事情，一个君王才能真正摧毁敌人的国家……
>
> 王权高于正义，正义来自王权；王权是正义的根本，就像生命依靠大地。风而起烟，所以正义必须追随权威。正义本身没有任何威信，它只能依附王权。

事实上，《薄伽梵歌》作为这部战争史诗的一章，其目的和内容都是一种鼓励的说教：让一位在战争面前受尽良心折磨的年轻王子，在他发出战争的信号之前，从由杀戮引起的悲痛和内疚中解脱出来。他被告知："生者必定死去，死者必定再生，对不可避免的事，你不应该忧伤……身体被杀时，它（自我）也不被杀。""刀劈不开它，火烧不着它，水浇不湿它，风吹不干它。永恒、稳固、不动，无处不在，永远如此……居于一切身体内，灵魂永不可杀，因此，你不应该为一切众生忧伤。"①

总之，那就是东方思想中有关一切和平的最终根基。在行动的领域中，也可以说在人的生命中，是没有和平的，从来就没有。那么，获得和平的准则就是毫无牵绊地去做必须做的事情。年轻的勇士、《薄伽梵歌》中的王子

① 译文引自［古印度］毗耶娑：《薄伽梵歌》，黄宝生译，商务印书馆，2011 年。——编者注

阿周那被教导道："摒弃执着，阿周那啊！对于成败，一视同仁；你立足瑜伽，行动吧！瑜伽就是一视同仁。比起智慧瑜伽，行动远为低下，阿周那啊！为结果而行动可怜，向智慧寻求庇护吧！具备这种智慧的人，摆脱善行和恶行，因此你要修习瑜伽，瑜伽是行动的技巧。"①

抛弃所有对行动结果的恐惧和渴望，世人要无所牵挂地去做必须完成之事。这就是世人的职责，无论什么，王子的职责就是战斗和杀戮。我们读到："因为对于刹帝利武士，有什么胜过合法战斗？有福的刹帝利武士，才能参加这样的战争，阿周那啊！仿佛蓦然走近敞开的天国大门。"②

因此，在这一语境中，和平的神话和战争的神话矛盾地统一了起来。不仅在印度教中，在大乘佛教中这种悖论也是最基本的。既然彼岸的智慧超越了一切二元对立，它必然也超出和包含战争与和平这对矛盾。就像大乘菩萨的箴言："现世不完美的世界就是完美的金色莲花世界。"如果世人不能或不忍用这种方式看待世界，那就不是这个世界的过错了。

宇宙也不能被视为邪恶的。自然不是邪恶的，而是佛陀意识的"行为体"。因此，争斗不是邪恶，战场上的敌人也不比对方邪恶或者善良。

所以，在世界的运行过程中，菩萨富有同情心的参与是绝对无罪的，而且是非个人的。在同等意义上，大乘佛教希望我们所有人"快乐地参与"到"菩萨的行为体"中的理想绝对是非个体的、无我的和无罪的。1904 年日俄战争中的旅顺口海战（Battle of Port Arthur）结束后，为了表示纪念，不仅是战死的士兵的名字，甚至连马的名字都被刻在了牌匾上，就像纪念菩萨那样。

---

①② 译文引自［古印度］毗耶娑：《薄伽梵歌》，黄宝生译，商务印书馆，2011 年。——编者注

总而言之，远古时期就有这样的思想：战争（这样或那样的）不仅是不可避免的、有益的，而且是文明人正常的、最乐此不疲的社会行为。发动战争不但是君王日常的愉悦，而且是他们的职责。依据这种思想，一个没有参加甚至没有准备参加战争的君主是个傻瓜，是“纸老虎”。

但是，另一方面，在世界历史的编年史中可以找到对相反观点的叙述：世界最终的目标是在永恒的和平中完全摆脱战争和争斗。然而，对这一渴望的通常推论是：既然争斗和痛苦是人短暂存在的本质，那么，正如大家都知道的，生命本身是可以被否定的。这种消极主义的例子，最突出的是印度的耆那教和早期的佛教（小乘佛教）。在西方，在一些早期的基督教运动以及12世纪法国的阿比尔教派（Albigenses）中也能找到这样的例子。

回顾一下战争的神话，我们在《旧约》前五卷和《古兰经》中都可以发现这样的信仰：上帝是宇宙的创造者和唯一的统治者，他总是完全站在被选择的特定群体一边，因此，他们的战争是以上帝的名义发动的，代表了上帝的意愿，被称为圣战。一个类似的观点促使阿兹特克人发动了“荣冠战争”，他们捕获奴隶进行献祭，从而维持太阳的运转。

另一方面，在《伊利亚特》中，奥林波斯众神同情战争的双方，特洛伊战争被认为是尘世的人类之战而非宇宙之战，是一场为了夺回被偷妻子的战争。人类战争英雄的高尚模范通过特洛伊英雄赫克托耳（Hector）这个人物和他的语言表现出来，而非希腊人。在这里，我看到它与两个闪米特人的战争神话在精神上的截然不同，另一方面，它与印度《摩诃婆罗多》有很多相似之处。为了完成自己对家族和城市应尽的义务，赫克托耳毫不犹豫地上了战场，而“自制”（瑜伽）则要求《薄伽梵歌》中的阿周那去完成他的阶级义务，这两者在本质上是一样的。不但如此，印度史诗和希腊史诗一样，对参战的双方都给予同样的荣誉和尊重。

但是现在，我们最终发现了有关战争与和平的理想和目标的第三种观点：既不肯定也不否定战争即是生命、生命即是战争，而是渴望战争停止的那一天到来。

在波斯拜火教的末世论神话中，这一前景第一次被认真地预想出来。重大转变的日子将发生在宇宙危机的时刻，那时自然世界的法则将停止运作，没有时间、没有变化、没有我们所知道的那种生命的永生就会到来。但讽刺的是，在这一转变之前，在数个世纪中战争会一直不断。然而，在波斯王朝内部，相对和平的统治将会在此期间得以兴盛和加强，这是帝国间谍、告密者和警察的功劳；随着这一和平帝国的扩张，短暂和平的统治疆界也随之扩展，直到……

近年来，我们听到了这些类似的思想。这样的思想融合在以色列的《圣经》形象中；存在于从《死海古卷》传入基督教义中的这一时期；这是阿拉伯的基本思想；在莫斯科，我们再一次看到这一思想的作用——间谍、告密者、警察的打击和镇压，和所有的一切。

除了以上这些，就我所知，在传统的历史长河里，还有另外一种有关战争与和平的思想，这是 17 世纪著名的荷兰法学家格劳秀斯（Grotius）1625 年在他的划时代著作《战争与和平的权利》（*The Rights of War and Peace*）中提出的。在这本著作中，他第一次提出国家的法律是以道德而不是以丛林法则为基础的，这一提议开创了人类历史的先河。几个世纪以来，在印度，国家之间的政治法则就是“大鱼吃小鱼”，也就是说大鱼要吃掉小鱼，小鱼须保持聪明的头脑。王子的天生职责就是战争，和平时期只是间歇，就像拳击比赛的中场休息。

然而，在格劳秀斯看来，战争违背了和平这一正确的文明法则，战争的目的是为了制造和平，和平不是靠武力来加强，而是理性的相互协商。这也是伍德罗·威尔逊（Woodrow Wilson）在第一次世界大战结束时提出的理想："没有胜利者的和平。"我们在美国国徽上的鹰的形象中也可以看到这一思想的象征：它的左爪下是一束箭，右爪下则有一根橄榄枝，它的头正对着橄榄枝，这正反映了格劳修斯的思想。我们希望，以和平的名义，他能够保持那些箭头的锋利，直到互惠互利的思想而非禁欲主义和武力成为整个人类永久和平统治的思想保证。

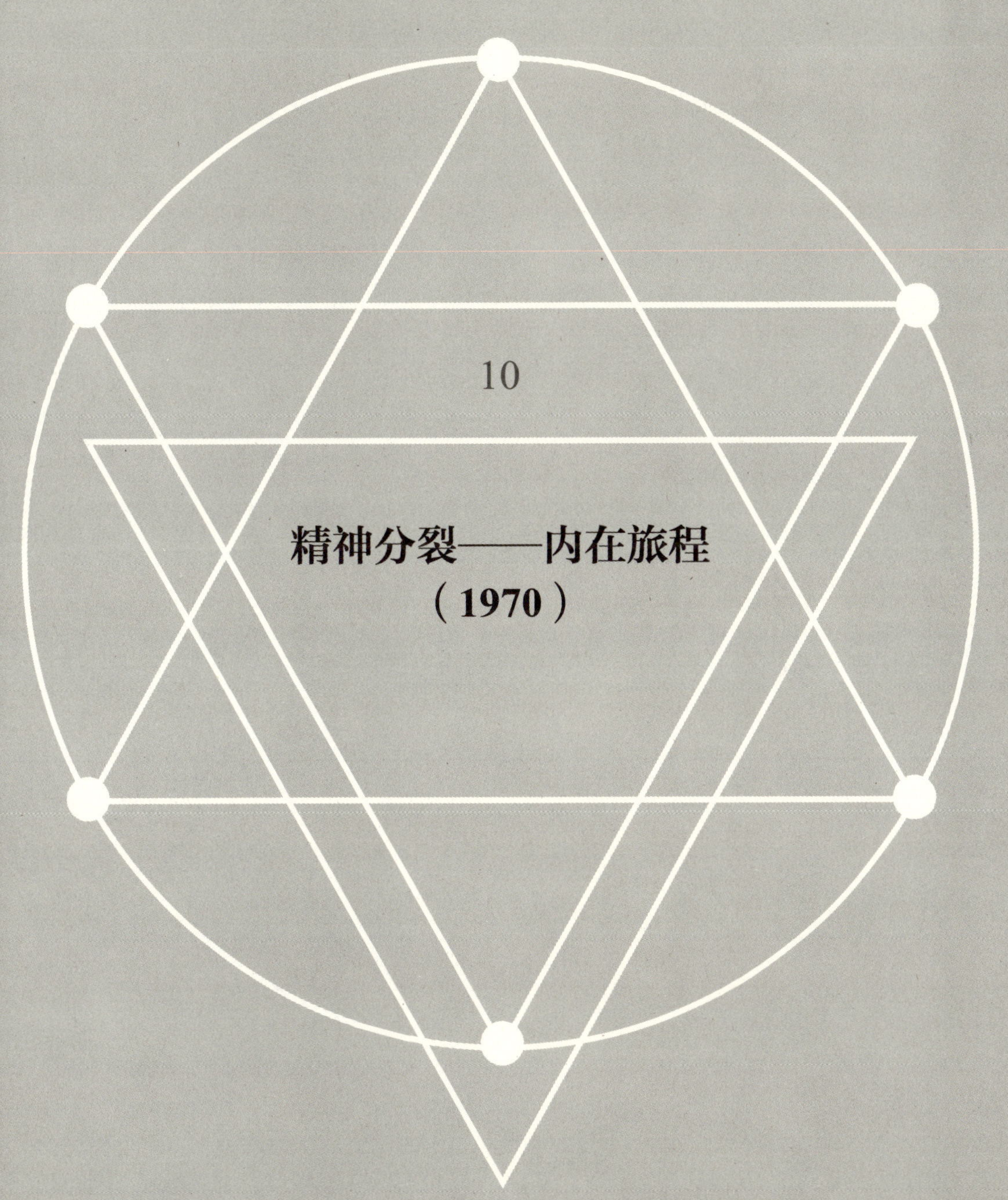

10

精神分裂——内在旅程（1970）

神话英雄、萨满巫师、神秘主义者和精神分裂患者的内在旅程基本上是一致的：启程——启蒙——回归。当回归或者康复发生时，他们就像经历了一次重生。

1968 年春天，我受到位于加州大瑟尔的伊莎兰研究中心的邀请，做了一场关于精神分裂的系列讲座。一年前，我在那里办过有关神话的讲座。伊莎兰研究中心非常有意思，很显然，该机构富于想象力的年轻主任迈克·莫菲先生认为精神分裂与神学之间有某种联系。然而，我对精神分裂的研究一无所知。在收到他的来信后，我就打电话给他说：

"迈克，我对精神分裂一无所知。我做关于乔伊斯的讲座行吗？"

他回答道："嗯……好的。但是我还是希望听你讲精神分裂。就和上次一样，让我们在旧金山举行一个双人讲座：你和约翰·佩里（John Perry）关于神话学和精神分裂的对谈。怎么样？"

那时，我并不认识佩里博士。但年轻时我能说会道，有很多这方面的经验，授予我一打博士学位都不为过，因此我想：好的，为什么不呢？何况，我相信迈克·莫菲肯定有些有趣的想法。

几星期后，我收到来自旧金山的医学博士约翰·佩里的邮件，是他 1962 年发表在《纽约科学院年报》（*The Annals of the New York Academy of*

Sciences）上的关于精神分裂研究论文的复印本。我阅读论文时，惊奇地发现精神分裂患者幻想的影像，和我早在1949年在《千面英雄》中描述的神话英雄的历程正好吻合。

我的工作一直是对人类的神话进行比较研究，只是有时会提到梦、癔症、神秘幻想以及类似的现象。这些现象主要是适用于所有神话学主题的有机体，但把它们放到一起，我却不知道它们与疯狂的幻想有多大的相关性。依据我那时的想法，它们是所有传统神话学的普遍的、原型的和心理学的基本象征主旨。现在我从佩里博士的论文中得知：精神分裂是处于与群体的思想和生活绝缘的情境中的个体，基于这种完全与世隔绝的状态，产生的一种强迫症式的臆想。由于备受精神分裂的折磨，在个体因分裂而痛苦的精神状态中，自发地产生了相同的象征形象。

简单地说，通常的模式是：患者首先是远离或者摆脱了当地社会秩序的约束和环境的影响。接着，他长时间地在内心深处探索，试图回归原点，直至深入灵魂深处。在那里他经历一系列混乱和黑暗恐怖，不久（如果患者幸运的话），他会重新获得自我中心感、成就感、和谐感以及勇气。在这种幸运的情况下，最终他会踏上重生的回归旅程。这也就是神话英雄们经历的普遍模式，我在自己出版的书中是这样描述的：启程——启蒙——回归：

> 一位英雄从日常的世界勇敢地进入超自然的神奇区域：在那里遇到了传奇般的力量，取得了决定性的胜利：英雄带着这种力量从神秘的历险之旅中归来，赐福于他的人民。①

① 译文引自［美］约瑟夫·坎贝尔：《千面英雄》，黄珏苹译。由湛庐文化引进并策划，由浙江人民出版社于2016年出版。——编者注

这就是神话的模式，也是心灵幻想的模式。

佩里博士在论文中提到，在特定情况下，最好是让精神分裂的过程自然地进行，不要用休克疗法或诸如此类的方式打断它，而是帮助其继续分裂并再次整合。然而，如果医生想用这种方式来帮助患者，他必须懂得神话学的意象语言。他要明白，那些破碎的信号和符号揭示的，是病人在完全脱离理智思想和交流方式的状态下，为了建立某种联系而试图表达的东西。按照这种观点，精神分裂是一种内心回归的旅程，是为了获得他失去的东西，以达到必要的平衡的旅程。

所以，我们要让这个旅程继续下去。在心灵的幻象中，病人已经倒下，正在下沉，也许快要淹死了。正如古老传奇中的吉尔伽美什[①]那样，他潜入宇宙大海的最深处摘取永生之草，那里有他尚未成熟的生命价值。不要把他拖出这一旅程，而应帮助他经历这一切。

我的加州之旅甚是愉快。与佩里博士的谈话以及我们一起举行的演讲为我的研究开辟了一个全新的领域。这次经历使我开始考虑：这些年来，我满怀激情地用理论、学术的方法来研究这些神话素材，却不知道这些研究可用来帮助其他人，倘若把这些素材加以利用，可能会对今天那些处于困境的人有重大意义。

佩里博士和莫菲先生介绍了一篇论文《萨满巫师和急性精神分裂症》，是美国国家精神卫生研究所的朱利安·西尔弗曼博士 1967 年发表在《美国人类学家》(*American Anturopologist*) 上的。在那篇论文里，我又发现了自

① Gilgamesh，是卢加尔班达之子，乌鲁克第五任国王。在美索不达米亚神话中，吉尔伽美什拥有超人力量的半神，建造城墙保护人民免受外来攻击。——编者注

己极感兴趣而且和我的研究直接相关的东西。在我自己的著作《上帝的面具》中，我已经指出，原始狩猎民族的那些神话意象和仪式大都源于萨满巫师的心理体验。萨满巫师（有男也有女）通常在青春期早期就曾遭遇严重的心理危机，今天应该称为精神错乱。他们的父母会派人去请年长的萨满巫师带领年轻人走出困境，通过一些适当的方法、歌曲和练习，经验丰富的萨满巫师成功了。

依据西尔弗曼博士在论文中的评论和描述："在原始文化背景下，这种独特的生活危机解决方式是能够让人接受的，从认知上和情感上来说，这样不同寻常的经历对个人非常有益，这样的人被认为是具有超意识的人。"然而，恰恰相反，在当今这样一个富有理性和秩序的文化中，正如西尔弗曼博士所说，"如果精神分裂患者处于一种不能为理解这种危机经历提供参考和指导的文化中，他们的心理焦虑状会大大加重"。

现在让我来向你们描述一个采访案例。20 世纪 20 年代早期一位因纽特的萨满巫师接受了著名丹麦学者、探险家库纳德·拉斯穆森（Knud Rasmussen）的采访。拉斯穆森是个富有同情心和深刻理解力的人，他在 1921—1924 年间参与了第 5 次丹麦极地探险，从格陵兰岛一路跋涉到阿拉斯加。在从北极到北美洲的整个旅途中，他一直都用奇特的方式不停地与遇到的人进行交谈。

依格加卡加克是居住在加拿大北部苔原地带的一位驯鹿因纽特萨满巫师。年轻时，他总是被一些无法解释的梦所困扰。梦中，一些未知的奇怪生物向他走来并同他说话。当他醒来时，他能记得发生的一切，甚至可以向他的家人和朋友确切地描述出他所看到的事物。

家人不安起来，但他们知道发生了什么，于是派人请来一位叫作派甘奥克（Peqanaoq）的老萨满巫师。诊断过后，巫师便在那个又黑又冷的北极深冬的晚上，用一辆单人雪橇把依格加卡加克拉到了一个无人居住的北极荒地，在那里为他建了一个只够他盘腿坐下的小雪屋。萨满巫师不准他踏雪，只能踩着雪橇走进小屋，然后坐在一张仅能容下一个人的毛皮上。屋里没有食物和水，巫师教导他只能想伟大的神灵，不久神灵便会出现，而他要一个人在这里待 30 天。5 天以后，老萨满巫师给他带来了温水；15 天以后，又给他送了水和一点肉，仅此而已。

寒冷和长时间的禁食令人非常痛苦，就像依格加卡加克向拉斯穆森描述的那样："有时我感觉自己好像死了。"那段时间，他不停地想着伟大的神灵，一直想啊，想啊，直到严酷的考验结束时，救世神灵以一个女性的形象到来，停留在他的上空。之后，他再也没见到她，但她变成了他的保护神。接着，老巫师把他带回了家，并要求他再进行 5 个月的节食和斋戒，就像他向丹麦客人说的那样，这样经常性的禁食是认识那些不为人知的事物的最好途径。他说道："唯一真正的智慧远非人智所及，它由伟大的孤寂中诞生，只有从苦难中才能触及。只有困厄与苦难才能使心眼打开，看到那不为他人所知的一切。"

拉斯穆森博士在阿拉斯加诺姆镇遇到了另一位法力强大的萨满巫师，这位巫师也经历了类似的冥想之旅。但是这位名叫纳加涅克（Najagngq）的老巫师与当地村民的关系曾一度陷入僵局。作为一名巫师，他知道他处在相当危险的境地中。不好的事情发生时，村民就会责怪当地的巫师，认为是他在施展魔法作怪。为了保护自己，纳加涅克就利用一些小伎俩、创造一些鬼怪精灵来吓唬村民，让他们不敢靠近。

得知纳加涅克的鬼怪虚灵大多是他制造的骗局，拉斯穆森博士问他有没有真正信奉的神灵。他回答道："当然，有一种我们称为斯纳（Sila）的力量，用再多的语言也不能解释。他是非常强大的精神，是宇宙和天气的主宰者，事实上他是世间所有生命的主宰者。他是如此强大，他不用语言和人类对话，而是通过其他方式和人类交流。比如风暴、降雪、下雨、大海上的暴风雨等所有人类惧怕的力量，或者阳光、平静的海面，或是天真玩耍的孩童。当一切顺利时，他没有什么对人类说的。只要人类尊重每天的食物，没有亵渎生命，他就会消失得无影无踪，离得远远的。没有人见过斯纳。他的行踪神秘，好像随时与我们同在又离我们很远。”

那么斯纳都说了些什么？

纳加涅克说：“从来没有人见过这位宇宙的神灵，人们只听见过他的声音。我们所知道的全部就是他温柔的声音，就像是女性的声音，这种声音如此好听和柔和，甚至孩子都不会被吓着。他说‘Sila ersinarisinivdluge，不要害怕宇宙’。”

这些人都是非常纯朴的，至少按照我们的文化、知识和文明背景来看是这样。但是，他们内心深处的智慧和我们在那些最受人尊崇的神秘主义者中所听到和读到的内容是一致的。在他们心里存在着深奥的、普遍的人类智慧，是我们用通常的理性思维思考不出来的。

在关于萨满巫师的文章中，西尔弗曼博士区分了两种类型的精神分裂症，一种叫作“实质型精神分裂”，另一种是“妄想型精神分裂”。实质型精神分裂与我所说的“萨满危机”有着类似之处。病人不受外界经历的影响，很少有事情能引起他们的关心和注意。他们远离客观世界，常常处于无意识状态。

妄想型精神分裂的病人却始终保持对现实世界和事物的高度敏感，但是，他是用自己设计的幻想、恐惧和恐怖来解释所有一切的。他感觉自己一直处在被人攻击的危险中，这种攻击其实来自他的内心，是他自己内心认为外面的世界时刻准备着攻击他。西尔弗曼博士认为这种形式的精神分裂症是不能引起与萨满巫师类似的心理经历的。他解释说："这就好像是妄想型精神分裂患者不能够理解和忍受他内心的极端恐怖，早早地就把注意力转移到外界。也就是说，这种早产式的解决危机的方法，不能解除或是没有能力解除患者内心的混乱。"因此，患者大多处在他自己设计的无意识状态下。

与此相反，实质型精神分裂患者则是掉进了自己内心的深渊。他所有的注意力和生命都在那儿，他完全沉浸在与无法控制的可怕幽灵进行的生死搏斗之中，这也是即将成为萨满巫师的年轻人在他的幻想旅程中所经历的。那么，我们要问的另外一个问题就是：实质型精神分裂患者所处的困境和有幻想倾向的萨满巫师的困境有什么不同？答案就是：原始社会的萨满巫师并没有丢弃当地的社会秩序和它的形式，事实上，正是这些道德的形式把他带回了理性思维意识。当他回来时，他通常会发现，自己的内心经历再次证实、更新和加强了这些流传下来的形式，因为他自己梦里的象征和当地文化中的象征是统一的。

与之相反，在现代精神病患者的案例中，患者与现代社会的文化完全隔离，和现代文化的象征系统没有任何有效的联系。已经建立的象征系统对迷失的精神分裂患者没有任何帮助，自己想象的虚构事物只能惊吓自己，他是完全与这些想象无关的陌生人。但是萨满巫师却能找到自己内心世界与外界相通的共同点。

通过我所说的这些，你肯定可以想象我的加州之旅是非常有趣的。当我回到纽约的时候（发生的这一切就像是神灵安排好的那样），在这个饱受折磨的城市——纽约的一位著名的精神病学家莫蒂默·奥斯特（Mortimer

Ostow）博士邀请我商讨一篇论文，为参加青少年精神医学学会会议做准备。这篇论文是对某种共同特征的研究，与奥斯特博士提及的精神分裂机制、神秘主义、致幻剂体验，以及当代青年人的反律法主义等一系列有着共同规律的事物相互关联。这些激进的反社会思想在很多校园青少年以及他们指导老师的身上体现得尤为突出。这次受邀是我的另一个重要经历，它为我进入另一个重要研究领域打开了思路，而我的神话学研究将在这一领域发挥作用，确切地说，我在大学当教授时就已经涉足这一领域了。

现在我知道，使用致幻剂的心理幻想可以看作实质型精神分裂，而当代青年人的反律法主义可以看作妄想型精神分裂。来自现代文明各个领域的威胁完全不是虚幻的，也不仅仅针对青年人，而是一种心灵的真实状态。断绝联系是真实的，外界社会的爆发其实是内心恐惧的象征。不仅如此，许多人甚至无法与人交流，他们的想法无法用理性的思维表述出来。还有很多人甚至说不出一个简单的陈述句，每个词组总是被“like”这样无关的词打断，词组被简化为无声的符号和令人压抑的沉默，只为得到别人的肯定。和他们打交道，就感觉置身于一所没有院墙的疯人院中。而医治这种备受关注的病的方法，从根本上说不能依靠社会学（像许多媒体和政治家们提出的），而是要从心理学上寻求治疗之道。

另一方面，致幻剂现象更加引起我的兴趣。这是当事人刻意制造的精神分裂，他们想要找到一种自发减轻痛苦的方式，但并不总能实现。瑜伽也是一种刻意制造的精神分裂：远离世界，沉浸在内心世界中。瑜伽修行者经历的各种各样的幻觉和精神错乱中所产生的实际上是一样的。

但是，这两者有什么区别？致幻体验与精神分裂和瑜伽的经历有什么不同呢？它们的共同点在于对自己内心世界的探索，遇到的象征意象在许多时候也是一样的（关于这点稍后会有更多的说明）。但是它们之间有一个重要区别。简洁地说，这个不同也就是会游泳的跳水者与不会游泳的跳水者跳水时的区别。有过神秘体验的人有着与生俱来的能力，在大师的指导下，一步一步地进入水里，这时他发现自己其实会游泳；而精神病患者则是在没有准备、没有人指导，也没有天赋的情况下掉进水里的，或是自己有意跳入水中，然后发现自己快淹死了。他能获救吗？如果扔给他一条绳子，他会抓住吗？

首先，我们要了解他进入的这片水域。我们说过，这片水域与神秘主义者进入的是一样的。那么，它们有哪些特征？需要什么条件才能游泳？

这是一片神话学普遍原型的水域。作为一名神话学研究者，我一生都致力于研究这些原型，我可以告诉你，它们确实存在而且在世界各地都是一样的。在不同的传统中，它们通过不同的形式表现出来。例如佛教的庙宇、中世纪的大教堂、苏美尔人的金字形神塔或玛雅人的金字塔。世界各地神的形象也随当地的植物系统、动物系统、地理环境、种族特征等变化各异。各地的神话和仪式通过不同的解释、不同的合理应用、不同的社会风俗得以确认和加强。但是，它们原型的、最本质的形式和思想却是相同的，这往往让人感到不可思议。那么，它们是什么，又代表了什么？

对此进行过最深入研究、并且做出过最详细描述和解释的心理学家是荣格，他将这些普遍原型称作“集体无意识的原型”。荣格认为这些原型与人类的精神结构有关，它不是个人经历的产物，而是全人类共同经历的产物。荣格认为，精神最基本的层面是人类本能系统的表现，它扎根于人类的身体中，扎根于人类的神经系统和神奇的大脑中。所有动物都凭借本能行动，当然也要按照习得方式以及周围环境而行动。然而每个物种有不同的本能。一只猫或者一只狗进入起居室，它们都是按照各自的特殊本能在活动，而这些最终形成它们的生活。

因此，人类也是这样被本能统治和决定着的。人类既有遗传的生物性，也有自身发展的历程，“无意识原型”就是对前者的表达。另外，弗洛伊德学派也已经注意到了被压抑的个人记忆，如婴儿期的惊吓、挫折、害怕等经历，为了与前者相区别，荣格将其称为“个人无意识”。前者是生物性的，是一切物种共有的；而后者则是个人经历的，由社会决定的，并且是具体到每个个体生命的。当然，我们大部分的梦和日常遇到的困难都来自后者。但是精神分裂患者属于“集体无意识”，这些患者经历的意象大部分都符合神话的原型结构。

现在，让我们来讨论一下本能的力量。我想起了曾经看过的一部有关自然的迪士尼电影。在离海边大约 10 米的地方，海龟在沙滩上下蛋。好多天之后，许多刚出生的像硬币一样大小的小海龟便从沙子里钻了出来。没有片刻的犹豫，它们一致朝大海爬去。没有环顾四周，没有重复犯错误，没有诸如“现在我首先应该去的最合适的地方是哪里？”之类的问题。这些小家伙没有一个走错路，并没有先在丛林里摸索摸索，然后尖叫：“噢”，再转身思考：“我会找到比这儿更合适的地方。”事实上，这些事情都不存在。

小海龟们径直爬向目的地，这是它们的母亲，即海龟母亲或自然母亲肯定早已知晓的。此时，一群海鸟尖叫着，互通着信息，它们像轰炸机般急速从这些向水爬去的海龟头顶轰鸣而过。小海龟们清楚地知道水里就是它们的目的地，它们的小腿以最快的速度推动它们前行。尽管没有经过任何训练或者必要的实践，但这些小腿早已知道该如何运动了。它们的腿知道该干什么，它们的小眼睛知道前方就是它们要去的地方。整个系统都处于最佳运行状态中，它们像一支小坦克舰队，以最快的速度笨拙地向大海的方向驶去。此刻，你一定以为大海的惊涛骇浪对这些小家伙来说会很危险，可是，你错了，就像在沙滩上爬行一样，它们自然而然地驶入大海，并且早已知道该怎样游泳。当然了，一到海里，捕食的鱼就游向了它们。生命不容易啊！

当人们谈论返回自然时，他们确确实实地知道自己在要求什么吗?

还有一个发人深省的例子，与起着深层决定性作用的本能有关。它说的还是一些刚刚出生的小东西：一窝刚孵出的小鸡，有的甚至还有蛋壳碎片粘在尾巴上。如果有一只鹰飞过它们的笼子，它们会疾步小跑寻找躲避处，如果是一只鸽子飞过，它们便不会。它们是从哪儿学会这些的呢？难道我们要说，是谁或是什么在主宰着它们的决定？实验者们用木头模型代替鹰，用一根绳子把模型从笼子顶上拉过，小鸡们都躲了起来。但是，相同的模型被反向拉回来，它们便不会有反应。在所有这些情况下，随时准备向特定刺激做出反应和随之而来的适当行动都遗传自物种生理学。这就是“先天释放机制”(IRMs)，是中枢神经系统的组成部分。这种机制也存在于智人这类物种的身体结构中。

这就是本能。如果你还想要更多的例子，如果你来自密苏里州，而且仍对本能的支配力量和智慧有所怀疑，那么请你阅读有关寄生虫生命循环的书，任何一本都行，例如，关于狂犬病寄生虫的书籍。你一定会问，人类是否称得上是这个天才般生命的主人。这些寄生虫确切地知道该做什么，去往哪里，应该袭击人类神经系统的哪一部分，它们甚至知道怎样去那里以及何时去那里。我们受到的教育使我们相信，人类是出自上帝之手的最杰出的作品，但寄生虫却将人类这一最杰出的作品变成了它处境悲惨的奴隶。狂犬病患者疯狂地咬其他人，从而将病毒传播到下一位受害者的血液中，病毒又会通过其唾液腺继续传播。

每个人的体内都有一个与生俱来的本能系统，没有这个系统，人类甚至无法降生。但我们每个人又都受过一套特定的当地文化系统的教育。我们在前面提到过，人类的特殊之处，也是人类区别于其他动物的特征，就是人类早出生了 12 年。但事实上，这也是我们的问题所在。新生婴儿没有硬币大小的海龟或者尾巴上依然粘着蛋壳的小鸡所具备的生存能力。由于完全无力保护自己，智人的婴儿在长达 12 年时间内都需要依靠父母或是其他人生活。经过 12 年之久，我们被改造成人，学着像成人那样走路，用当地的词汇说话和沉思。

我们学会积极地回应一些信号，却又消极地或者带着恐惧的心情去回应另外一些信号。这些信号大多数都不是自然的信号，而是当地社会秩序的信号。它们是特定社会的信号，但它们所激起和控制的冲动仍是自然的、生物的和本能的。

因此，每一个神话都是由文化情境中的释放符号构成的组织，其中自然与文化的成分水乳交融，在许多情况下将两者分开是不可能的。并且，就像野兽对自然符号的刺激做出反应那样，这种由文化决定的符号激发了人类神经系统中带有浓厚文化印记的“先天释放机制”。

我曾经将具有某种功能的象征定义为“一个激发和指引能量的符号”。佩里博士将这些符号称为“感动意象”。它们的信息不是传递到大脑，并在大脑中被解释和传递的，而是直接传递到神经、腺体、血液和交感神经系统中。它们迟早会经过大脑，受过教育的大脑或许会干扰、误读从而阻碍这些信息。当这种情况发生时，那些符号就会失去应有的功能。如果继承下来的神话被误解了，它的引导价值就会丧失或者被误读。

更糟的是，一个人可能从小到大都被教育对通常情况下并不存在的一套符号做出反应。例如，就像经常谈起的那样，在某些宗派氛围下长大的孩子，不认同、甚至是鄙视或者仇恨社会中其他文化形式。这样一个人在较大的社会环境中绝对会感到不自在，他会总感到不安，甚至有点偏执。不与任何事物接触对他来说是理所当然的。为了得到满足，他被迫退回到封闭的地方，回到他所习惯的压抑的宗派环境、家庭、群体或保留地。在更大的环境中，他迷失了方向，甚至会很危险。

我认为，这反映了父母和家庭都应该予以重视的一个重要问题：父母应当确保自己传授给孩子的符号可以使他们适应将要生存的社会，而非被隔绝在这个社会之外，除非一个人决计将自己偏执的思想传授给后代。通常，理性的父母希望后代健康地成长并能良好地适应社会，希望他们能够很好地融入当地的文化情感体系之中。在这个体系之中，他们能够逐渐理性地评价其价值，并努力使自己的行为与其进步的、滋养生命的和卓有成果的成分相一致。

因此，我们面对着一个关键问题，正如我说的，作为人类，我们要确保我们教给下一代的神话，即作为符号的信号、感动意象、释放和引导能量的符号的云集，能够给他们传递大量至关重要的指令性信息。这些信息能够将他们与赖以生存的现今现世，而非与已经成为过去的人类某一时期，也不是与虚幻的将来联系起来，更不是与某些易怒的怪异宗派或者一时的风尚。我之所以称其为“关键”，是因为，一旦这一问题处理不当，用神话学术语说，被误导的个人将会处在一片荒原之中。世界不向他说话，他也对世界三缄其口。当这种情况发生时，断层就会出现，个体将会被抛回自己的世界，处在心理破裂的初期。此后，他或许会成为疯人院里的实质型精神分裂患者，或者成为没有围墙的精神病医院中喊着口号的妄想型精神分裂患者。

此刻，在叙述这种断裂——沦落与回归的内在旅程（让我们这样称呼它）的大概过程和历史之前，让我们先说一说正在合理地起作用的神话诸功能。在我看来，神话有四种功能。

第一种功能我称为神秘功能（mystical function）。神话将唤醒并保持个体对宇宙神秘之处的敬畏与感激，不是惧怕它，而是认识到他自己也参与其中，存在的神秘也是他自己最内在的神秘。

宇宙的灵魂斯纳对阿拉斯加的老巫医说："不要害怕。"因为在我们的肉眼中，就像我们一直所见到的那样，自然是糟糕、惊险而又残暴凶恶的。这使得理性的、信奉存在主义的法国人用"荒谬"来形容它。（关于法国人最奇妙的事情就是，他们一直受笛卡尔思想的影响，任何不可以用笛卡尔的哲学来分析的东西都是荒谬的。但是，我们会问，当这种判断被称为哲学时，谁或者什么是荒谬的？）

活着的神话的第二大功能是向人们提供宇宙的意象。这种意象将与时代和科学的知识同步，也与神话所描述的人们的行为领域一致。当然，在我们自己的时代，世界上所有的宗教图景至少已经过时两千年了，仅此一点就足以说明神话的瓦解。如果处在像我们这样一个宗教狂热的时代，你会问，为什么教堂失去了会众，大部分答案就在这里。他们邀请芸芸众生走进旷野中寻找和平，而这片旷野是一个过去不存在、将来也不会存在，在任何情况下都不会是当今世界的一个地方。不过，这样的神话所提供的至少是轻度精神分裂患者的一服良药。

活着的的神话的第三大功能是支持和铭刻在社会中已形成的特殊的道德规范，并使之生效。第四大功能是在个体保持健康、活力和心灵和谐的状态下，一步步地引导他走完一个可以预见的、有益人生的完整历程。

让我们来大体回顾一下这些阶段的顺序。

第一阶段当然是在家庭的指引和保护下进行的，小孩子在心理和生理方面要依靠父母长达 12 年。第 3 章中我们已经提过，最明显的生物相似性可以在有袋类哺乳动物身上找到，比如袋鼠、负鼠、沙袋鼠等。由于它们都不是有胎盘的哺乳动物，当食物储备被吸收完之后，胎儿就不能待在子宫里了，小东西不得不在没有任何生存准备的情况下出生。袋鼠母亲怀孕 3 个星期后小袋鼠就出生了，但是它们已经有了知道该干什么的强壮后腿。请观察！这些小东西凭着本能，沿着母亲的肚子爬到育儿袋里，把自己紧紧地附着在膨胀起来的乳头跟前，将其含在嘴中不松开。直到它可以跳跃前行之前，它一直待在这个第 2 个子宫里—— 一个“可以看风景的子宫”。

就人类这一物种而言，从确切的生物功能上来看，神话所提供的功能就像绝对不可缺少的生物器官，是自然的产物，尽管表面上看起来不是这样。就像一个鸟巢，表面上看起来它不是有意而为，而是无意识地依据内在世界的命令而建造的建筑物，神话也是由从当地的文化环境中抽取出来的材料构成的。它也不管它的那些抚慰人、滋养人、引导人的意象是否适合成人。神话的对象不是成人，它的第一大功能就是使一颗幼小的灵魂变成熟，让它敢于面对世界。因此，真正该问的问题是：神话所锻炼的性格是为适应现世，还是为了适应天堂或是想象出来的一些社会领域。相应地，神话接下来的功能就是帮助这些准备好了的青年走出并且离开神话，即“第二子宫”，然后像东方人所说的那样获得“第二次出生”。走出神话的人将远离他的幼年时代，成为一个有能力并且理性地立足于现世的成年人。

现在，让我们来说一说我们的宗教机构的弊端。它们要求并且期望的是，人不应该离开它们所提供的“子宫”。这就好像小袋鼠被要求留在妈妈的育儿袋中那样。我们都知道 16 世纪发生了什么，教会母亲（Mother Church）的整个袋子成了碎片，不是国王的所有军队和人民可以将它再次拼凑起来的。它毁了，我们现在甚至没有足够的袋子来养育最小的袋鼠。

我们确实可以用阅读、仪式等作为替代。若你去攻读博士学位，直到

45 岁，你都会待在人造的孵化器中。我注意到，电视上的教授们在被提问时，总是支支吾吾、吞吞吐吐，（你注意到了吗？）你不得不问自己，他们是在经历内心的危机，还是找不到合适的词来表达精致的思想？但是，当职业足球或者棒球球员被问到一些很复杂的问题时，他们都会轻松大方地回答。他们是在 19 岁左右就离开了“子宫”，并且是运动场上最好的球员。但是另外一些可怜的家伙直到中年都活在教授的阴影下，即使他确已获得学位，但是到这时才开始发展所谓的“自信”已经太晚了。他们的“先天释放机制”永远有了“专家”的阴影，并且他依然希望所有的人都会赞扬他给出的答案。

紧接着，当你开始懂得自己的工作，并在这个社会上获得了一席之地的时候，你便感觉到垂暮之年逐渐临近。退休已经临近，很快就是领医保、养老金等。而现在，你有一个自由的心灵在你手中，完全是你自己的，这是一种被心理学家荣格定义为“自由的力比多”的重担。对此该怎么办呢？壮年期的这一具有代表性的特征带来了精神崩溃、婚姻破裂、酗酒等问题。在完全没有准备的情况下，你的生命之光已经沉入一种毫无预期的无意识之中，你被淹没其中。

但是，如果你在孩童时期受过很好的儿童神话的熏陶，那就会是另一番光景了，当这一时期到来，这一倒退的沉沦情境在人们面前呈现时，人们至少不会感到陌生。至少你遇到的恶魔已经被命名，还有应对之法。这是一个简单的事实，也是一个非常重要的事实，孩童时代的神话形象被当作理解外界神秘现象的参照物，它们事实上是无意识的构造力量（或者荣格所谓的原型）的象征。它们将代表这些自然的力量，即存在于你身上的宇宙灵魂（斯纳）的力量和声音。当你冒险尝试这些必定发生在人类身上的事情（死亡），你将回到起始的位置。

因此，挑战就在眼前，让我们尽量熟悉我们心灵海洋的潮起潮落。

让我来告诉你人们内心精神分裂的奇观，这些是我近期才得知的。

第一种经历是分裂感。病人把世界看作分裂的两部分：一部分漂移远去，自己则在另外一部分上面。这是追溯的开始，是分裂和倒退之流。在一段时间里，他会把自己看成两个角色。一个是小丑、幽灵、巫师、怪人和局外人的角色。这是他扮演的外在角色，让自己显得有点愚蠢、滑稽和可笑。然而，在内心深处他是一个拯救者，并且他知道这一点。他是为某种命运而生的英雄。

最近，我有幸得到这样一位救世主的三次来访：一位高大英俊的男子，留有胡须，目光温和，举止遵循耶稣基督礼节。致幻剂是他的圣餐——致幻剂和性。第二次见面时，他告诉我："我见到了天父，他老了，他告诉我，让我等待。我要知道我何时才能够超脱。"

第二阶段在很多医学记载中都有所描述。这是可怕的堕落与退化，同时在时间和生物上的退化。由于退回到自己的过去，精神分裂患者变成了一个婴儿、子宫内的胚胎。人们有退化到动物意识、动物形状、次动物形状，甚至退化到植物的可怕经历。这让我想起了达芙妮（Daphne）的传说，女神变成了月桂树。如果用心理学的术语来解读，这一形象就成了一个精神分裂的形象。阿波罗（Apollo）神向她求爱，圣洁之女受到了惊吓，向父亲河神佩纽斯（Peneus）求救，于是父亲把她变成了一棵树。

"让我看看你父母出生前你的样子。"我们此前曾谈到日本禅宗大师所沉思的这种话题。在回归的过程中，精神分裂患者也许会知道这种超越个体界限、与宇宙合一的兴奋：即弗洛伊德所说的"海洋感觉"。随后，情感也会产生新的知识。以前神秘莫测的事情，现在完全理解了。人们获得了无法言说的认识，事实上，当我们读到这些，我们只剩下惊奇了。到现在为止，我读过几十份记录，这些记录经常与神秘主义的智慧、印度教、佛教、埃及的宗教和古典神话的形象等出人意料地一致。

例如，一个从不相信，甚至没有听说过轮回转世的精神分裂患者，也会觉得他将获得永生，觉得自己已经活过了几世，将不生不灭。他仿佛已经把自己看成了《薄伽梵歌》里面的那个“我”。

> 它从不生下，也从不死去……
> 它不生、永恒、持久、古老，
> 身体被杀时，它也不被杀。①

患者（我们暂且这样称呼他）将残存的意识与万物的意识相结合，岩石、树木以及整个自然界，所有的人类都源于此。他与这些真正永存的东西保持一致，因为在根源上我们都曾和平相处。正如《薄伽梵歌》中所说：

> 他的所有感觉感官，摆脱一切感觉对象，
> 犹如乌龟缩进全身，他的智慧坚定不移。②

简言之，朋友们，我所说的是，精神分裂患者实际上正在不经意地经历瑜伽修炼者和圣徒曾经努力追求的深层的幸福海洋，不同的是后者在海里游泳，而前者却被淹没。

---

① 译文引自［古印度］毗耶娑：《薄伽梵歌》，黄宝生译，商务印书馆，2011 年。——编者注

② 译文引自［古印度］毗耶娑：《薄伽梵歌》，黄宝生译，商务印书馆，2011 年。——编者注

根据大量的记载，接下来我们所遇到和要处理的是让人惊恐的危险任务，但也是一种看不见的有益的存在，会引导和帮助你渡过难关。他们是众神、守护恶魔或天使。心灵的内在能量可以战胜令人痛苦的、吞噬人和分裂人的邪恶力量。如果有人有勇气坚持，他最终将会经历极度的狂喜、终极的巨大危机，乃至一系列诸如此类超出人承受能力的巅峰。

根据导致退化的困难的种类，这些危机主要分为 4 类。例如，一个人在童年时期被剥夺了最重要的爱，在一个缺少关心，只有权威、命令和冷漠的家庭中长大，或者他生长在一个混乱和暴怒的家庭里，有一个酒鬼父亲，他将会一直在回忆的路途中寻找爱。因此，高潮（当他回到个人成人的开头甚至更远的地方，意识到生命的第一次情欲冲动）将会是发现他所依赖的内心的温柔和爱。那将是他整个溯源征程的目的和意义。通过某种方式，他会在幻想中与某种妻子般的母亲存在（或是一种单纯的母亲存在）进行神圣结合。

或许在他成长的家庭中，父亲只是一个无关紧要的小人物，没有一点权力，在家庭中既没有父性的权威，也没有受到尊敬的男性形象，只有一些家庭琐事和杂乱无章的女性的唠叨。那么他在征途中将会寻找像样的父亲形象，并且他最终会找到某种超自然的子女与父亲关系的象征性实现。

第三种重要的剥夺情感的家庭情境是孩子感到被排除在家庭之外，他不招人喜欢，或者他根本就没有家。比如，在父母的第二次婚姻中，第一次婚姻所生的孩子会感到或者发现自己被排除在家庭之外，被遗弃或者被遗忘。古老童话中凶恶的继母和姐姐的主题与这种情境有关。在他孤独的内在旅程中，这些被遗弃的孩子所要努力寻找和建构的是一个中心，那不是一个家庭的中心，而是一个世界的中心，在那里他将会是核心的存在。

佩里博士曾告诉我一个精神分裂患者的案例，患者把自己完完全全、彻彻底底地封闭了起来，没有人可以与他建立任何联系。一天，这个缄默的可怜人在医生面前画了一个圈，把铅笔尖放在了中间。佩里博士弯下腰对他说："你是中心，难道不是吗？难道不是吗？"这个信息被接受了，他开始了回归的旅程。

在隆纳·大卫·连恩（R.D.Laing）博士《经验的政治》（*The Politics of Experience*）一书的倒数第二章，有一个精神分裂患者精彩内心世界的报告。这是由一位前英国皇家海军准将讲述的精神分裂体验，他现在是一名雕刻家。在体验的最高潮，他经历了第四种认识：一种纯粹的光线，一种极度的危险，人将要遭遇和克服的那种难以抗拒的光线。他的讲述与《西藏生死书》（*Tibetan Book of the Dead*）一书中描述的佛光相呼应。据说，这种光在人死的一刹那间才能看到，并且如果能够克服这种光线，人就会摆脱轮回。但是对绝大多数人来说，这种光非常强大，无法承受。前皇家海军、38 岁的杰西·沃特金斯先生对东方哲学和神话一无所知，但是当他 10 天旅程的高潮临近时，所感受到的意象几乎无法与印度教和佛教的信仰相区分。

这一切都始于人们对时光倒流的忧患意识。当他开始经历这种不寻常的体验时，这位绅士正在起居室心不在焉地听广播中的流行音乐。他站起来，看着镜子，看有什么会发生。尽管镜子里的人很熟悉，但是看起来却是个陌生人，而不是他自己。他被带到观察室里，躺在床上，那晚他感觉自己已不在人世，观察室里其他的人也都死去了。他继续在时光中倒退回某种动物情境中，在那里他像一只野兽般闲逛，像一只吼叫着的犀牛，那只犀牛感到害怕，但富有侵略性和警惕性。他也觉得自己是个婴孩，能够听到自己孩子般的哭声。他是观察者，同时也是被观察者。

他没办法阅读报纸，因为每件事、每个话题都延伸得太远了，他无法将它们联系起来。妻子的来信让他感觉妻子活在另一个世界里，他将永远不会回到那个世界。他发掘了力量，他觉得无论自己在哪里，都掌控着内在于我们所有人身上的力量。比如，他的手指上有一个严重的伤口，他不会找侍者来包扎，就像他宣称的那样，通过一天的时间“集中精力盯住伤口”，他真的痊愈了。他发现，如果自己静坐在床上紧紧地盯住屋里吵闹的患者，便可以使他们躺下来，恢复平静。他觉得自己比曾经想象的还要强大，可以以任何生命形式永存，可以重复经历所有的一切。但是，他现在要完成一次伟大而可怕的旅程，这引起了他内心深深的恐惧。

现在，他正在感受着这些伟大的新力量，这些力量既控制着自己，也影响着他人，在印度叫作“悉地”（siddhi）。就像这位西方人所体验到的那样，人们认为这些力量是潜藏在我们所有人的身上，内在于所有生灵体内的，而瑜伽修行者能将自己体内的这些力量释放出来。我们在基督教科学派里听说过它们，也在其他形式的“信仰治疗”中听说过，它们被用来祈求健康等。萨满、圣徒、救世主的奇迹是众所周知的例子。关于与所有的存在、所有的生灵同一，以及转变成动物形态的体验的意义，让我们来思考下面这首由颇具传奇色彩的重要诗人阿莫根（Amairgen）所写的诗，他是第一批到达的盖尔亚凯尔特人（Goidelic Celts），当他们领头的船只靠近爱尔兰海岸时，他吟诵道：

我是吹过大海的风；
我是深海中的波涛；
我是七次战斗中的公牛；
我是岩石上的雄鹰；
我是太阳的泪滴；
我是最美的植物；
我是勇敢的野猪；
我是水中的鲑鱼；

我是原野上的湖泊；
我是知识的文字；
我是长矛的坚刃；
我是激发思想的神灵！

我们在想象中跟随这历时 10 天的内在旅程，到达了众所周知的神话大地，虽然它看起来既奇怪又流畅。它那到达顶峰的路程，虽然看似陌生，但又叫人感觉莫名的熟悉。正如他自己告诉我们的，航海家说他有着“非常敏锐的感觉”。他体验到的世界由三层组成，他自己在中间的一层，上面是更高的境界，下面是某种类似等待室的地方。

与《圣经》中的宇宙形象进行比较，上面是天堂，下面是土地，大地下面是水的世界。或者让我们想想但丁的《神曲》、印度的佛塔、中美洲的玛雅文明和古老的苏美尔金字形神塔。下面是让人受苦的地狱，上面是光的天堂，在它们中间是上升的灵魂精神旅程中的高山。在杰西·沃特金斯看来，大部分人都在最底层等待（会让人想到《等待戈多》），就像在普通的等待室中那样。这时他们尚未到达中间的层面，而他已经到达那个层面了，那里充满了挣扎和探索。他感觉到看不见的众神无处不在，主宰着万事万物。在最高的地方，最威严的职务是众生的最高神。

而且，使一切变得恐怖的是，每一个人最终都要担任那份最高的职务。在疯人院中，他周围的所有的人都像他一样死去了，来到了中间的炼狱阶段，或者处在他所定义的“一种觉醒的状态”。（我们可以回忆一下，“佛陀”这个词的意思就是“觉悟者”。）疯人院里的每一个人都在觉醒的路上，都在他们自己的世界里担任那个最高的职务，现在那个位置上的人是上帝。上帝是一个疯子。他承受着所有的一切，就像沃特金斯所说的：“这一巨大的重担，不得不保持清醒来主宰一切的重担。”他说：“那里有一个每个人都要经历的旅程，并且不能躲避，万事万物以及一切存在的目的就是使你迈出下一步，下一步，再下一步……”

这一系列东方神话中的主题被一个英国战时海军军官记录在夜间航海日志中，这难道不令人惊奇吗？难道这仅仅是疯狂吗？有一则关于这一旅程的佛教寓言“四个寻宝者”，保存在印度著名的寓言集《五卷书》（*Panchatantra*）中。这则寓言讲述了4个婆罗门朋友丢失了自己的财富，他们决心一起去寻找财富的故事。在阿槃提国（曾是佛祖居住和传教的地方），他们遇见了一位名为“恐怖的喜悦”（Terror-Joy）的魔法师。他们向魔法师诉说了自己的悲惨遭遇，并向魔法师寻求帮助。于是魔法师给了他们每人一根神奇的灯芯，让他们向北走，一直走到喜马拉雅山脉北边，并且嘱咐他们，灯芯在哪里落下了，它的主人就会在哪里发现财宝。

走在最前面的一个人的灯芯先掉落了，他们就在这个地方开始挖，地里面全是铜。他于是说道：“来吧！你们就随便拿些铜吧！”但剩下的3个人都选择继续向前赶路，于是他就独自拿了铜回去了。第2个人的灯芯脱落的地方到处都是银子，于是他也拿了银子回去了。第3个人看到的全是金子。“你难道不知道吗？”第6个人说道，“最初是铜，后来是银子，现在又找到了金子，以后一定会找到宝石。”但第3个人还是坚持要金子，剩下第4个人独自继续上路。

这是我们在这篇印度寓言中读到的：

他一个人向前走去了。他的身体给夏天的太阳光晒焦了，他的心思渴得都混乱了，他在走向魔地的路上来回地徘徊。正当他这样徘徊的时候，他在高坡上看到一个人，头顶着一个轮子滚来滚去，身上涂满了血。他赶快跑过去，对他说道：“喂，你为什么头上顶着一个滚来滚去的轮子站在那里呢？请你告诉我，什么地方能够找到水，我实在渴坏了。”

正当他说话的这一刹那，那一个轮子就从那个人的头上滚到这个婆罗门的头上来了。他说道：“伙计呀！这是怎么一回事呀？”另一个人说道：“它也就是这样滚到我头上来的。”婆罗门说道：“那么请告诉我，它什么时候才再滚下去呢？我痛得要命。”另一个人说道：“什么时候有人，像你一样，手里拿着魔术灯芯，走了来，也这样对你说话，在这时候，轮子就会滚到他头上去。”婆罗门说道：“你在这样的情况下过了多少时候？”另一个人问道：“目前谁在地球上做皇帝呢？”头上顶着轮子的人说道：“是费拏筏蹉皇帝。”那个人说道：“国王罗摩在位的时候，我也像你一样，为穷所迫，手里拿着一条魔术灯芯，走到这里来。我当时看到一个人头上顶着一个轮子，我就问他，正当我像你一样问着他的时候，那轮子就从他头上滚到我头上来了。至于时间多久，我就没法计算了。”

头上顶着轮子的人说道：“伙计呀！你这样待了那样久，吃的喝的是怎么弄来的呢？”那个人说道：“伙计呀！檀那多害怕有人夺走他的财宝，就制造了这样一幅可怕的景象，给那些有神通的人看，好让以后没有人再敢到这里来。如果碰巧有什么人来到这里的话，他也就不饥不渴，不老不死；他所感到的只是这一点痛苦。因此，现在让我走吧！你倒了大霉，因此就救了我。我现在回家去了。”说完就走了。[①]

这一古老的寓言主旨是告诫人们过度贪婪的危险。然而在它早期的形式中，它曾是一个大乘佛教弟子领悟佛法精髓的传奇故事。精神探索者不假思索地问到那个问题，标志着他已经获得了无私而完善的慈悲。这叫人想起了

① 译文引自《五卷书》，季羡林译著，重庆出版社，2016 年。——编者注

中世纪基督教圣杯传奇中那个受伤的国王形象，让人想起清白的圣杯骑士将要提出的问题，这一问题一旦被提出，国王就会痊愈，骑士自己也会成为国王。你也许会想起在十字架上戴着荆棘王冠受刑的耶稣，或者很多其他的形象，例如普罗米修斯（Promethens）被锁在高加索的悬崖上，一只鹰啄食他的肝；洛基（Loki）被钉在悬崖上，宇宙之蛇把带火的毒液喷在他的头上。如但丁看到的那样，撒旦在大地的中心，作为大地的轴心，在这一位置他与自己的原型哈迪斯（Hades）相对应。古希腊神话中的冥王哈迪斯（罗马的普鲁托 Pluto）既是地狱之神，也是财富之神。他是印度的地神俱毗罗（Kubera）在西方相对应的神，俱毗罗掌管着财富和寓言中那个让人痛苦的轮子。在比较神话时，我们常常会发现这种奇妙的对应

但是，在精神分裂的幻觉中，疯狂的久经磨难的上帝站在宇宙之巅已经不堪重负。的确，在整个可怕的欢愉当中，他要欣然面对和接受两个沉重问题的冲击：生命到底是什么？宇宙到底是什么？那可能是对同情心是否完善的终极考验：毫无保留地按照世界本来的样子肯定这个世界，同时带着狂喜承受所有痛苦的欢愉，再疯狂地让每个生灵都这样认为。无论如何，在他的疯狂之中，杰西·沃特金斯已经饱尝了这一切。

“有时，它具有如此大的毁灭性，”沃特金斯说起了他的整个冒险之旅，“我惧怕再次冒险……突然间，我会遇到比任何人都强大的事物，遭遇如此多的经历，如此多的意识，以至于让人无法接受……我时不时会有这种感觉，它像一阵风或一束光或是其他的什么东西向我袭来。我感觉自己是如此孤独无依，无法承受它。”

一天早晨，沃特金斯决定不再服用更多的镇静剂，他决定找回自己的意识。他端坐在床沿上，握紧了拳头，嘴里不断地念着自己的名字，一遍又一遍地重复着。突然间，他认识到一切都结束了，并且真的如此。这些经历结

束了，他最终恢复了理智。

我想我们可以说，如果一个人想在任何时候回归，我们这里有冒险的方法：不要把自我与任何体验过的形象或力量等同。为了获得解放，印度瑜伽的修行者把自己和光同一，并且再也没有归来。但是，决心服务于别人和生命的人绝对不会允许自己这样逃避。如果一个人归来，他所追求的最高目标不应该是自己的解放和欢愉，而是获得服务他人的智慧和力量。并且，确实有这样伟大而著名的西方故事，在荷马的奥德修斯（Odysseus）的十年之旅中，记录着他从光的王国归来的旅程。像皇家海军准将沃特金斯那样，作为一个从常年征战的战场回到家庭生活的战士，奥德修斯需要从根本上转变自己的心态和生活重心。

我们都知道这个伟大的故事。奥德修斯带领自己的 12 艘船离开沦陷的特洛伊，进入色雷斯的港埠伊斯马鲁斯（Ismarus），洗劫这座城市，屠杀这里的人民。就像后来他自己所说的那样："夺走他们的妻子和财物"，将这些东西分给他的士兵。很显然，做出如此暴行的奥德修斯还没有为家庭生活做好准备，这就需要他彻底改变自己的性格。同时，众神们一直在关注这些事情，他们要确保他经受强者的考验。

宙斯吹来一阵飓风，将他们的船帆撕成碎片，又让他们在风浪中颠簸了 9 天，使他们失去了控制，漂流到了莲花食者（Lotus Eaters）的海岸上。那里生长着令人产生幻觉的"忘忧果"，就像沃特金斯待在疯人院里一样，奥德修斯和他陷入幻觉的战士们像是浮在梦海之上，接下来是他们闻所未闻的神秘冒险。

首先，他们遇到了独眼巨人（Cyclops），经过奋力挣扎，他们逃脱了巨人恐怖的洞穴。在风神埃俄罗斯（Aeolus）的大风下，他们继续航行了一段惬意的日子。然而，接下来却是死一般的平静，他们必须划行 12 艘大船艰难前行。最终他们到达了食人族拉斯忒吕戈涅斯（Laestrygons）的岛屿，食人族将 11 艘船葬身海底，而强大的奥德修斯奋起反抗，超出他平日的能力，最终他带着最后一条船上被吓坏的船员离开了。在死一般平静的大海上，他们继续划行，疲惫不堪。他们前往整个夜海探险的关键地点，女巫喀耳刻（Circe）所在的辫锁（Braided Locks）群岛，喀耳刻能够将人变成猪。

我们那位已经大伤元气的英雄是不可能战胜这位女巫的，她的法力比奥德修斯还要大。但是，多亏了奥德修斯的名声，引导并保护灵魂死后获得重生的赫耳墨斯神及时赶到，给了他建议和魔法，奥德修斯才没有被女巫变成猪。伟大的水手奥德修斯被女巫带上了床，随后她引导他来到地下世界，他祖先的影子就在那里。他在那里还遇到了特伊西亚斯（Tiresias），这位盲人先知将男人和女人的知识结合了起来。奥德修斯在那儿贪婪地学到了很多知识，最后满载而归。先前危险的女巫现已成了他的老师和向导。

随后喀耳刻引导他去了太阳岛，那里是一切光的源地，而太阳神是她的父亲。但是他仅存的一只船和一个船员都被撕成了碎片，奥德修斯只得跳入海中，被不可抵挡的潮汐带回他尘世妻子（也是他的生命）佩涅洛佩（Penelope）的身边……奥德修斯在妻子般的中年女海仙卡吕普索（Calypso）身边停留了八年，又被瑙西卡（Nausicaa）和她的父亲留住。在他们的岛上短暂停留之后，他终于在熟睡中，乘着他们的小舟回到了自己甜蜜的港湾。现在他已经完全为即将到来的生活做好了准备，他要做一个体贴的丈夫和父亲。

从这段伟大史诗可以看出，航海者无论身在何处都渴望回家。在莲花食者的岛上，吃了花果的船员们都已无心返回，但是奥德修斯把他们拖到船上，绑在船上，然后离开了。甚至在卡吕普索那里的 8 年中，田园般的生活都没有让他断了回家的念头。他会经常一个人在海滩上，望着远处家乡的方向。

沃特金斯也将自己在现实生活中的角色与避难所中的疯子角色进行了明确的区分。并且就像其古典原型奥德修斯一样，他的旅程中也有转折点，这个点在他旅程最远处的太阳岛上，在那里最后一条船也成为碎片。因此，在现代水手的航行中，转折点发生在即将体验强光的时刻。在那个转折点上，沃特金斯认识到他不仅是一个即将毁灭的可怕的疯子，而且也是一个跟以前一样的心智健全的人。他产生了心理分裂，他坐在床上，双拳紧握，念叨着他白天的身体的名字，并且向它回归，就像潜水者游向海面。

用来象征这一生命回归历程最合适的神话形象是“重生”，重生到另一个世界。这正是出现在正进行自我拯救，并得到自然康复的病人脑海中的词。“当我出来的时候，”他讲道，“我突然感觉到一切都变得比原来更加真实。草更绿了，阳光更明亮了，人们更加富有活力了，我可以把他们看得更清楚了。我可以一眼就区分事物的好坏。我感觉到从未有过的清醒。”

连恩博士对整个经历评论道：“难道我们看不出吗？这种心灵旅行不需要救助，它本身就是治愈我们自身极糟糕的精神分裂的一种自然方法，而这种状态被认为是正常状态。”

此前提到的论文中，佩里博士和西尔弗曼博士的观点几乎与此相同。并且，我几乎是最近才知道，最早提出这个观点的是荣格，早在 1902 年，他就发表了一篇题为《论所谓神秘现象的心理学和病理学》（*On the Psychology and Pathology of So-called Occult Phenomena*）的文章。

总而言之，神话英雄、萨满巫师、神秘主义者和精神分裂患者的内在旅程基本上是一致的。当回归或者康复发生时，他们就像经历了一次重生。也就是说，“二次出生”的自我不再被日间的世界所束缚。此刻，它被认为是更大自我的映像，它的真正职能，是将原型的本能体系中的能量，转化成能够在现代世界的日间情境中产生后果的活动。此刻，人不再害怕自然，也不再害怕自然的孩子，即社会，它也是很凶残的。事实上，它也不可能成为另外的样子，否则它将无法生存。新的自我与这一切浑然一体、和谐相处，正如那些旅程归来的人所说的，生命变得更加丰富、更加强大和快乐。

看来整个问题的关键在于怎样经历这一旅程，甚至是重复经历这一旅程，而不翻船。答案不在于让人变成疯子，而在于人应该学会认识他将要走进的情境和他将要遇到的力量，而且应该掌握辨认他们、征服他们，并融合他们能量的规律。齐格弗里德（Siegfried）杀死法夫纳（Fafnir），并喝了他的龙血。突然间他吃惊地发现自己懂得了自然的语言，包括他自己的自然和外在的自然。尽管他获得了龙的力量，他自己并没有变成一条龙。但是，当他回到普通人中间时，他却无法再控制这种力量。

心理学认为，这一旅程中“膨胀”是很危险的，它会吞噬精神病患者。患者要么会把自己与幻想中的客体融为一体；要么与客体的观察者，即幻想的主体融为一体。关键是，我们必须意识到它，同时又不在其中迷失自己。对于敌人和朋友，我们也许是救助者，但绝对不会是救世主。我们也许会成为母亲或是父亲，但永远不会是圣母或者圣父。当一个成长中的女孩意识到自己含苞欲放的女性魅力开始对别人产生取悦的功效，并想以此为她的自我获得更多的荣誉时，她已经变得有点疯狂了。她把自己放错了位置。让人们激动的不是她那感到惊讶的小我，而是在它周围成长起来的新的奇妙的身体。我曾听说过这样一条日本谚语，说的是人成长的五个阶段：“10岁是动物，20岁是疯子，30岁是失败者，40岁是骗子，50岁是罪犯。”我想要补充的是，在60岁时，由于已经经历了应当经历的一切，人开始给朋友提意见；70 岁时，由于认识到所有说出的话都被误解，人保持沉默，被认为是圣人。“到了八十岁”孔夫子说，“我知道自己生命的基底，并屹立不摇。”[①]

为了吸取所有这些精神的精华，现在让我用流放帕特莫斯岛的圣约翰（Saint John）看到疯狂的幻象时的总结性语言，来强调这些涤罪思想的教义：

> 我又看见一个新天新地，因为先前的天地已经过去了，海也不再有了。我又看见圣城新耶路撒冷由神那里从天而降，预备好了，就如新妇妆饰整齐，等候丈夫。我听见有大声音从宝座出来说：“看哪，神的帐幕在人间。他要与人同住，他们要做他的子民；神要亲自与他们同在，作他们的神。神要擦去他们一切的眼泪，不再有死亡，也不再有悲哀、哭号、疼痛，因为以前的事都过去了”……天使又指示我在城内街道当中一道生命水的河，明亮如水晶，从神和羔羊的宝座流出来。在河这边与那边有生命树，结十二样果子，每月都结果子，树上的叶子乃为医治万民。

① 孔子仅说“吾七十从心所欲而不逾矩”。此句恐为作者误记。——译者注

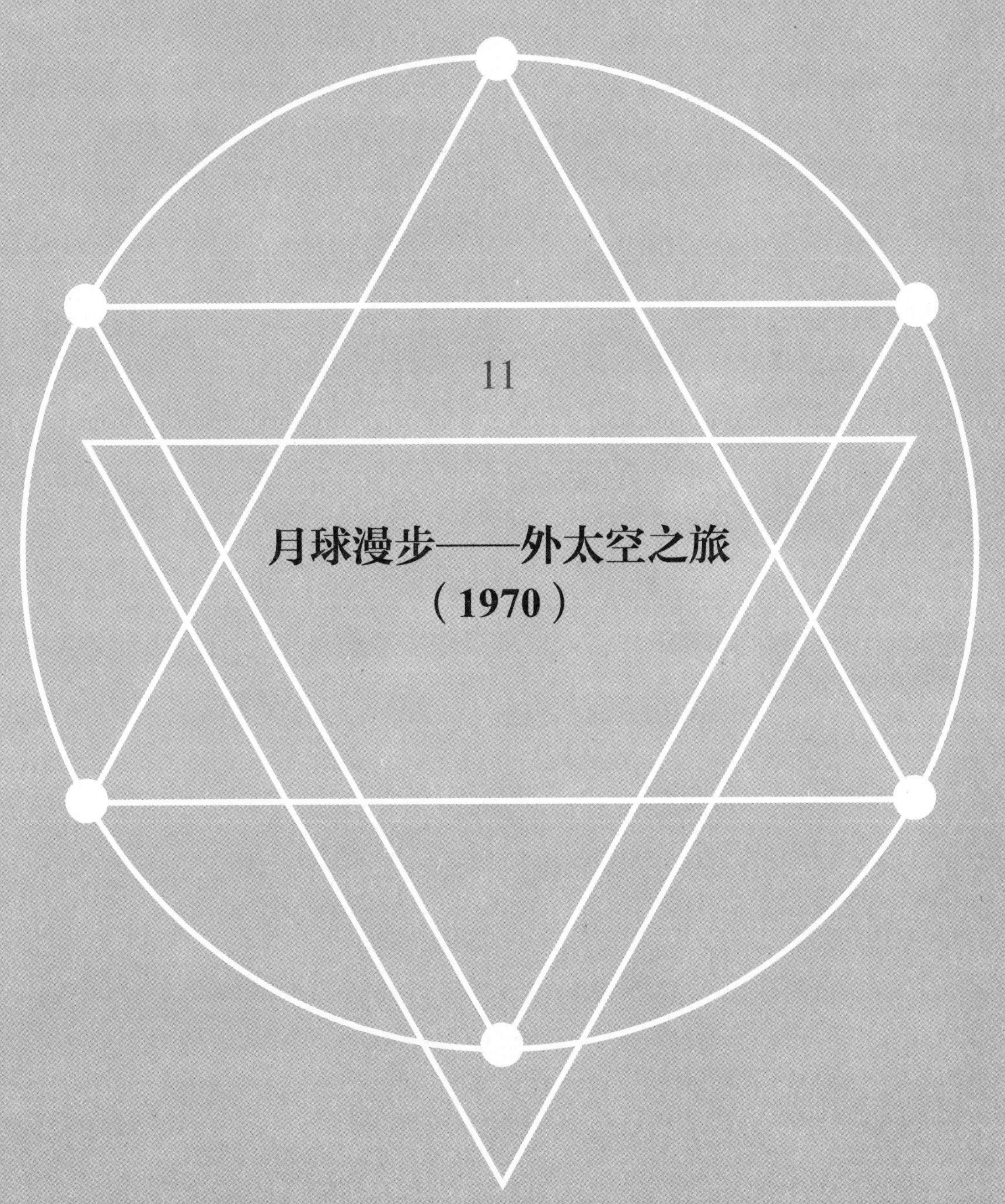

11

月球漫步——外太空之旅

（1970）

从史前人类生存的洞穴，到佛教僧侣矗立在山巅的庙宇，再到探月之旅，随着每一次视野的扩展，人类的意识也得到拓展。我们不仅认识了外在的自然界，也认识了我们内心深处的秘密。

如今我们正在把神话转变成现实吗？我将用但丁《神曲》中的一段文字来引出本章奇妙的主题。这段文字是诗人那极富想象色彩的旅程中的精彩一刻，在这一旅程中，他从人间天堂出发登上了遥远的月球，那里便是他飞向上帝宝座的精神之旅的太空第一站。他是这样向读者描述这次心灵之旅的：

> "啊，你们乘一叶扁舟，渴望听我叙述而一直尾随着我这只一面唱歌一面驶向深海的船前进的人们，回到你们的岸上去吧：你们不要冒险进入远海，因为，你们如果落在我后，或许要迷失航向，我所走的海路在我以前从未有人走过；弥涅耳瓦为我的船吹风，阿波罗为我掌舵，九位缪斯为我指出大小熊星。"①

这段文字为我们营造了一种氛围。作为众英雄的庇护者，弥涅耳瓦用她口中呼出的气为我们扬帆；阿波罗带给我们鼓舞人心的惊喜；一切艺术的导师缪斯为我们导航，向我们指出引导航行的星辰。尽管我们是在外在世界航行，但其实也存在于我们的心灵之中。作为一切重大行动的源泉，航行并非

① 译文引自［意］但丁：《神曲：地狱篇、炼狱篇、天国篇》，田德望译，人民文学出版社，2016 年。——编者注

存在于外在世界，而是在这里，在我们每个人的内心之中，这便是缪斯之所在。

我记得当我还是个小孩的时候，有一天晚上，叔叔把我带到河滨道去看“一个人”，叔叔告诉我，“他准备从奥尔巴尼乘飞机［那时候的人这么说］飞到纽约。”这个人就是格伦·柯蒂斯（Glenn Curtis），1910 年，他制造出了一种机动飞行器。那天，面对着夕阳，人们沿着城西矮墙排开，张望着，等待着。附近所有的屋顶上也都挤满了人。暮色逐渐降临。大家突然指向天空惊叫道：“瞧啊！他来了！”而我所见到的东西就像是一只黑鸟的阴影，在逐渐变暗的光亮里，它在离河面一两百米的高度滑行。17 年后，也就是我离开哥伦比亚的那一年，查尔斯·林德伯格（Lindbergh）完成了跨越大西洋的飞行。今年（指 1969 年）我们在电视上看到了两次登月。

在这一章里，我要赞扬我们所生活的这个奇妙的时代，我也要赞扬我们所生活的这个国家，我还要赞扬不可思议的人类，在刚刚脱离大地的束缚不久，人类又投入到所有时代最伟大的探险之中。

听到一些学院同事说他们对这一划时代的探险漠不关心时，我想起了一位小个子老太太的故事。她得到了一个通过望远镜观察月球的机会，观察完月球后，她感慨道：“既然上帝创造了它，请将它赐予我吧！”在全球的新闻界，我发现对首次月球漫步这一事件做出的唯一恰当的公众评论，是一个叫朱塞培·翁加雷蒂（Giuseppe Ungaretti）的意大利诗人发出的感叹，这一评论可以在《时代画报》（*Epoca*）中找到。1969 年 7 月 27 日刊登的一篇生动的报道中，我看到了一张相片，相片中那位白发老绅士正在兴奋地指着电视屏幕，相片的下方写着一行鼓舞人心的文字：“这一晚与世界上所有其他夜晚都截然不同。”

这的确是一个“与世界上所有其他夜晚都截然不同的夜晚”！1969年7月20日，当我们在起居室里，通过电视机收看地球上空那艘奇异的飞船，以及尼尔·阿姆斯特朗的足印的影像时，我们要用心去体会人类的这次旅程——第一次在呼啸着的地球卫星的土地上留下生命的印记。有谁能忘记他生命中那令人难以置信的时刻？接着，就像在家里那样，我们看到两个穿着太空服的宇航员在梦幻般的场景中活动，执行着他们的预定任务，把美国国旗插在了月球表面，组装着各式各样的仪器。他们用一种奇怪的方式蹦来蹦去，可是来回的移动却显得很轻松。

要知道，我们是通过起居室的电视机看到了距地球38万公里之外浩渺太空中宇航员们活动的画面。而电视机也是现代社会中另一个神奇的发明（现在则再平常不过了）。巴克敏斯特·福乐（Buckminster Fuller）[①] 曾经预言这些作用于我们自身感觉的转化力量，他说道：“全人类将在一种与宇宙的全新关系中诞生。”

从一个研究神话学的学生的观点来看，1543年哥白尼提出的宇宙观所引起的最为重要的结果，是改变或者说驳倒了任何人在任何地方看来都显而易见的“事实”。那时候，人类的神学思想和宇宙学思想都建立在一种立足地球视角而获得的宇宙观念之上。同样，人类关于自己和自然、诗歌及其整体感知系统的观念，都来自世俗的眼光。太阳从东方升起，划过头顶，向南倾斜，最后在西边洒下余晖。波利尼西亚的英雄毛伊（Maui）曾经设下圈套使太阳慢下来，以便他的母亲有足够的时间烧饭。约书亚（Joshua）也曾使日月同时停止运动，好让他有时间去完成屠杀，而上帝为了协助他，从天

① Buckminster Fuller，美国著名建筑师，他还是一位哲学家、设计师、艺术家、工程师、作家、数学家、教师和发明家。在他的一世，共注册325项专利、写了28本书、环球旅行57次、获得47个荣誉博士学位。——编者注

上降下大石头："在这日以前、这日以后，耶和华听人的祷告。"

古代人，甚至现在有些地方的人，依然把月亮看作是天父们的宫殿，那里是亡灵的归宿地，又是他们等待重生的地方。正如我们所见到的那样，月亮是不断地死而复生的。阴影部分逐渐消失掉，到了满月之时月亮便重获新生，正如生命一代代地消失，又从下一代开始了新的生命历程。这些观念在所有时代的经文、诗歌、感觉和幻想中一次又一次地被确认。然而与所有这些不同，哥白尼所提出的宇宙观用肉眼无法看到，只是心灵想象的情景：一种数学性质的、完全非直观的结构，这仅仅是天文学家的兴趣所在，而其他人既看不到也感觉不到，因为他们的视野和感觉仍然停留在地球上。

然而，在426年之后，我们看到了从月球上传回的照片。我们都看到了，不仅看到了，而且也感觉到了。我们眼前的世界和哥白尼抽象的理论所描绘的是如此相似。从那些令人难以置信的彩色照片上，我们看见美丽的地球是在寂静的月球上空飞行的一颗耀眼的行星。这样一幅景象令人终生难忘。朱塞培·翁加雷蒂在那期《时代画报》上发表了第一首赞颂新时代的诗歌，其中的第一节是专门庆祝在月球上产生的这一启示：

Che fai tu, Terra, in ciel?
Dimmi, che fai, Silenziosa Terra?
地球，你在天空中做什么？
告诉我，沉寂的地球，你在做些什么？

所有的陈规都已被打破。现在宇宙学上的中心是任何地方。地球只是一个天体，而且是其中最为美丽的一个。现在，那些诗歌都成为了历史，因为它们不能与这一胜景的奇妙性相契合。

与此相反，我记起了两年前那次窘迫的经历。就在人造飞船第一次绕月航行的那个夜晚，三位伟大的年轻人向我们诵读《创世记》的第一章，作为传回地球的信息："起初，神创造天地。地是空虚混沌。"还有其他诸如此类的内容。这些内容其实已经和他们当时看到、探索到的情景没有任何关系了。我向许多朋友提出这样一个问题，当他们听到这些来自月球的声音时做何感想？然而，所有的人无一例外地回答，他们觉得非常动人！多么奇怪的答案！在我们的诗作中，竟然没有能够与这种震撼人心的胜景带来的冲击相契合的内容，这真是一件令人失望至极的事情！虽然我们生活在这个奇妙而又意义非凡的宇宙之中，却没有一篇可以完整地呈现它的面貌的诗作，甚至间接提到的都没有。

公元前4世纪，出生于巴比伦的希伯来人创作出一些古老的童话般的梦境，这些梦境描绘了一个世界黎明的景致。只因这三位年轻人登上了太空，甚至在他们诵读那些内容的时候，这些梦境被彻底粉碎了！这是多么令人失望的事情！但是，对我来说，聊以自慰的是，我仍然可以欣赏但丁在《天堂》开篇的6行诗：

万物的原动者的荣光照彻宇宙，
在一部分反光较强，
在另一部分反光较弱。
我去过接受他的光最多的天上，
见过一些事物，
对这些事物，
从那里来的人既无从也无力进行描述。[①]

① 译文引自［意］但丁：《神曲：地狱篇、炼狱篇、天国篇》，田德望译，人民文学出版社，2016年。——编者注

现在要预测人类未来的诗歌意象当然是不可能的。然而，当这三位宇航员回到地球后，他们可以为我们的创作提供许多宝贵的建议。在飞越超越思维的无限空间之后，他们多次环绕了荒芜的月球，并且开始了漫长的归途。他们说，最令人感到愉悦的美景就在他们的目的地地球上，“就像在无垠荒漠般的宇宙中看到了绿洲一样”。我们可以这样来描述这种意义重大的意象：地球，漫漫宇宙之中唯一的绿洲，非凡的神圣绿林，突显了生命。现在，不仅仅是地球上的一小部分，整个地球都已成为人类的庇护所，一个留下的圣地。此外，现在我们都已经看到，地球是多么渺小，我们生活在这个高速旋转着的、散发着美丽光芒的球体表面，是多么危险！

这几位宇航员在归来的途中表达的另一个观点是，当地面控制中心询问他们是谁在为飞行导航时，他们的回答很干脆：“牛顿！”天哪！他们能够安全地回到地球，竟是基于艾萨克·牛顿头脑中那神奇的数学推理！

这个令人诧异的答案将我的思绪带到了伊曼努尔·康德所思考的问题上。他问道：我们立足于此处，如何能够通过数学计算知道其他地方确定会发生的事情？没有人知道月球表面的尘土有多厚，但是数学家却知道如何精确地推知出太空的规律，以便宇航员可以畅通无阻地进行探险，他们不仅可以围绕我们熟悉的地球，而且还可以围绕着月球飞行，甚至穿越两者之间那些未被探索的茫茫太空。康德曾问，数学判断是如何成为一个有关太空以及太空中各种物体的关系的先验前提的？

当你走过一面带波纹的镜子时，你无法预知你在镜中的映像的面积。然而在太空中不是这样的。在整个太空中，不存在这种面积上的数学变化。当我们在家里的电视屏幕上，看到第二次探月宇宙飞船从天空降落到大海中预设的降落点时，我们都将是下面这一事实的见证者：虽然月球离我们有超过38万公里的距离，但在我们还未登上月球的数个世纪之前，它在宇宙中的运动规律就已经在我们脑海里了（至少在牛顿的脑海里了）。通过地面上的度量，我们可以预先测定它的速度：月球一分钟内走过的距离和我们在地球上测到的应该是相同的。也就是说，我们拥有关于这些事情的先验知识。同样我们也知道，不论我们的宇宙飞船抵达火星、木星、土星，甚至是更为遥远的宇宙，这种规律都是普遍适用的。

正如康德已经意识到，时间和空间是一种“感觉的先验形式”，是一切经验和行为的先行条件，我们的身体和感官甚至在出生之前就已经对此有了某种内在的了解，因为我们正是在这种了解的基础上成长的。与简单地“在那里”的行星不同，我们不可以通过独立的观察和分析来获得它们。我们拥有这些内在于我们的法规，于是我们的思想被宇宙所环绕。诗人里尔克（Rilke）写道：“这个世界很大，但是在我们之中它又像大海那样深沉。”我们以一种有序的方式来持有这些法规。我们自身也同样神秘。

在探索宇宙奇迹的过程中，我们也同时探索我们自身的奇迹。那次外太空探月飞行，恰恰也是从外部对我们自身的一次审视。我确信这并非是一种诗意的表达，而是站在一种实事求是的、历史性的角度得出的观点。我的意思是，那次探月飞行和相关视听报道，已经把人类的意识转变、深化并且扩展到某种深度，进而在某种方式上开创了一个新的精神纪元。

第一名宇航员在月球表面登陆时迈出的第一步是非常非常谨慎的。第二名宇航员也随之登陆，在随后的一段时间里，两名宇航员谨小慎微地移动，在这个新环境里不断调整身体的重心和他们装备的重量。

但是随后，天呀！他们两个突然用双腿蹦跳，或是单脚跳，或是像袋鼠一样轻跳着慢跑。在接下来的航程中，这两位月球漫步者或是傻笑，或是大笑，就像两个疯癫的孩子一样嬉闹，非常疯狂（moonstruck）！并且我认为，

“现在，那个可爱的卫星已经在那里围绕着我们的地球不停地旋转了大约 40 亿年了，她就像一位试图抓住地球眼睛的美丽而孤独的女人。现在她终于抓住了地球，并因此也抓住了我们。就像通常所发生的那样，在面对诱惑时，一种新的生活便开始了，这种生活更加富裕、更加刺激、更加硕果累累。对我们来说，这种生活已完全不同于以往所知道的那样，甚至不同于以往所认为或是想象的那样”。今后，我们当中会有一些年轻人将要在月球上生活，其他人则会去探索火星。那么他们的后代又将会怎样呢？他们的旅程又将会是什么呢？

我想知道我的读者中有多少人看过那部电影《2001》。在影片中，人们想象在不远的 2001 年，一种强大的航天器在宇宙中进行了一次长途跋涉。未来的确是这样的，看过这部电影的大多数人将有机会亲眼见证这一壮举。伴随着对生活在大约 100 万年以前的类人猿群体的娱乐性描写，这次冒险展开了。当今科学认为，这种类人猿属于南方古猿，它们咆哮并相互争斗着，它们的基本行为与任何群居的类人猿相同。但是，这些类人猿中的一个，在它正在发展的灵魂之中具有了使事情变得更好的潜力。在对未知事物的敬畏感中，它怀着强烈的好奇心，渴望接近并探索这些未知事物，在探索中他的潜力得到了充分展现。

在这部影片中，那个类人猿呆坐在一块兀自矗立的奇怪的石板前，满脸惊愕。这是一个象征性的景象。当另一些猿人继续以习以为常的生活方式忙于经济问题（为自身寻找食物）、社交乐事（相互寻找对方头发中的虱子），以及政治活动（各种争斗）时，这个特别的、离群索居的、孤独的猿人则注视着那块神秘的石板，然后伸出手小心翼翼地触摸它，就像我们的宇航员小心地伸出脚，然后再轻轻地在月球上着陆一样。随后，有一些人猿跟随它，但不是所有的。实际上，在我们之中仍然存在一些没有被歌德所谓的“人类中的精英”所感动的人。即便是现在，古猿中依然存在着这种情况，它们仅仅关心经济、社会、政治，以及相互之间扔砖头，然后自己舔舐伤口。

这些人不是那些正朝着月球进发的人，也不是那些正关注着人类发展进程中最伟大步伐的人。人类发展中最伟大的步伐并非是舔舐伤口的结果，而是怀着敬畏之情做出的种种行为的产物。在认识到贯穿人类进化中的激励原则的连续性以后，这部影片的创作者再次象征性地展示了那块神秘的石板，它矗立在月球上隐蔽的地方，宇航员在那里接近并触摸了它，尔后它又自由地飘向那遥远而深邃的宇宙，它依然很神秘，一如既往。

将人类意识与动物意识区别开来的最早标志之一，可能是人类对火的使用。这使我联想到那块石板的象征性。人类使用火是从何时开始的，我们无从知晓，但是我们知道早在公元前 40 万年，北京猿人（Peking Man）就通过钻木取火的方式获取并使用火了。但他们出于什么原因使用火，我们依然不知道。火盆并非用来做饭，这是毋庸置疑的。可能是用火来取暖，或是用来驱赶危险的动物。尽管如此，他们更有可能是着迷于跃动的火焰。

全世界有无数关于火的神话。在这些神话中，火常常代表冒险，这并非由于人尽皆知的火的实用价值，而是由于火的魅力。远古的人们也许会绕着火堆跳舞，围坐在它的周围凝视着它。在这些神话中，经过那些必要的冒险之后，火也成为区分人类与野兽的象征。直到今天，火仍被广泛地崇奉为神。在许多文化中，点燃家火是一项仪式活动。我们知道神圣的维斯塔火神（Vestal Fire）是罗马最受尊敬的女神。就像我所提到的影片中那块象征性的石板，对于火的痴迷可以看成是我们人类有史以来，对神秘事物进行追求并甘愿冒巨大危险对其进行探索的最早迹象。这种迹象曾是人类所拥有的独特的本质性标记，是和普通动物截然相反的、人类所特有的天赋，它在冒险活动中被完全展示出来，应该说，这些冒险是值得称赞的。

在前几章中，我讨论了魅力的其他形式。这些迷人事物激发人类中的一些成员超越了自身。狩猎部落在动物的形状中感受到了魅力，农耕部落在播种的奇迹中感受到了魅力，古老的苏美尔祭司们从天体的运动中感受到了魅力。这一切是如此的神秘和神奇。尼采把人称为“生病的动物”，因为在我们的生活方式中，我们既开放又模棱两可。我们的本性不同于那些一直用模式化方式生存的其他物种。狮子的一生永远是狮子，狗也永远只是狗。但人的一生可以成为宇航员、穴居人、哲学家、航海员、农夫或雕塑家。在他的一生中，他可以扮演命运有天壤之别的人中的任何一个，或者实践这些不同的命运。而他所选择的命运的最终实现既不是通过理性，也不是通过常识，而是通过兴奋的融入，诗人罗宾逊·杰弗斯把其称为：“诱导他冲破自身局限的幻象。”杰弗斯宣称：“人类是将要破裂的模板，将要崩裂的地壳，将要燃烧的煤块，将要分裂的原子。”诱导我们冲破自身局限的方式是什么呢？杰弗斯在《杂色牡马》（*Roan Stallion*）中写道：

荒野偏爱越过自然之墙，
越过野蛮的藩篱的科学，
除了那遥远星辰的智慧，
它是制造原子的不断旋转的恶魔的隐晦智慧。

最初，火的魅力使愚昧无知的人们追求一种前所未有的生活方式，家庭中的火盆开始成为生活的重心，同时也被崇奉为掌控生死命运的神灵。人类一旦从野兽中分离出来，动植物的生命模式就在人类的想象中留下了深刻的印象。这些生命模式吸引着我们人类追求更高的神话般的生活模式，这一模式不仅包含外在的社会秩序，同时包含个体的内在认同体验。比如，萨满巫师像狼一样生活，与水牛建立仪式化盟约，戴着面具跳舞，以动物的形象为图腾的祖先等。

有的部落通过植物法律和仪式来管理自己，他们牺牲自己最优秀、最重要的成员，将其肢解并埋葬来提高公共利益。在《约翰福音》中我们看到了这种景象的延续，文中写道："我实实在在地告诉你们：一粒麦子不落在地里死了，仍旧是一粒；若是死了，就结出许多子粒来。爱惜自己生命的，就失丧生命；在这世上恨恶自己生命的，就要保守生命到永生。"基督在最后的晚餐时将自己比作"真葡萄树"（True Vine）："枝子若不常在葡萄树上，自己就不能结果子；你们若不常在我里面，也是这样。我是葡萄树，你们是枝子。"

可以说，这种植物的神秘意象表明，个体生命有机地参与到更大规模的生活和体系中，"诱导他突破自身的极限"。相比较而言，狩猎部落的仪式建立在他们与动物世界盟约的神话基础之上。他们认识到了一种互惠关系，这种互惠拓展了人类精神领域所关注的范围，它包含着更多的东西，而非仅仅是人类自身最直接的利益。到目前为止，曾经启迪人类思想和生活的最值得赞扬的奇迹是：大约公元前 3500 年，美索不达米亚夜观天象的僧侣们认识到，宇宙法则可以通过数学计算进行定义，而人类社会的组织结构应该与这些法则相一致。

正是在那时，由僧侣统治的城邦诞生了。数千年以来，这些城邦屹立在源头，作为一切更高级的、有文字的文明模式屹立在那里。换句话说，不是经济学，而是天体数学启发了宗教形式、艺术、文学、科学、道德和社会准则，在那段时间里，它们共同促进人类向文明生活迈进，再次诱导我们突破自身的极限，并获得成就，而这些成就远非经济和政治上的目标可以企及。

如今，众所周知的是，这些思想和形式已成为残破的过去，依赖于它们的文明陷于混乱和瓦解。不仅仅是社会不再与行星的运动相一致，社会学和物理学、政治学和天文学也不再被理解为同一个学科的不同部分。个人也不再被理解为（至少在民主的西方）一个国家有机体中不可分割的基本组成部分。如果我们对一切都有所了解的话，我们知道现在每一个个体都是独一无二的，并且他的生活法则应该不同于这个世界上其他任何人的法则。我们也同样知道，如果神圣无处不在，它将不会在这些星球之中或者之外的“那里”。

伽利略向我们证明，在地球上得到证实的物体运动的定律也可以应用到其他天体中。正如我们现在所看到的那样，在地球上总结出的定律已经将我们的宇航员送上了月球。他们很快将到达火星甚至是更远的地方。除此之外，我们知道，通过人类的智慧，那些最外层空间的数学规律将在地球上被计算出来。现实中没有一种在这里不存在而在那里存在的规律，也没有在那里存在却在这里不存在的众神，他们不仅在这里，而且在我们之中，在我们的心灵之中。所以现在那些童年时对于以利亚、圣母和基督升天——所有的身体进入天堂的想象，又会发生什么样的情况呢？

地球，你在天空中做什么？

告诉我，沉寂的地球，你在做些什么？

我们的宇航员在月球上把月球拉向了地球，接着又把地球推向了浩瀚的宇宙。我们将在火星的沙漠上再一次看到我们这位地球母亲，更高、更遥远、更接近天国，比任何时候都更加接近于神灵。接下来是从木星上遥望地球，它将更高、更遥远。我们的星球将永远这样持续下去，越来越高，就像我们的儿子们、孙子们和他们一代又一代的子孙们，将沿袭着我们在最近几年中开拓的路径继续向更远处进发，在已经存在于我们头脑之中的这个宇宙中继续研究和探索。

换言之，在神话学领域刚刚发生的巨变，只有公元前4000年古代苏美尔人观测天象这一事件的重要意义能够与之相媲美。实际上，具有决定意义的是，这个世界不仅仅是神和人的，而且也是城邦的世界，在那个具有启迪性的时代，古代苏美尔人创造了城邦的世界。

很多年以前，列奥·弗罗贝纽斯的著作给我留下了深刻的印象，我一直认为他是那一代神话学研究者中最具敏锐眼光的一个。他把整个人类历史看作是一种伟大而又独特的有机性进程，这一进程与所有独立个体的生命历程类似，人类历史的发展也会经历生长、成熟以及逐渐走向衰老等阶段。人类的生命历程与个人的成长过程非常相似，它们都是从童年开始，经由青春期进入成熟期，最后跨入老年。

人类生命历程的童年时期是一段十分漫长的原始阶段。这时的人类或是狩猎者，或是捕鱼者，或是采食者，或是种植者，他们的生活建立在与那些动植物邻居们的直接关系上。

弗罗贝纽斯把人类生命历程的第二阶段称为里程碑式的阶段，这个阶段建立在早期农业的兴起、城市化和有文字的文明发展的基础上，每个文明都是依据想象中的宇宙规律建构的，而这些规律是通过研究行星光线的位移和环境而得知的。那时的人认为，这些光芒的所在应当成为统治宇宙的神灵的居所。

但是，如上所述，我们现在知道它们是同地球一样的物质。地球和我们自身心灵的规律已经扩展到包含了众神曾拥有的范围和力量，这些范围和力量现在被认为是我们自身所拥有的。因此，整个想象的支柱已经从“存在于那里”的状态中被抽了出来，存在于我们自身的中心。一个全新的世界性的时代展现在我们面前，这是全球性的、“唯物主义的”（弗罗贝纽斯这样称呼它）。与古老时代的精神相比，这个时代的精神是醒悟的智慧和对肉体的关注，更集中关注现在的成就，而不是任何遥远的未来。现在人们所体验的这种精神居所已经不再集中在火和动植物的世界，或是行星甚至更远的制高点上，而是建立于生活在地球的人类身上：地球和那些在宇航员注视并为其拍照的人类，正从月球上方起飞向着天堂进发。

我的朋友阿伦·瓦兹（Alan Watts）在一次讲座中提出了一种有趣的设想，他要改变“人类是从天堂派到尘世的陌生人”这种古老的观念（现在已站不住脚了），当人死时，他将摆脱凡间的肉体，他的灵魂会升到一个与之相对应的源头，并且在天堂中与上帝在一起。瓦兹博士对他的听众说道：“这件事的真实情况是，你根本不曾从别的地方来到这个世界上，你只是从这个世界中产生，就像一片树叶生发于一棵树或是一个婴儿来自子宫，你以相同的方式来到这个世界上……就像耶稣所说的那样，一个人不能从蓟草上采集无花果或是从荆棘上采集葡萄，同样你也不能从一个不繁殖人口的地方召集人群。我们这个世界人类繁衍生息，就像苹果树上结出苹果，或是葡萄树上结出葡萄。”

这就是说，我们是这个世界自然而然的产物。瓦兹博士同时讲到，如果我们是一种聪明的生物，那我们也一定是这颗聪明的地球所结出的果实，或是一种聪明的能量系统表现，因为“人不能从荆棘上采集葡萄”。

那么，我们可能觉得我们是地球的耳朵、眼睛和大脑，就像我们身上的耳朵、眼睛和大脑所具备的功能一样。我们的身体与这个地球是同一的，地球是美妙的“无垠宇宙荒漠中的一片绿洲”。无垠宇宙的数学规律与牛顿头脑中的是一样的，它与我们头脑中的、地球头脑中的和宇宙头脑中的规律也是一样的。通过我们自己的努力，宇宙在这个美丽的绿洲中开出了花朵，结出了果实。

让我们再次回忆这一幕：原始时代的北京猿人居住在阴暗的洞穴里，他们惊讶于火的魅力。这种能量的幽灵已经存在于他们的身体里并发挥着作用，产生热量、提高温度、发生氧化，就如同在火山中、在木星上、在太阳上一样。当印第安狩猎部落那些戴着面具的舞者，将自己与他们猎杀的动物身上发现的神圣力量相同一时，这又是他们自身某个侧面的特异景象，他们由直觉感知并尊崇这一景象。在这一点上，我们和动物是一样的：生来拥有与大地母亲的自然规律相辅相成的智慧。

同样，在与植物世界的关系中，我们可以再一次看到人类身上发生的特异景象，即人类像植物一样吸收营养并发展生长。许多神话，包括一些非原始神话，将人类表现为像植物那样从大地中诞生或者从树中诞生。我们脑海中那些“第二亚当”的形象以及基督受难的画面，就像生命树上结出的果实。佛教中也有智慧之树的传说，早期的德国也有世界之树的说法。所有这些都是启迪生命智慧的树，这种生命智慧已经内在于植物生长般的过程中。在这个过程中，我们的身体在母体内生长成型，出生时，我们已经做好呼吸外部空气的准备了。我们通过复杂的化学过程消化吸收地球上的食物，通过数学原理观察世界、思索问题——那些数学原理将会在宇宙的任何角落、任意时刻永远地起作用。

在东方，我注意到佛教僧侣在建造庙宇时往往选择视野开阔的山顶。在这里人们可以打开视野，虽然自我感觉渺小，却可以在精神上将自己拓展到更远的境界。另外我还注意到：在我们飞越大自然，尤其是在大海上飞行时，我们所经历的气流、云层、光影幻景等，都是浑然天成的。在大地上，这种感觉发生在可爱的植物界里；在天上，则发生在茫茫宇宙中。

人们常常会想：“在同宇宙的关系中，人类显得多么渺小！”人类的世界观从“地心说”到“日心说”的转变已经将人从中心位置移出，而那个中心位置过去曾显得那么重要！然而，从精神方面来说，中心就是视野所及之处。立于高处，方能极目远眺。人屹立于月球之上，才能看到整个地球的升起，甚至通过电视，在自己客厅也能看到。从史前人类生存的洞穴到佛教僧侣矗立在山巅的庙宇，一直到现在的月球之旅，随着每一次视野的扩展，人类的意识也得到拓展，如同对自然本性的认识被不断扩展和深化一般，这一过程已经在发生，而且无可避免。同时，人类的物质生活条件也得到了丰富、优化和改善。

因而，这就是我的整个论点：此时此刻，我们都参与到了人类精神的一次最伟大的飞跃之中，在这次飞跃中，我们不仅认识了外在的自然界，也认识了我们内心深处的秘密。当然飞跃不会中止，它有过去，也注定有未来。那么，如今云集在活跃的大学校园里的社会学天才们，他们会告诉我们什么呢？我前几天在耶鲁大学一家书店里贴出的海报上找到了答案。海报上是一位宇航员站在荒芜的月球上的照片，照片底下写着这样的评论："那又怎样！"

然而，让我们反过来关注一下这一时刻在神话和神学方面的意义。中世纪的意大利有一位预言家，他叫"弗洛里斯的约阿希姆"（Joachim of Floris），是一名修道院院长。13 世纪早期他就预见到了基督教会的没落和尘世精神生活的萌芽，这一萌芽体现在圣灵可以直接同人进行内心对话，而无须通过教会的转达。同弗罗贝纽斯一样，他认为人类历史经历了几个连续的发展阶段，而我们正处于最后一个阶段。他将整个过程划分为四个阶段，当然，第一个阶段紧随着人类的堕落①，接下来是人类历史的开始，然后上演的就是伟大的救赎。

① 指亚当、夏娃违反戒律，被上帝逐出伊甸园。——译者注

整个过程都是在基督三位一体的启示下完成的。首先是圣父时代，圣父时代是“摩西律法”和以色列人民的时代；其次是圣子时代，圣子时代是《新约》和教会的时代；最后是第三个时代圣灵时代，此处这位牧师的观点和教派里其他人士的观点不同，他坚信这一阶段即将到来，那是一个冥想的圣人们的时代，教堂变得多余，即将消亡。在约阿希姆的时代，不少人认为阿西西城（Assisi）的圣弗朗西斯（Saint Francis）或许可以作为圣灵时代的标志人物。然而，中世纪以后，在看到当下的教堂，看到这个可能最接近神秘的宗教狂热的场所里发生的事情时，我更愿意相信，优秀的弗洛里斯的约阿希姆教父所预见的时代就是我们的时代。

我们必须认识到世上不再有神授的权力，也不再有上帝法规的信使。在当今社会，所有的民法都是约定俗成的，没有任何神权为它负责，没有西奈（Sinai），也没有橄榄山（Mount of Olives）①。我们的法律都是通过人类的意志来制定和修改的，而且在这种世俗的裁判权内，每个人都有自由决定自己的命运，寻找自己的真理，通过自身的行动来探索世间万物。这一神话、宗教、哲学和思维方式出现在6 000年前，西方和东方的灿烂文明，包括欧洲、近东、中东、远东，甚至早期的美洲，都从它们中汲取真理和生命。它们正在我们周围消失，每个人都去追随自己生命的机遇和精神。除了那些登上月球的伟大宇航员，我想不到更合适的象征性英雄人物来代表这一时代。除了罗宾逊·杰弗斯的《杂色牡马》，我也想不到更合适的词句作为本章的结束语，来庆祝他们的壮举：

> 当原子的边界被打破，
> 看起来，原子核就像太阳，而电子就是周围的行星；
> 微观世界里，一切的一切，无须祈求，生性相同。

---

① 西奈和橄榄山都是基督教的圣地。——译者注

无须进入，也无须通道，
更加一致，更加彻底，更加难以置信地
与另一种极限与伟大结合；
充满激情地感受同一……

作为科技探索的两极，太阳系和原子在某种程度上被视为是相同的，但它们却绝对迥异！我们和宇宙是同一的，我们是宇宙的耳朵、眼睛和思想。

杰出的物理学家埃尔温·薛定谔（Erwin Schrödinger）曾写过一本名为《我的世界观》（*My View of the World*）的小册子，这本小册子令人耳目一新、惊叹不已。他在这本小册子中提出了类似的形而上学的观点。他认为："所有的生灵都同有所属，因为我们所有人事实上都是同一个存在物的不同侧面或方面，这个存在物在西方的术语里也许叫上帝，而在《奥义书》中则称为婆罗门。"①

显而易见，并不是科技使得人类身份降低或者脱离了众神。恰恰相反，根据这位科学家的观点，科学已将我们重新与古人联系在一起，我们将认知我们自己内心深处的本性在整个宇宙中放大的映像。所以我们实际上是它的耳朵、它的眼睛、它的思想、它的言语，或者用神学的术语来讲，我们是上帝的耳朵、上帝的眼睛、上帝的思想和上帝的言语。而且，通过相同的象征，此时此刻所有的人都在从事一种绵延不断的创造活动，它发生在我们无穷无尽的思维空间里，这个空间里既有行星飞越，也有我们人类自己。

① 译文引自［奥］薛定谔：《生命是什么（附《我的世界观》）》，周程，胡万亨译，北京大学出版社，2018 年。——编者注

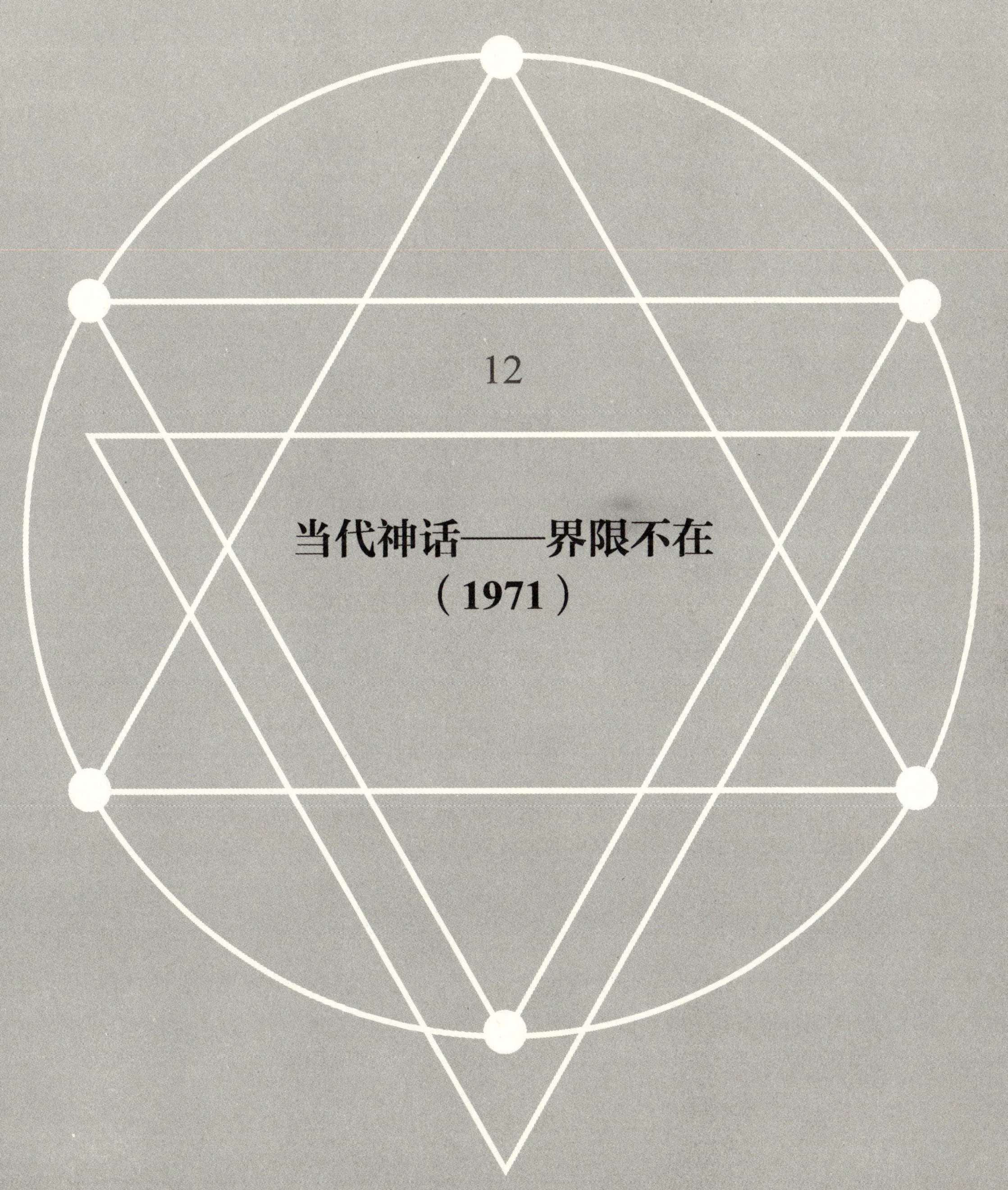

12

当代神话——界限不在
（1971）

以前人们的生活、思维和神话信仰都有界限，而现在这些界限都不复存在了。我们正在经历重大的冲突，这个时代充满了惊雷、闪电和飓风。

新型的神话学是什么？它将成为什么？既然神话与诗歌相似，就先让我们来问一问诗人。惠特曼（Walt Whitman）在他的《草叶集》（*Leaves of Grass*）中曾经这样写道：

> 我说过灵魂并不优于肉体，
> 我也说过肉体并不优于灵魂，
> 对于一个人来说，没有什么，包括上帝，比一个人的自我更伟大，
> 凡是走了两百米还没有这种感觉的人就是在披着尸衣走向坟墓，
> 你我口袋里分文没有也能买地球上最好的东西，
> 用眼睛一瞄，或显示豆荚里的一粒豆子，就胜过古往今来的学问，
> 三百六十行，只要年青人肯干都可以成为英雄，
> 没有什么东西软弱得不能成为这个旋转宇宙的中心，
> 我对天下男女说，让你的灵魂冷静镇定地站在一百万个宇宙之前。
>
> 我对人类说，不要对上帝感觉好奇，

我这个对对事事好奇的人对上帝并不觉得好奇，
（多少话也说不清我对于上帝对于死亡是多么坦然平静。）

每一件事物中我听到看到了上帝，却丝毫不理解上帝，
我也不理解有谁能比我自己更加神奇。

为什么我还希望比今天更清楚地看见上帝呢？
我在二十四小时的每时，甚至每刻都看见了上帝的什么，
在男男女女的脸上，在镜子中我自己的脸上，我看见了上帝，
我在街上发现上帝丢下的信件，每一封都有上帝的签名，
我把它们留在原处，我知道无论我去哪里，
永远会有别的信如期到来。①

惠特曼的这些诗句巧妙地呼应了《广林奥义书》中所蕴含的思想，《广林奥义书》是《奥义书》最早成书的部分，大约写于公元前8世纪。

那些人们说："信奉这个神！信奉那个神！"神一个接一个，其实所有这些都是他所创造的！他自己才是所有这些神……

他进入我们的宇宙，甚至进入我们的指甲里，就像剃刀在剃刀盒里，或者火在木柴中。人是看不到神的，因为一旦被看到，神就不完美了。呼吸时，神的名字就是"呼吸"，交谈时，神是"声音"，欣赏时，神是"眼睛"，聆听时，神是"耳朵"，思考时，神是"大脑"：这些只是神行为的名字而已。无论谁信奉这其中的哪一个——都不知道，因为他在任何一个之中都是不完美的。

① 译文引自［美］沃尔特·惠特曼：《草叶集》，邹仲之译，上海译文出版社，2016年。——编者注

人应该崇拜他自身，因为人是神的集大成者。人自身就是神的写照和诠释，人认识神就像循着足迹找到丢失的牲畜一样。

确实，应该将自我奉为挚爱者。任何人将自我奉为挚爱者，他就不会失去挚爱者……

如果有人崇拜其他的神，心想："他是这一位，我是这一位。"那么，他不是知者。人对于众天神，就像牲畜对于人。正像众多牲畜供养人，人人供养众天神。即使一只牲畜被夺走，人就会不愉快，何况众多牲畜？因此，人若知道这样，众天神就会不愉快。

从历史更为悠久的埃及《亡灵书》（*Book of the Dead*）中，我们可以找到相同的思想，这一思想在那里得以突出表现，该书中的"他在白昼行走"一章中如此写道：

我是昨日、今日和明日，我有能力获得重生，
我是创造了众神的隐秘着的神圣灵魂，
用冥食饲养了地底之人、死亡之地和天堂之众，
向圣地之主致敬！他矗立在世界之中心。他就是我，我就是他！

事实上，我们难道没有从基督口中听到同样的内容吗？《多马福音》中有如下的言辞：

任何从我口中汲水之人都会成为我，而我自己也终会变成他，同时我所有的隐秘之事都会被他洞察……我就是众人，众人也将从我而来并最终获致吾身。劈开一块木头，我必将显现；搬开一块石头，你必找到我。

或许我们可以再次返回来，看看惠特曼诗集的另外几句：

> 我把自己交付给泥土，我将从我爱的青草里长出来，
> 假如你需要我，就在你鞋底下找吧。①

大约在15年前，我在孟买遇到一位异常有趣的德国耶稣会士赫拉斯（H. Heras）神父。那时他刚刚发表了一篇关于印度神话中反映出的圣父和圣子奥秘的论文。他把这篇论文的复印件赠送给了我。他是一个思想开放的人，是研究东方宗教的权威。在这篇学术论文中，他在一定程度上将古印度湿婆神和他受人欢迎的儿子象头神（Ganesha）同基督教的圣父与圣子关系等同起来。如果说"三位一体"中的圣子是因为永生而被尊为上帝，他先于历史，维系着历史，并且在一定程度上反映了我们心中"神的形象"，那么即使是正统的基督教徒，也不难在国外的圣人和众神之中发现自己教义的映像。

我相信我们现在必须要承认这样一个事实：神话和神话中的众神只不过是心灵的产物和投射。有哪个现存的神和曾经存在的神不是人想象出来的呢？我们了解他们的历史，知道他们的发展。不仅仅是弗洛伊德和荣格，如今所有心理学和比较宗教学的严肃学者都意识到并认同了这样的观点：神话的形式和形象从根本上说都是梦的本质属性。我的老朋友格则·罗海默（Géza Róheim）博士曾经说过，正如没有两种不同的睡眠方式那样，世界上自然也就没有两种不同的做梦方式。从本质上讲，相同的神话主题在全世界都可以找到。在所有伟大传统中，都有很多与处女怀孕生子、道成肉身、殉难并复活、第二次降临、最后的审判等情节类似的神话传说。既然这些形象起源于心理，那么它们也指涉着心理。它们用象征的形式向我们揭示了心理

① 译文引自［美］沃尔特·惠特曼：《草叶集》，邹仲之译，上海译文出版社，2016年。——编者注

的结构、规则和力量。

因此，我们不能把它们理解为使神话得以产生的真实历史事件和人物的叙述，无论是从起源的角度、普遍的角度，还是从本质意义的角度来说，都不可以。说到底，如果认为这种历史指涉有一点意义的话，那也是次要的意义。例如，依照佛教的思想，历史上的乔达摩・释迦牟尼王子只是具有佛陀意识的众多历史性人物中的一个而已。再比如，在印度教中，毗湿奴的化身更是不计其数。

面对这些传说，基督教思想家如今所面对的困难是，在他们的教义中，拿撒勒人（Nazarene）是上帝在历史中存在的唯一化身。犹太教中也有同样令人感到棘手的教义：一位无处不在的上帝只关注着他所创造的世界中唯一的选民。这一种族中心的历史主义造成了今天精神匮乏的状态。而且神职人员越来越难吸引美食家来参加他们的晚宴，这就足以让他们意识到他们盘中所供应的东西已经不再美味了。对于我们父辈狭小的知识世界而言，这些东西已经足够了，因为那个狭小的文明对于自身来说几乎就是一切。但是，现在请思考一下从月球传回来的地球照片吧！

在历史早期，那时的社会单位只有部落、宗派、民族，最多是文明，地域性的神话可以为那些社会单位服务。神话将所有超越该社会单元边界的东西都表现为低级的事物，而该单元的神话意象，即人类共同遗产的本地映像，要么表现为独一无二的神圣真理，要么表现为最高贵的至上存在。在那样的时代，神话意向对维护集体秩序起到了积极的作用，它能训练年轻人积极地响应自己部落的符号系统，同时消极地回应所有其他部落的符号系统，还能训练他们对内表现仁爱，而对外表现仇恨。然而今天，我们所有的人都是这艘孤独的“地球号”宇宙飞船（巴克敏斯特・福乐提出）的乘客，这艘飞船以惊人的速度向茫茫夜空冲去，去向不明。在这种情况下，我们能允许飞船上有个危险的劫机分子吗？

大约一个世纪以前，尼采就已经将我们的时代命名为“比较的时代”。以前人们的生活、思维和神话信仰都有界限，而现在这些界限都不复存在了。伴随着这些界限的解除，我们经历了并且正在经历严重的冲突，这冲突不只出现在不同的人之间，而且出现在他们信仰的不同神话之间。这就像把分别装有极热空气和极冷空气的房间之间的隔板抽走了一样，结果各种力量急速地涌动。所以我们现在处于一个极度危险的时代，这个时代充满了惊雷、闪电和飓风。

我认为没有必要对这种现象表现得歇斯底里，流露出仇恨或谴责的态度。以前从未相遇的各种能量产生冲突，这是不可避免并且相当正常的事情。由于每种能量都带着自身的骄傲，这就势必产生骚乱。这就是我们正在经历的现实，我们正在驾驭这一现实，驾驭它前往一个新的时代，获得新的重生，达到人类的全新境界。如今任何一个活着的人都不能宣称他有能力预言这个境界的开端，或者有方法开启这个全新境界，所以任何一个当代人都没有权利去指责它——“不要论断人，免得你们被论断。”发生的所有一切，痛苦、迷惑和误解，都是相当自然的现象。

而现在，在众多能量产生的冲突中，我可以有把握地说，最不重要的绝不是古代的神话传统和欧洲传统之间的冲突。古代的神话传统主要是指来自印度和远东的神话传统，它们正大规模地涌入我们的欧洲传统领域。反之亦然，理性主义、先进的人文主义和民主思潮也正涌入亚洲。如果要将现代科学知识的普遍影响施加到所有传统体系的古老信念上，同时把维系我们种族延续至今的智慧保留下来并明智地传给未来时代的话，我们就应该承认，需要去做大量的筛选工作。

我反复思考过这个问题，并得出这样一个结论：当智慧的象征形式并不指向任何虚构的或真实的历史人物与事件，而是指向我们这个物种内在的心理上或者精神上的潜质时，这个潜质似乎在人类的所谓永恒哲理中普遍存在。然而，当传统的文本被按照字面意思解读时，就会在我们的视野中消失，正如真正的历史消失在刻板的正统思维方式中一样。但丁在其哲学专著《飨宴》（*Convito*）中曾区分过《圣经》各个章节的字面意义、象征意义、道德意义和神秘意义。让我们以下面这句话为例："耶稣基督死后复活。"这句话的字面意思再明白不过了：一位叫耶稣的历史人物被认为是救世主，他死而复生。然而在虔诚的基督教徒眼中，这句话却有着深刻的象征意义：同样的，我们也因死亡而获得永生。由此而产生的道德意义可以表述为：让我们的注意力从对尘世的思索转变为对永恒的追求。然而，神秘性的解读必定和过去或者将来都无关，只和超自然的时间和永恒相联系，它与任何特定的位置也无关联，此刻及未来将永远无处不在。所以意义的第四个层面似乎应该是在死亡中，或者在此岸世界的死亡，即永生中。从这个超验的角度得到的道德意义是：心灵在观察尘世事物的时候就会发现永恒。而象征意义则是：在我们这副身躯中，即圣保罗所定义的"这死去的身体"中，就是我们的永生。永生不存在于未来的某一个时间点上，也不存在于某一个天国世界，而是在当下，在这个大地上，在时间的维度中。

威廉·布莱克也在作品中表达过类似的思想，他曾说道："假如知觉之门被打扫干净，人便可以用本来面目看待所有事物，即永恒无限。"从刚才引用的惠特曼的诗句、印度的《奥义书》、埃及的《亡灵书》以及《多马福音》中，我都体会到了同样的思想。"高等宗教的象征可能乍看起来是毫无共同之处的。"一位已故的罗马天主教教父托马斯·默顿（Thomas Merton）曾经这样写道。这是他在一篇简明扼要却十分精辟的文章《象征：交流还是共融》（*Symbolism:Communication or Communion*）中的文字。他还写道："然而，当一个人对这些宗教有了更深层次的理解，并且看到这些宗教象征明晰地展示了履行宗教信仰和宗教实践的体验后，他就会意识到，不同宗教的象征总有一些共通之处，且共通之处远远多于那些官方制定出来的抽象教条。”

托马斯·默顿再次强调道：“真正的象征不仅仅是指涉其他事物。它自身之中就包含着一种结构，这种结构可以唤醒我们的意识，带领我们获得一种关于生命的内在意义和现实本身的全新认识。一种真正的象征会将我们带到圆的中心，而不是圆周上的另外一点，通过象征，人们有意识地带着情感与内在的自我，与别人、与上帝进行交流。”“‘上帝死了’……实际上就意味着象征已经死了。”

诗人和神秘主义者将启示的意象看成小说一般，通过它，关于存在的深层洞察——无论是个人存在还是一般的存在——都可以得到深刻表达。另一方面，宗派主义的神学家严格坚持按字面意义来解读神话，导致了传统的分裂。耶稣、黑天和释迦牟尼这三位道成肉身的存在将不再相同，因为这些象征并不指向他们本身，而是指向那些时刻瞻仰他们的芸芸众生，他们之间是等同的。我们可以再次引用教父托马斯·默顿的话：“人不能完整地理解一个象征的意义，除非他在自身的存在中觉悟。引起精神共鸣的象征不能仅仅被看作是一种普通的符号，而应被看作‘圣礼’和‘在场’。象征是指向主体的客体，我们被引入一种远远超出主体和客体的更深层次的精神意识里。”

神话，或者说神话与宗教，是伟大的诗歌。当人们这样认识时，神话便通过事物和事件绝对无误地指向了作为整体的“在场”或者“永恒”无处不在的状态。就这一功能而言，所有的神话、所有的伟大诗歌和所有的神秘传统都是一致的。并且在这种激动人心的景象依旧发挥作用的文明里，所有事物和所有生灵都是具有活力的。

所以说，任何神话若要在现代社会立足并生存下来，理清通向自身和宇宙的奥妙之门是其必须满足的首要条件。这些奥妙既骇人又迷人，例如我们是宇宙的耳朵、眼睛和思维。然而，神学家逆时针地解读他们的启示，也就是说，他们认为启示指向过去的事物（用默顿的的话来说："圆周上的另外一点"）。而空想家提出的启示仅仅允诺了某种令人渴望的未来。神话来源于心灵，就应指向心灵（即"圆点"），并且任何一个郑重其事地转向内在心灵的人，实际上都将在自己身上重新发现那些指涉。

数周以前，我收到了一封来自马里兰精神病研究中心的邮件，中心设立在巴尔的摩，邮件是精神病学专家斯坦尼斯拉夫·格罗夫（Stanislav Grof）博士发给我的。邮件里附加了一份阐释他过去的 14 年中（先在捷克斯洛伐克，现在在美国）关于精神病治疗实践的手稿，有关审慎地运用致幻剂来治疗神经性和心理性的精神错乱。他的整个研究成果令人印象深刻。同时，我的许多关于神秘形式的思索也已经通过这一研究成果得到重新验证。因此在这本书的最后几页里，我将针对意识的种类和深度提出一个尝试性的建议，而格罗夫博士已经对我们内在的精神之海进行了探索。

简要来说，在格罗夫博士的报告中，致幻剂引起的第一种体验被命名为"审美的迷幻体验"（Aesthetic LSD Experience）。这主要是为了回应赫胥黎所著的《众妙之门》（*The Doors of Perception*）。赫胥黎在此书中描述了自己 1954 年服用 0.4 克酶斯卡灵（一种致幻剂）之后的感觉。据他说，致幻剂会给人带来难以置信的欣喜感，他的情绪变化非常强烈，体验到种种变化的感觉，甚至连阳光下一张普通的花园长椅都让人感到"不可言喻地美妙，甚至美妙到了几乎可怕的境地"。

另外，更强烈的药效可能会导致人产生其他感觉，包括物理机能的变化、视觉混乱、身体漂浮、通灵等，甚至像原始的萨满巫师所宣称的那样，获得把自己想象为动物或者其他事物的能力。在印度，瑜伽修行者宣称自己具有这种能力（被称为悉地）。这种能力并不是突然由外而生，而是由人内心的潜能激发而来，修行者们通过神秘修行将其唤醒，因为这种力量一直潜藏在我们所有人的身体之中。赫胥黎也持有同样的观点，只不过他是用西方的术语来进行表述的，这一点我在下文还要进一步提及。

格罗夫博士把第二种反应称为“心理动力迷幻体验”（Psychodynamic LSD Experience），这种体验所涉及的意识延伸实际上和荣格定义的“个人无意识”有关，这种情绪超负荷内容的激活是弗洛伊德精神分析中处理的典型问题。在这一层面，当人们仔细审查自己的意识时，这种令人不舒服的紧张感和惊恐的抵触，主要源于多种无意识的道德、社会以及幼儿时期影响至深的自我防御带来的冲突，这些冲突本是成年人不该有的。

其实在精神分析的相关文献中，神话主题根本就不是神话，它们只是和上述所说的这些冲突相关的产物，如恋母情结、恋父情结等。结合幼儿时期的生活经历，这些神话主题不再具有神秘的、超个人的关联，它们仅仅是幼年时代被压抑的欲望的隐喻表达，而这种欲望被现实中或想象中的父母加以禁止或受到威胁。另外，即使传统的神话形象的确出现在这个弗洛伊德阶段的幻想中，它们也仅仅是个人冲突的隐喻。正如格罗夫博士所观察到的，最常见的现象是“性感觉或者性行为与宗教禁忌之间的矛盾，以及关于魔鬼和地狱或者天使和天堂的原始幻想，都和成年人进行的叙述或做出的威胁和承诺相关”。

同时，只有当上述这些个人的“心理动力性”物质，连同相关的情绪、感觉和观念的特点被再度体验时，个人潜意识里的心理“结点”才能充分打开，从而开启更加深入、内在的向下的旅程，完成从个人传记式的认识向完全超个人式的（首先是生理的，随后是形而上学，也就是神秘主义的）认识的转变。

格罗夫博士观察到，处于弗洛伊德精神治疗和“心理动力”精神治疗阶段的病人，会再度充分体验（并因此开始打破这种）自身意识不到的固有感受和行为方式。因而，抛开这些个人记忆，他们开始显现出一种精神上和身体上的综合症状，那是全然不同的重生体验。也就是经历一次出生的痛苦：子宫突然收缩和持续数小时的阵痛带来的无助的恐惧感；第二阶段的分娩带来更加痛苦的折磨，子宫口打开，伴随着不断增强的极度恐惧和痛苦，胎儿开始沿着产道向前推进，当这种恐惧和痛苦达到高潮的时候，它几乎经历了完全被毁灭的感受；突然，身体放松了，感受到了生命的第一束光芒！然而切断脐带时的剧烈疼痛又让人感到几近窒息，直到血液找到流向肺的途径时，这种状况才消失。随后，它开始独立地呼吸了！呼吸，再呼吸。

格罗夫博士说道：“病人承受了数小时的痛苦，他们挣扎着呼吸，脸色由死灰色转向深紫色。他们在地板上打着滚，全身发抖，浑身抽搐，身体胡乱地扭曲着，试图将体内极大的压力释放出来。他们的脉搏细如游丝，而且速度达到正常的两倍，还经常伴有间歇性的恶心、呕吐和大量的排汗。”

他还说：“从主观上讲，病人的这些体验具有超个人的特质，他们的身体与生命的框架比单一个体更为宽阔。体验者会同时认同许多个体或者群体，在极端情况下，这一认同会包含那些曾经、现在和将来所有受苦的人类。”还有，“这里所观察到的现象，拥有更基本的特性，而且与弗洛伊德的阶段相比，拥有许多不同的维度。”事实上，它们是神话学中超个人的规律，我们不能再将其曲解，用来指个人生活中的遭遇（这是弗洛伊德的观点），而应该向外扩展和向内深入，到达詹姆斯·乔伊斯所说的“人类深重而又持续的苦难”。

例如，在精神治疗的过程中，病人再度体验了出生第一阶段的梦魇。当子宫开始收缩时，被封闭在子宫内的胎儿在突如其来的恐惧和痛苦中惊醒，并意识到自己处于危险之中。这个呆若木鸡的小家伙被一种强烈的痛苦体验所湮没。在他的幻想中充满了寻根究底式的折磨，他感到了形而上学的痛苦和生存的绝望。这种状态就如同耶稣在十字架上饱受折磨（耶稣大声喊着："我的神！我的神！为什么离弃我？"），如同普罗米修斯（Prometheus）被束缚在悬崖边，如同伊克西翁（Ixion）在转轮上受罚。

佛教的偈语"众生皆苦"是一种神话模式：在恐惧与痛苦中降临，在恐惧与痛苦中辞世，在生与死之间，别无一物，只有无止境的恐惧与痛苦。"虚空的虚空……凡事都是虚空。"生命的"意义"成为令人困扰的问题，如果在此刻停止使用致幻剂，那么生活就会充满了困惑，毫无趣味，如同让人生厌、没有快乐可言的地狱一般。无论在空间上还是时间上都找不到出路，除非自杀，或许还有出路。可自杀要么是将自己溺死，要么是服用过量的安眠药，这又是何等的消极与黯然无助？

接下来病人再度强烈地体验出生第二个阶段的痛苦，即在产道所遭受的折磨。此时他的情绪和意象都变得强烈起来，他们不再消极地而是主动地承受这种强烈的体验，其中伴随着一些具有侵略性质和施虐情感的元素。比如参加危险战争的幻想、同庞大的怪兽厮杀、在洪水巨浪里搏斗、愤怒的天神、骇人的献祭仪式、性狂欢、审判情景等。

病人确信自己既是这些力量冲突的受害者，也是这些力量本身，而且随着痛苦程度的增加，他们会在极端的危机中接近并最终冲破痛阈。格罗夫博士将其准确命名为"火山爆发式的狂喜"。在这一点上，世上所有最极端的痛苦与快乐、愉悦与恐惧、穷凶极恶的侵略和充满激情的热爱都被融合并被超越了。相关的神话想象都是沉迷于痛苦、罪孽和牺牲的宗教意象，例如上帝暴怒、大洪水、罪恶之城所多玛与蛾摩拉、摩西及其十诫、耶稣的苦路、酒神巴克科斯（Bacchic）的狂欢、阿兹特克人恐怖的献祭、毁灭之神湿婆、在燃烧之地跳着恐怖舞蹈的迦梨女神、库柏勒女神（Cybele）生殖器崇拜仪式。

在这种酒神情绪下的自杀过程都充满了暴力：如爆头、从高处跳落、卧轨等。或者一个人展开一场毫无意义的谋杀。病人沉溺于挑衅的压力与即将到来的灾难相混合的感觉之中，极端暴躁而又容易激起矛盾。世界在他们的眼里充满了威胁和压迫。兴奋的狂欢、充斥着滥交的聚会、酒精的沉醉、放纵的舞蹈、各种暴力活动、令人眩晕的冒险行为与爆发举动，所有这些使得生活方式充满了重生体验这一阶段的暴力色彩。

在整个治疗过程中，在真实的自我陷入死亡（ego-death）的极端恐怖的危机中，向这一层面的回归可能会达到顶点，随之而来的是一种宏伟而又广阔的解脱感、重生感和救赎感，同时伴随着压力的释放、空间的扩张、令人眩晕的明亮光芒等感觉和体验：犹如天堂般的琉璃金色、庞大的石柱大厅里点着水晶烛台、色彩绮丽的幻境、犹如彩虹般绚烂的光芒等。这时病人感觉清新澄澈，被一种对人类整体的强烈的爱所感动，拥有一种对自然之美和艺术之美的全新认识，对生命怀有挚爱之情，拥有一种天堂中上帝般的宽恕、和谐和广阔意识，以及和世间万物共处的感情。

格罗夫博士还发现（这也是我极感兴趣的），在治疗的各个阶段，世间不同宗教的不同意象都以各种各样的方式向病人显现并提供帮助。和重新体验出生的痛苦联系最为紧密、经常出现在脑海中的意象就是《旧约》和《新约》中的形象，偶尔还包括某些希腊的、埃及的和其他异教中相对应的形象。

然而，当病人“出生”的痛苦终于结束，并体验到了“出生”的解脱感时，他们就迎来了“第二次”或者“精神上”的出生。从对“第一次出生”

个人情境的无意识恐惧中解放出来，象征也发生了本质的改变，不再以《圣经》、希腊宗教和基督教等西方宗教中的主题为主，而是在伟大的东方，尤其是印度，找到了与这些体验相似的表述。格罗夫博士说道："这些体验的来源不明，然而它们与印度人的描述十分相似，令人感到吃惊。" 他把这些人的状态比作是出生前长期沉睡在子宫里的情形：无忧无虑而又沉静安详地在一片空寂中成长，而且伴随着极度的快乐、深沉的爱意，与宇宙 / 上帝相容相生，甚至合而为一。然而充满矛盾的是，这种不可言喻的状态既空寂而又包罗万象，无物却胜似有物，无小我，却有个包含宇宙万物、被延伸了的自我。这让我想起了赫胥黎《众妙之门》中的一段文字，他在书中描述了自己首次尝试酶斯卡灵时的感觉，他看到了以前从未想象过的一系列奇观。

> 我回顾我的经验，同意杰出的剑桥哲学家C. D.布劳德博士（C. D. Broad）的见解。他说："我们应该比现在更加严肃地考虑柏格森（Bergson）在记忆与知觉方面所提出的那种理论。其中的暗示是：脑部、神经系统与感官的功能主要是排除性的，不是生产性的。每个人在每个时刻都能够记得所有发生在他身上的事情，也能够知觉到宇宙各地正在发生的一切事情。脑部与神经系统的功能是：不要让我们被这么大量的无用的知识所压倒与迷惑。而其方法是：排除我们在任何时刻会知觉到或记住的大部分事物，只留下可能有实际用途的很小、很特别的部分。"
>
> 根据这样一种理论，我们每个人可能都是"自由的心智"（Mind at Large）。但是，由于我们是动物，所以我们的要务无论如何都是"生存"。为了达到生物学上的生存的目的，"自由的心智"必须经由脑部与神经系统的活瓣来加以过滤。从另一端过滤出来的东西是一点点的意识，这将有助于我们活在这个特殊的星球上……
>
> 大部分的人在大部分的时间中只知道一件东西：即从脑部与神经系统的活瓣过滤出来，被狭隘的语言尊为真实的东西。然而，有

些人似乎天生拥有一条迂回道，可以规避那个活瓣。还有些人则可以获得暂时的迂回道——以自然的方式获得，或经由谨慎的“灵修”，或经由催眠，或借助于药物。经由这些永久或暂时的迂回道，会有一种流动存在，但所流动的东西并不是对于“宇宙各地正在发生的一切事情”的知觉（因为迂回道并不会把活瓣消除掉，活瓣仍然会排斥“自由心智”的整个内容），而是另一种东西，不同于那经过仔细选择的功利主义材料，虽然我们狭窄的个人心智将这种材料视为一种完全的——或至少充足的——真实写照。①

现在，所有的一切更使我觉得神话意象是由心灵而生，同时又反映着心灵，自我意识朝赫胥黎所说的自由的心智的境界敞开的阶段和程度通过神话意象表现出来。柏拉图在《蒂迈欧篇》里宣称：“我们只有一种方法可以照管一切事情，这就是，给它以适当的营养和运动。我们身上的神圣部分的运动也就是宇宙的思想和运转。”需要指明的是，它们正在神话中表现出来。然而，就像世界各种神话里所描述的那样，共同的事物会根据当地的社会政治语境而被特殊化。恰如慕尼黑大学比较宗教学的老教授常说的那样：“站在主体意识的角度来看，人类所有的宗教都是同一的，然而站在客体意识的角度上，它们又各有不同的形式。”

现在我们可以这样说，在过去，不同的形式服务于各个社会不同的并且经常冲突的利益，它们常常将个体限制在当地群体的眼界和观念之内。然而在当代西方社会，我们已经认识到神话的领域和功能之间的区别，一方面是社会的、生存的、经济的和政治的目的，而另一方面是纯粹心理的（或者我们过去常说的“精神的”）价值。让我们把目光再次投向但丁。在《飨宴》

① 译文引自［英］阿道司·赫胥黎：《众妙之门》，陈苍多译，北京燕山出版社，2017 年。——编者注

的第4篇文章中，他论述了国家和教会为什么注定要分离，这影射了罗马和耶路撒冷之间以及帝国和教皇之间的历史，它们彼此曾经是一个整体，而后却被分离开了。国家和教会是上帝的两只臂膀，绝对不容混淆。同时他指责了罗马教皇干预政治的行为，他认为教会的职责范围应是精神世界，而绝不是“现实世界”。这两者对世界的目的之间的关系，就如同赫胥黎所说的普遍心灵与生物性生存的实用目的之间的关系，它们都是完全正确和必不可少的，但又不尽相同。

感谢上帝！现在我们生活在一个世俗的国家，这个国家是由人类（伴随着他们不可避免犯下的所有错误），根据尚未完备的法律准则进行统治的，要知道这些法律准则起源于罗马而不是耶路撒冷。而且当今这个时代，国家的概念促生了宜居（ecumene）的概念，也就是适合人类居住的整个大地。如果说这世上有什么可以让我们团结起来，那绝对就是生态危机。因此，那些“站在客体意识的角度上”与地域和社会政治因素紧密相连的各种宗教形式，虽然它们过去曾将芸芸众生分割开来，但在现代社会，它们没有任何必要，也没有任何可能，将恺撒的东西送给上帝，并把上帝的东西送给恺撒。

正如12世纪的一本小书《二十四位哲学家之书》（*The Book of the Twenty-four Philosophers*）告诉我们的那样：“上帝是一个可理解的球体，圆心无处不在，圆周却飘忽不定。”每个人，无论他是谁，身处何地，其实都是这个圆心。无论他是否知晓，在他自身之中的就是普遍心灵，它的规律不仅是所有心灵的规律，也是所有空间的规律。

正如我所指出来的那样，我们是这个美丽星球上的子民，最近我们还从月球表面拍到了它的照片。当然我们不是被某位神送到地球的，我们是在它那里涌现出来的。我们是它的眼睛和心灵，是它的所见和所思。地球就像飞蛾一样围绕着光芒四射的太阳飞行，它和太阳都是来自星云，相应地，星云又来自于宇宙。说到底，我们就是宇宙的心灵。难怪宇宙的规律和我们人类的规律如此相似！这样说来，人类智慧的深邃就是宇宙茫茫的深邃，因此所有过去这些神灵都起源于人类心灵对世间万物的投射，投射到动物、植物上面，投射到山川、河流上面，投射到沿着轨道前行的星球上面，也投射到人类特有的社会习俗上面。

因而，我们的神话学应该是关于无限宇宙及其光芒的神话学，宇宙既是外在的宇宙，也是人类心灵的内在宇宙。就像扑火的飞蛾那样，我们追求神话是因为我们被它的魅力所吸引，在外在的宇宙中我们飞向了它，直至月球甚至更远的地方。同时，在心灵的内在宇宙中，我们也向它飞去。在我们这个地球上，所有分割的界线都已被粉碎。我们不会只对内实施仁爱，而对外诉诸武力。因为在这艘“地球号”宇宙飞船上，不再有“别处”这个概念。任何继续言说或者宣传“别处”和“局外人”这些概念的神话都已不再适应这个时代的需求了。

返回我们开篇提到的那个问题：新的神话学是什么或者将成为什么?

从“主体意识”的角度来说，只要我们人类存在，它现在是，并将永远会是古老的永恒神话，它的诗性的更新既不是基于一种被记忆的过去，也不是基于人们虚构出来的未来，而是基于现在。也就是说，这种说法并不是在讨好“人民”，而是唤醒所有个体来认识他们自己，他们不仅仅是为了争夺这个美丽地球上的空间而相互残杀的自我，而是平等地处于自由的心智的中心位置，每个人都以自己的独特方式与万物同一，并且这种同一没有任何疆界。

02　神话与人类起源

关于熊的神话引自 Carl Etter, *Ainu Folklore: Traditions and Culture of the Vanishing Aborigines of Japan* (Chicago: Wilcox and Follett, 1949), pp. 56-57。

关于公牛的神话引自 George Bird Grinnell, *Blackfoot Lodge Tales* (New York: Charles Scribner's Sons,1916), pp. 104-112. Joseph Campbell, *The Masks of God, Vol. I, Primitive Mythology* (New York: The Viking Press, 1959), pp. 282-286。

关于鳗鱼的神话引自 William Wyatt Gill, *Myths and Songs from the South Pacific* (London: Henry S. King and Company, 1876), pp. 77-79; cited in *The Masks of God,* Vol. I, pp. 198-199。

03　神话与仪式

本章诗歌引自 Robinson Jeffers, *Roan Stallion, Tamar, and Other Poems* (New York: Horace Liveright, 1925), p. 232。

04 东西方的分离

本章梵文引文引自 Shankaracharya,*Vivekachudamani* 293, 296, 307。

本章《古冰岛诗集》记载的故事引自 *Grimnismol* 23.

05 东西方宗教的邂逅

铃木大拙的演讲内容引自 Daisetz T. Suzuki, "The Role of Nature in Zen Buddhism," in Olga Fröbe Kapteyn, ed., *Eranos Jahrbuch 1953* (Zurich: Rhein-Verlag, 1954)。

印度传说故事引自 *Skanda Purana*, Vol. II, *Vishnukanda, Karttikimasa Mahatmya,* Ch. 17; cf. Heinrich Zimmer, *Myths and Symbols in Indian Art and Civilization*, Joseph Campbell, ed, Bollingen Series VI (New York: Pantheon Books, 1946), pp. 175 ff。

06 东方艺术之启迪

关于昆达里尼瑜伽的内容引自 Arthur Avalon (Sir John Woodroffe), *The Serpent Power* (Madras: Ganesh and Co,1913, 1924, 1931, etc.), pp. 317-478。

关于"自由"的论述引自 Hajime Nakamura, "The Vitality of Religion in Asia," in *Cultural Freedom in Asia*: Proceedings of a Conference Held at Rangoon, Burma, Feb. 17-20, 1955, Convened by the Congress for Cultural Freedom (Rutland, Vt.: Charles E. Tuttle, 1956), p. 56。

关于“表演语言”的例子引自 J. Huizinga, *Homo Ludens: A Study of thePlay-Element in Culture* (London: Routledge and Kegan Paul, 1949), pp.34-35。

关于书生朱的佛教故事引自 the Liao Chai Stories of P’u Sung-ling, translated by Rose Quong, *in Chinese Ghost and Love Stories* (New York: Pantheon Books, 1946), pp. 305 ff。

库珀联盟学院论坛的神话学专家

约翰逊·E·费尔柴尔德博士
库珀联盟学院论坛主席

彼得·库珀（Peter Cooper，1791—1883）是一位激进的、充满自由思想的发明家、企业家和政治家，同时也是纽约第一位真正的女权主义者。他曾有过很多伟大的业绩，其中一个具有重大影响的设想就是建立库珀高等科学艺术联盟学院。在他生活的年代，只有富人和男性才能接受教育，而他自己也只受过很少的正规教育，因而深受其苦。可能是由于受到肖托夸运动[①]和某些慈善家善举的激励，他致力于改变社会原有的观念，提出了创建论坛和开办成人教育的想法，并因此在美国建立了第一所成人教育学院。这是库

① 肖托夸运动（Chautauqua movement）是 19 世纪末 20 世纪初在美国发展起来的一种成人教育运动，起源于神学牧师约翰·文森特（John Vincent）和他的朋友刘易斯·米勒（Lewis Miller）在纽约西南郊的肖托夸湖边创办的周日学校项目。肖托夸运动被视为美国现代思想传播的重要平台，它通过邀请一些著名的政治家、学者和各个领域的知名专家来演讲，将最新的知识、思想和社会动态传递给民众。——译者注

珀所作出的最重要的贡献。

从亚伯拉罕·林肯向现场观众发表演说那天起，已经有 5 000 多名演讲者和艺术家先后出现在库珀联盟学院大礼堂（Great Hall）的讲台上。他们向数百万观众传达自己的思想——平均每周达到三个晚上，每晚有 1 000 多人出席。

如今，在西摩·西格尔（Seymour Siegel）先生的殷切敦促与伯纳德·巴克（Bernard Buck）先生的鼎力相助下，所有的演讲已通过纽约公共广播电台（WNYC）向成千上万的听众进行了实况转播。这已经成为美国历史上最长的电台系列讲座。对于制作这一节目的编导来说，节目既要回顾过去，也要展望未来，这项工作是神圣的，但却注定孤独，一直以来，他在工作中从未受到学院的打扰和干涉。

在库珀联盟学院工作的这 22 年中，我信奉许多原则，其中一个，就是我所邀请来发言或做节目并在讲坛上演讲的 1 000 多人，每一位都应当是我的朋友。而且，所有看得见的现场观众和看不见的数百万电台听众也都是我的朋友。

要挑选出一位合适的演讲者是很困难的，但是，本书作者约瑟夫·坎贝尔（Joseph Campbell）的身上却集中展现了一个演讲者应具有的知性和交流能力。他从来不用讲稿，说起话来妙趣横生，而且才华横溢。最重要的是，他传播的思想能够成为联结过去与未来的桥梁和联系东西方世界的纽带。在论坛上，他做过许多重要的主题演讲和系列讲座，而且每一次都令人非常愉悦且受益匪浅。这本书对那些讲座加以整理和延伸，涵盖了约瑟夫·坎贝尔一生的学术精髓和库珀联盟的最佳原则。我很荣幸参与了这本重要著作的诞生。

从千面英雄到单一神话

——坎贝尔神话观述评

叶舒宪
中国神话学会会长
中国社会科学院文学院教授

学者的探索生涯往往有两种不同的展开形式：或是跳跃性的转换，研究者被兴趣和灵感所左右，出人意料地改变着对象和方向；或是循序渐进式的螺旋发展，研究者在一个领域中锲而不舍。皮亚杰的研究兴趣从蜗牛的习性跳到发生认识论，神奇般地在一个新领域获得始料未及的果实；而约瑟夫·坎贝尔则终生盯准一个问题作数十年如一日的思索，最后以同一主题的等身著述确立起自己在这一领地中理所当然的权威。

那个谜一般诱人的问题是：世界各地的神话是不是一样的，为什么？

这既是探索者的起点，又是他的归宿。

为了求解这个极简单又极复杂的难题，坎贝尔一生研究历程有如他著作中的探险英雄，在经历了启程——启蒙——回归这样一种仪式性的三阶段之后，完成一种向上的循环，画出一个首尾相贯的圆。

英雄启程:《千面英雄》

约瑟夫 · 坎贝尔，1904 年 3 月 26 日出生于美国纽约。这个距神话时代最为遥远的现代文明最繁华的大都市却造就了美国当代最著名的神话学家。这不禁使人想起约翰·怀特《现代小说中的神话》一书引用的马克思的问话："成为希腊人的幻想基础，从而成为希腊神话基础的那种对自然的观点和对社会关系的观点，能够同自动纺机、铁道、机车和电报并存吗？在罗伯茨公司面前，武尔坎又在哪里？在避雷针面前，丘比特又在哪里？"马克思的提问方式意在表明神话的衰亡与技术的发达恰成反比的历史事实。那是 19 世纪 50 年代，马克思的老师黑格尔也曾郑重预言，以神话和象征为起点的艺术将不可避免地走向衰落。

一个世纪之后，神话的全面复兴使人们倾向于一种相反的看法：神话与艺术都是对抗技术异化的秘宝。神话思维与神话经验应该同电子计算机、原子弹和太空船并存。神话不仅是认识所需，而且成了"生存之需"。坎贝尔的《指引生命的神话》(*Myths to Live By*) 这样的书名便足以说明问题了。正是这种激进态度，使他被世人看作当今世界最虔诚的神话捍卫者。

坎贝尔对神话的兴趣始于少年时期。他最喜爱的书是美洲印第安人神话。后来在攻读英国文学硕士课程时，发现亚瑟王传说中某些重要内容与印

第安神话的基本母题十分相似。任教于纽约州的莎拉·劳伦斯学院文学系以后，坎贝尔开始探讨神话原型问题。如果不算与亨利·莫顿·罗宾逊合写的《解读〈芬尼根的守灵夜〉》(1944)，那么1949年问世的《千面英雄》是坎贝尔独立完成的第一部著作。当时他绝没有料到，作为他神话学研究的启程之作，这本篇幅不大的书成了他一生著述中最有影响的一本，是它奠定了他在神话学与文学批评两个领域中的声誉。

坎贝尔写《千面英雄》时抱有双重目的：一是证明世界各地的英雄神话都是类似的；二是确立研究神话的心理学解释方法。

在归纳英雄故事的普遍模式方面，坎贝尔并不是首倡者。在19世纪，比较语言学与比较神话学借助于梵语和《吠陀经》神话重构被文明史遗忘已久的原始印欧（雅利安）文化时，就有一位叫约翰·乔治·范汉的学者以14个故事为例，证明所有的印欧英雄都遵循着一个传记模式。20世纪初，又有奥托·兰克用心理分析法加以解释的英雄模式和洛德·拉格仑用仪式加以解释的英雄模式。坎贝尔则主要从荣格的原型心理学出发，综合前人的观点构成更具普遍性的模式。

> 一位英雄从日常的世界勇敢地进入超自然的神奇区域：在那里遇到了传奇般的力量，取得了决定性的胜利：英雄带着这种力量从神秘的历险之旅中归来，赐福于他的人民。①

坎贝尔认为，正如解剖学必然忽略种族差异而专注于人体的普遍结构，英雄神话的研究也将着眼于相似性而不是差异性。模式的普遍性表明有某种

① 译文引自［美］约瑟夫·坎贝尔：《千面英雄》，黄珏苹译。由湛庐文化引进并策划，由浙江人民出版社于2016年出版。——编者注

出自人类普遍心理的意义潜伏在各种英雄神话和传说背后。与此相比，差异性就显得微不足道了。

英雄之所以成为英雄有两个因素，一是他做了别人不愿或不能做的事，二是他是为自己也是为一切人而做的。普罗米修斯盗天火，伊阿宋取金羊毛，埃涅阿斯下阴间会见亡父似乎都是如此。神话中的英雄或是王子，或为武士，或是圣徒或神；他所寻求的珍宝或是财富、美人（新娘），或是能力与智慧；他或是为自己的人民或是为全人类而寻宝。所有这些外在差异都无关紧要，因为那只是象征的表面。从心理意义上看，字面上叙述的英雄发现了一个奇特的外在世界，实际上象征着他发现了一个奇特的内心世界。字面上的英雄发现新世界比物质世界更丰富，象征着他发现他的意识之外有更多的东西。字面上的英雄发现了那个世界的终极性质，象征着他发现了自己的终极性性质：他发现了自己究竟是谁。

这样，坎贝尔第一个把英雄神话的意义解释为“自我的发现”。英雄一方面找到了他和他的同胞以前未意识到的无意识真实，另一方面这也意味着神话的创作者、讲述者乃至听众也都相应地发现了无意识的意义，他们才是神话的真正英雄。借用耶稣的话：“上帝之国就在你们心中。”

与荣格相比，坎贝尔可谓青出于蓝而胜于蓝。荣格认为所有的英雄神话是类似的，坎贝尔现在发现，英雄神话不是彼此相似，而是彼此相同。正如《吠陀经》所言：真理只有一个，圣人用许多名称去讲述它。

英雄启蒙：《众神的面具》

对英雄神话的研究作为坎贝尔的启程之处，预示了他日后的漫游方向和探求对象。《千面英雄》不仅确定了坎贝尔要进一步深究的那个问题，而且奠定了今后著述的方法论基础：他反对单个主义的方法，即个别而非普遍地看待神话。因为千差万别的神话对他来说只是共同的人类心灵的表现窗口。在10年之后开始陆续推出的4卷本大著《众神的面具》中，研究对象从英雄神话扩展到一切神话，而研究的结论也似乎只是原有结论的扩大化。如《千面英雄》那样，《众神的面具》的书名也是意味深长的：正像在数以千计的面孔之下其实只存在一个英雄，戴着多种多样"面具"的其实只是一个单一的神。

然而，要说坎贝尔在落笔之前已经得出这样的结论是不符合实情的。他是在漫游了原始神话、东方神话、西方神话和创造神话（文学神话）的广阔天地之后，才不断修正自己的见解，最终趋于"面具"之后的一神的。这种延续20多年的探索经历，就好比英雄发现自身的漫游和启蒙过程。

《众神的面具》的第1卷《原始神话》探讨的是前文字阶段的原始民族的神话。坎贝尔按照人类学家列奥·弗罗贝纽斯的划分，把所有的原始民族区分为两类：狩猎者和种植者。坎贝尔认为这种经济上的差别取决于地理和气候的条件，这种差别又派生出由神话所表现的社会的与思想的差别。狩猎与种植之间的差别乃是以杀生为食和以培育为食的差别，前者打断自然的循环，后者信守自然的循环。猎人不懂得自然的死亡，要么是杀生，要么是被杀。农人则从作物的生与再生中看到不死的象征。从社会意义上看，猎人是个人主义的，他们为自己狩猎。耕作则是集体性的，参与者必须放弃个人性。猎人在他们高兴的时间和地点捕猎，而农人则被时间和空间所束缚。

除了差异，狩猎者与种植者还有相似处，那便是比差异更为重要的三种信念：不死、自我牺牲（猎物或作物）和神秘的同一性（猎人与猎物，农人与作物）。这三个共同点消解了他区别出的差异性，狩猎者被视为改装了的耕种者。反之亦然。这样一来，神话群所显示的差别就成了“面具”上的差别。

第2卷《东方神话》与第3卷《西方神话》分别问世于1961年和1964年。从时间上看，它们都是“原始神话”发展的产物；从空间上看，东方神话包括印度、东南亚、中国、日本，美索不达米亚、埃及、前哥伦布的美洲和秘鲁；西方神话包括近东或“黎凡特”地区，或者说是犹太教、基督教、伊斯兰教和拜火教，还有整个欧洲。这里把闪米特人划入西方是与众不同的。

在《原始神话》中，坎贝尔曾将狩猎者的社会视为父权制，耕种者为母权制。现在他又认为东方神话源自原始农民，反映着以女神为主的母权社会；西方神话则主要反映着以男神为主的父权社会。从这一基本差异着眼，坎贝尔归纳出了东西方神话的六大差异特征：

1. 西方神话强调男神对女神的统治和神对人的统治；东方神话强调众神平等和人神平等。
2. 西方强调男神女神之别和神人之别；东方强调男女神和神与人神秘的“混一”。
3. 西方强调人的必死性；东方强调人的不死性。
4. 西方神话表现雄心与攻击欲；东方神话表现被动性与和平。
5. 西方追求英雄主义，东方则不，尤其当英雄主义体现为野心和斗争时。
6. 西方神话中的欲望在于建立强大、独立的自我；东方神话中的欲望在于消解自我，回归纯粹的无意识。

坎贝尔的这种比较观点在神话学领域引发了持久的争论，神话研究本身也成了文化寻根的一种有效方式。神话与民族性的问题实际上也就是人类学中的文化与人格问题。所不同的是，人类学家侧重于实地考察和田野作业，从案例分析中引出结论；坎贝尔则坐在他的书斋中漫游东西方，俯视寰宇，他所得出的论点难免带有传统的偏见和个人局限。比如他确认的第 4 点和第 5 点差异，在我看来不过是西方传统观点的翻版，因为亚里士多德《政治学》就已判定：西方人性格强悍好进取，东方人性格卑弱易臣服。相对而言，坎贝尔在解析具体神话时倒是表现出更多的独创性，例如关于西方神话中父权制对母权制的取代过程。

赫西俄德《神谱》[①] 中描述了男神的胜利：以宙斯为首的神战胜与母权文化相联系的提坦诸神，不过地母神及其后继者赫拉依然拥有强大的实力。在巴比伦史诗《吉尔伽美什》中，男性英雄所获不死草被蛇所窃，这表明被战胜的母权文化以收回不死性的方式惩罚与父权文化相认同的人类。《圣经》中的伊甸园神话也是失势的母权文化继续挑战的表现：夏娃怂恿亚当违背上帝诫命乃是对父权至上权威的反叛。而亚当夏娃被造时所用的尘土乃是大地母神的非人格化形式，犯罪的人祖死后归土意味着回归母体：那里没有性别之差，夏娃亚当复原为一体，就像被取下肋骨造夏娃以前的亚当。坎贝尔的这种译解与女权主义标示双性同体为至高理想的做法不谋而合，不过他把亚当和普罗米修斯这样一些男性英雄解说为母权文化的英雄，倒是打破了女权论者们的纯性别偏见。在这一意义上，他成了 20 世纪的“巴霍芬”[②]。

《众神的面具》第 4 卷《创造性神话》实指 12 世纪中叶以降西方的神话文学，这是他继《解读〈芬尼根的守灵夜〉》之后又一部文学批评著作。“创

① 赫西俄德的《神谱》描写的是宇宙和神的诞生，讲述从地神盖亚诞生一直到奥林匹亚诸神统治世界这段时间的历史。——编者注

② 巴霍芬是瑞士人类学家和法学家，名著是《母权论：根据古代世界的宗教和法权本质对古代世界的妇女统治的研究》（1861）。

造性神话”与以往神话不同，它的兴起是与西方人信仰的失落相同步的。信仰的失落也就是传统的神话及其价值观的失落，代之而起的个性主义价值观是使“创造性神话”有别于原始神话、东方神话和早期西方神话的思想内核。个性主义产生出新的英雄主义精神，把人从对神的屈从和对群体的盲从中解放出来。坎贝尔将两部中古传奇——《特里斯丹和绮瑟》与《波西佛》视为新的英雄主义的初期范本，将托马斯·曼和乔伊斯奉为现代的典范。至此，坎贝尔似乎暗示他即将结束在神话世界中所做的纵横游览，回归到启程时所关注的英雄问题。

回归:《梦境的象征》

坎贝尔的晚期著作《梦境的象征》（1974）以及《世界神话历史地图集》第1卷（1983）可以视为其毕生著述的总结。不论从方法上还是从观点上看，都表现出回归《千面英雄》的倾向。

首先，他不再像《众神的面具》中那样探讨神话的差异性——狩猎神话与耕作神话、母权神话与父权神话、东方神话与西方神话，而是专注于神话的同一性，在更大规模上重申《千面英雄》的结论：所有的神话在本质上都是一样的。其次，在《众神的面具》对神话的形而上阐释之外，又恢复了更大分量的心理学阐释。他不仅突出神话意象与梦幻意象的比较，而且像荣格一样，干脆把神话等同于集体的梦。

与前期著作相比，《梦境的象征》的另一特征是图文并茂。作者认为神话与梦属于另一世界，解释则属于醒觉世界，两者本不相同。理解神话离不开对具体意象的直观体验。据粗略统计，仅第2章“宇宙秩序的观念”120多页篇幅中就用了图片110多幅，近乎页页可观“意象”了。为了表明世界神话中“宇宙山”的意象，作者列举出自公元前3000年的苏美尔坛台、埃及金字塔和巴比伦祭坛到公元9世纪的玛雅神庙、17世纪的北京天坛等时空跨度极大的多种图像，让读者按照“眼见为实”的逻辑，心悦诚服地接受“只有一种神话”的见解。

坎贝尔在《千面英雄》中曾引用乔伊斯小说人物的话“单一神话”（monomyth）来概括所有的英雄神话。现在，批评家们据此创造了一个新术语“单一神话论”（monomythicism，或译“单一神话主义”）来概括坎贝尔的学说，认为它对当今流行的那种用单一模式解读作品的批评倾向产生了决定性影响。像美国批评家吉维特（R. Jewett）所提出的“美国单一神话”论，更是坎贝尔学说的继承与发扬。

单一神话论尽管有简单化之嫌，但它所倡导的那种开阔的世界性视野对于局限在某一国别或地区之内的坐井观天式的研究，无疑是一大震撼。它要求从象征意义上而非字面意义上去理解神话，这同心理分析派和结构主义派的观点会同一体，已经成为今日神话研究的主流。对神话象征蕴涵的发掘又反过来为现代作家和艺术家们提供了新的灵感之源。

神话捍卫者坎贝尔一生的著述反复告诉人们一个道理：神话的终极意义总是同样的。从心理学上看，那是自我与无意识的统一；从哲学意义上看，那是自我与宇宙的合一。

MYTHS
TO LIVE BY

译者后记

坎贝尔被称为当代的“帕西法尔”，神话的捍卫者，新时代运动的先知。坎贝尔的思想影响深远，著名导演乔治·卢卡斯的《星球大战》系列就是在坎贝尔的神话学思想的影响下创作出来的，卢卡斯尊称坎贝尔为自己的“古鲁”。美国好莱坞和迪士尼等动漫公司所创作出来的关于英雄、梦想的电影和动漫中都有坎贝尔思想的影子。

坎贝尔的一生是一个传奇，他在许多方面都给我们带来了启迪。坎贝尔的学术成就是他一生孜孜不倦地求学所获得的。他曾经介绍过自己的读书方法，他总是将自己喜欢的作家的所有书通读一遍，然后再去读影响这个作家的其他人的著作，他认为这样会有一个非常清晰的线索。

他将文学、哲学、人类学、考古学和心理学等方面的知识应用到对神话的解读之中。人类学家巴斯蒂安、弗雷泽，心理学家弗洛伊德、荣格；文学家托马斯·曼和乔伊斯，哲学家叔本华和尼采，印度学家齐默尔，还有灵修大师罗摩克里希那等都是他思想的来源。坎贝尔综合不同学科的众多思想资源来解决问题的思路给我们很多启迪。为了获得更多的关于禅宗的知识，坎贝尔甚至在 50 岁的时候，从头开始学习日语。恰恰是他不间断的努力和坚持，才最终让他收获了优秀的学术成果。

在 1958 年至 1971 年之间，坎贝尔在纽约库珀联盟学院的大讲堂中举行了 25 场关于神话的系列讲演，他从中选择了 13 篇扩展成这本《指引生命的神话》。坎贝尔认为神话是“我们”赖以生存的神话，此处的“我们”包括地球上的每一个人。他认为神话与当下，与每个人的生存息息相关。神话是人寻找自我的途中走出现代社会迷宫的阿里阿德涅线团：通过开启远古的智慧，打开尘封在潘多拉的魔盒中等待救赎的希望。

坎贝尔是一个在神话的奇妙世界中寻找启示的文化英雄。他将从神话的神秘空间中所获取的宝贵财富带到他的群体之中。然而，这个群体，他不希望仅仅是某个民族，而是居住在这个星球上的所有人，因为每个人都是“地球号”宇宙飞船上的乘客。人类所生存的这个时代是科学高度发展、精神转变与整合的时代，他认为应该有基于这个时代的独特启示的神话。新时代的神话就是凝聚人类的神话。坎贝尔捕捉属于这个时代的神话意象，他认为探月旅行表明一个“人类同一”的星球神话的时代即将到来。

坎贝尔神话与这个时代之间的关系更能引发我们深思。原始猎人与原始农人都有自己的神话，然而，这个传统在人类进入钢铁时代之后是否已经逝去？钢铁时代是否是一个注定远离神话的时代？

然而，纷纷涌现的奇幻文学和奇幻电影广受吹捧的背后是人类精神维度某些侧面的缺失，而这些作品的涌现恰恰是一种补偿性的替代。于是，在以类似于通过仪式的离开、阈限和聚合的形式对电影的观瞻中，在这些由现代拜物教所制造出来的对日常的结构性世界的逃离中，在对那些巨大的屏幕所展示的本源世界的幻象中，人类获得些许在精神原乡的驻足。在人与机器之间，变形金刚也只是一个钢铁时代美妙的幻想。美女与野兽的今生走出潮湿的地铁门口，在前生的巨大宣传画中间穿插而过。城市，灰色的森林，艾略特的死城，固着在大地母神身上的皮肤病，正在地球表面飞速蔓延。在精神的宝库中可以让精神荒原得以复苏的恩赐正在呼唤着踏上征程的英雄。

约瑟夫·坎贝尔说《星球大战》是一则现代科技所拍成的现代神话，将神话所展示的奥秘与人类科技的进步结合起来，对电影的观瞻则是一则重回神话时代的仪式。但是这些电影也仅仅是千金所塑造出来的一个可以观瞻并以商业利润为目的的美丽泡沫，是依照现代科技所打造的这则神话仅仅是空梦而已，这样对现代科技的过度依赖，是否会因此而使神话失去其核心成分？在这个世界，那些快餐式的英雄，是否只是哄孩子不哭的蜜糖？这些空幻而花哨的幻象被褫夺了神秘和宗教的意义只会成为供展览用的化石？在这个时代，天使或许就是作家马尔克斯的那个坠入人间的长着翅膀的老人，不得不接受关入铁笼的命运？

然而，坎贝尔依然乐观地寻找属于新时代的启示。坎贝尔走向了作为他者的东方神话和北美的印第安神话，他在这些异文化之中进行探险，他在自我文化的价值标准、符号意义受到质疑甚至失效的地方寻找反思自我的工具。他希望在东方神话与西方神话的碰撞中，在它们之间巨大的反差中寻找重新建构新时代神话的启示。

本书由叶舒宪教授2009年在西安外国语大学开设“比较神话学”课程时组织的翻译组集体翻译。由西安外国语大学高级翻译学院张旭负责组织分工，由四川大学文学人类学专业博士生祖晓伟、比较文学专业博士生张洪友统稿修订，西安外国语大学汉学院赵周宽博士负责全书审校工作。译者分工如下：序和第 3 章由潘南竹翻译，前言和第 1 章由赵小亮翻译，第 2 章由何利梅翻译，第 4 章由任蓓黎翻译，第 5 章由姜月荣翻译，第 6 章由党瑞翻译，第 7 章由李瑶翻译，第 8 章由曹永欣翻译，第 9 章由王亚聪、洪洁翻译，第 10 章由洪洁、任瑞翻译，第 11 章由苏哲翻译，第 12 章由郝康翻译。

本书宗教典籍和部分诗歌的引文译文来自国内相关译本，在此不一一列出。

坎贝尔的著作是广博的知识与诗性的语言的结合，虽然各个译者都非常努力，然而，因译者水平有限，书中谬误肯定很多，恳求各位专家学者批评指正。

张洪友

2013 年 5 月于四川大学

未来，属于终身学习者

我这辈子遇到的聪明人（来自各行各业的聪明人）没有不每天阅读的——没有，一个都没有。巴菲特读书之多，我读书之多，可能会让你感到吃惊。孩子们都笑话我。他们觉得我是一本长了两条腿的书。

——查理·芒格

互联网改变了信息连接的方式；指数型技术在迅速颠覆着现有的商业世界；人工智能已经开始抢占人类的工作岗位……

未来，到底需要什么样的人才？

改变命运唯一的策略是你要变成终身学习者。未来世界将不再需要单一的技能型人才，而是需要具备完善的知识结构、极强逻辑思考力和高感知力的复合型人才。优秀的人往往通过阅读建立足够强大的抽象思维能力，获得异于众人的思考和整合能力。未来，将属于终身学习者！而阅读必定和终身学习形影不离。

很多人读书，追求的是干货，寻求的是立刻行之有效的解决方案。其实这是一种留在舒适区的阅读方法。在这个充满不确定性的年代，答案不会简单地出现在书里，因为生活根本就没有标准确切的答案，你也不能期望过去的经验能解决未来的问题。

而真正的阅读，应该在书中与智者同行思考，借他们的视角看到世界的多元性，提出比答案更重要的好问题，在不确定的时代中领先起跑。

湛庐阅读 App：与最聪明的人共同进化

有人常常把成本支出的焦点放在书价上，把读完一本书当作阅读的终结。其实不然。

时间是读者付出的最大阅读成本

怎么读是读者面临的最大阅读障碍

“读书破万卷”不仅仅在“万”，更重要的是在“破”！

现在，我们构建了全新的“湛庐阅读”App。它将成为你“破万卷”的新居所。在这里：

- 不用考虑读什么，你可以便捷找到纸书、电子书、有声书和各种声音产品；
- 你可以学会怎么读，你将发现集泛读、通读、精读于一体的阅读解决方案；
- 你会与作者、译者、专家、推荐人和阅读教练相遇，他们是优质思想的发源地；
- 你会与优秀的读者和终身学习者为伍，他们对阅读和学习有着持久的热情和源源不绝的内驱力。

下载湛庐阅读 App，
坚持亲自阅读，
有声书、电子书、阅读服务，
一站获得。

浙江省版权局
著作权合同登记章
图字：11-2013-66号

图书在版编目（CIP）数据

指引生命的神话：永续生存的力量 /（美）坎贝尔著；张洪友，李瑶，祖晓伟等译．—杭州：浙江人民出版社，2013.6（2022.8 重印）

ISBN 978-7-213-05536-2

Ⅰ．①指… Ⅱ．①坎… ②张… ③李… ④祖… Ⅲ．①神话－研究 Ⅳ．① B932

中国版本图书馆 CIP 数据核字（2013）第 116111 号

本书为中国社会科学院重大项目 A 类“中华文明探源的神话学研究”成果

上架指导：神话学 / 哲学 / 心理学

指引生命的神话：永续生存的力量

［美］约瑟夫·坎贝尔　著

张洪友　李瑶　祖晓伟　等　译

叶舒宪　黄悦　赵周宽　等　审校

出版发行：浙江人民出版社（杭州体育场路 347 号　邮编　310006）

市场部电话：（0571）85061682　85176516

集团网址：浙江出版联合集团　http://www.zjcb.com

责任编辑：朱丽芳　陈　源

责任校对：徐永明

印　　刷：石家庄继文印刷有限公司

开　　本：710mm × 965mm 1/16　　印　　张：20.25

字　　数：289 千字　　插　　页：1

版　　次：2013 年 6 月第 1 版　　印　　次：2022 年 8 月第 4 次印刷

书　　号：ISBN 978-7-213-05536-2

定　　价：99.90 元

如发现印装质量问题，影响阅读，请与市场部联系调换。